Brynskikh Forest

Mikhail Zagoskin

Брынский лес

Михаил Н. Загоскин

Brynskikh Forest

ISNB: 978-1-61895-251-6

Брынский лес

© Пресса библиотек, 2018

ISNB: 978-1-61895-251-6

БРЫНСКИЙ ЛЕС

ЧАСТЬ ПЕРВАЯ

I

Под самодержавным и кротким правлением двух первых царей из рода Романовых, отечество наше начинало уже забывать все прошедшие свои страдания. Как торжествующий победитель, едва не погибший в борьбе с сильным врагом, смотрит с гордостью, но также и с невольным трепетом, на свою грудь, покрытую исцелевшими ранами,–так точно и святая Русь, с внутренним сознанием своей силы, но вместе и с ужасом, вспоминала о бедствиях, претерпенных ею во времена междуцарствия. В последние тридцать лет, благодаря твердому и мудрому правлению царя Алексея Михайловича, Россия отдохнула и стала по-прежнему царством сильным, богатым и самобытным; почти везде изгладились кровавые следы ее врагов, внешних и внутренних, и одно только изустное предание напоминало русским о нашествии иноплеменных, о грабежах буйных полчищ Трубецкого, о разорении Москвы, о постыдных предательствах, изменах,–и, может быть, скоро все эти казни Божий, эти самозванцы, поляки, междуусобия и крамолы стали бы им казаться каким-то смутным, тяжким сном, если б вместе с кончиной царя Федора Алексеевича не возник снова этот дух мятежа и безначалия, от которых нередко гибнут целые народы, и сильные царства становятся добычею слабых своих соседей.

От царствующего рода оставалось только два сына Царя Алексея Михайловича: от первого брака царевич Иоанн, от второго Петр,–первый, едва вышедший из Детства, второй еще дитя. Рожденная от первого брака старшая их сестра, царевна Софья Алексеевна, была одна из прекраснейших женщин своего времени, одаренная умом и способностями, истинно необычайными, но в то же время властолюоивая, хитрая и готовая пожертвовать всем для достижения своей цели. Царевич Иоанн, юноша крот ИИ и благообразный, но слабый здоровьем, отказался добровольно от своего наследственного права, и десятилетний Петр был единогласно провозглашен царем Русским. Это единодержавное правление продолжалось только три недели. Царевна Софья, при помощи родственника своего, боярина Милославского, и других приверженных ей вельмож, склонила на свою сторону московских стрельцов. Они взбунтовались, побросали с высоких каланчей своих съезжих изб полковников, которые старались удержать их от мятежа, перерезали главных своих начальников, князей Долгоруких–отца и сына, умертвили родственников Петра, бояр Нарышкиных, князя Черкасского, двух князей Ромодановских, только что возвратившегося из ссылки знаменитого Артамона Сергеевича Матвеева, многих других бояр и сановников–и потом силою возвели на престол, в соцарствование Петру, брата его, царевича Иоанна, а сестру их, Софью, объявили соправительницею–или, верней сказать, правительницею царства Русского, потому что сначала выходили указы за подписью ее и обоих царей, а впоследствии подписывала их одна Софья Алексеевна. Но этого было мало для властолюбивой царевны; она предвидела, что власть ее не долго продлится. Десятилетний Петр не походил на обыкновенных детей; на его юном и прекрасном челе лежала печать помазанника Божия. Избранник небес, перередитель России, он и в детских годах удивлял всех своим умом, твердостью и бесстрашием. Все его ребяческие забавы, все детские потехи имели высокую, бессмертную цель, которую, может быть, отгадывала одна Софья. Еще несколько лет, и это порфирородное дитя будет самодержавным, мощным царем, с которым всякая борьба сделается невозможною. Следствием этого предвидения были беспрестанные мятежи, возмущения стрельцов и заговоры, всегда клонившиеся к тому, чтобы погубить державного отрока Петра, который был не под силу Софье Алексеевне, несмотря на то, что ее называли премудрою.

Прежде, чем я приступлю к моему рассказу, мне должно познакомить читателей с тогдашним единственным в Москве сборным местом, или если хотите, гуляньем всех праздных людей, зевак, вестовщиков-охотников до новостей, разных промышленников, а иногда и людей, имеющих важные замыслы. Это гулянье, или, лучше сказать, сходбище, на котором, по словам иностранных писателей, народ толпился каждый день с утра до вечера, это сборное место, напоминающее римский форум, называлось, и теперь называется, Красной площадью; только нынешняя во многом не походит на прежнюю. Покровский собор, то есть церковь Василия Блаженного, Лобное место и Спасские ворота–вот все, что осталось в прежнем виде. Вместо нынешних красивых и легких Никольских ворот возвышалась тяжелая четырехугольная башня с небольшой вышкой и воротами, которые также назывались Никольскими. Кремль отделялся от Красной площади не так, как теперь, одной высокой стеною,–их было три, одна другой выше; над зубцами внутренней, то есть самой высокой стены, была деревянная крыша, точно такая же, как теперь над оградой Троице-Сергиевской лавры. Выше кремлевских стеи блестели, как и теперь главы соборов, монастырских церквей и сиял в

2

вышине золотой крест Ивана Великого. Направо, к Никольским воротам, за стеною Кремля виднелась кровля дома боярина Бориса Михайловича Лыкова; налево, к собору Ваеилия Блаженного, высоко подымались огромные хоромы ближних бояр, Ивана Васильевича Морозова и князя Якова Куденетовича Черкасского. У Иверских ворот, которые тогда назывались Каретными и Воскресенскими, существовала уже часовня Иверской Божией Матери, разумеется не теперешняя, а построенная в 1666-ом году, по указу царя Алексея Михайловича; нынешняя существует с небольшим пятьдесят лет Тогдашние ряды или гостиный двор был кирпичный с деревянными пристройками; он разделялся на четыре двора: старый, новый, соляной и рыбный; в первых двух были ряды и амбары, в последних отдельные лавочки, шалаши, балаганы и палатки. Лучшие ряды были: панский, суровский, фряжский и веницийский. Кругом Лобного места и по всей Красной площади разбросаны были также лавочки, шалаши и балаганы, в которых торговали шапками, рукавицами, всяким мелочным товаром и съестными припасами. Вблизи от Лобного места стояло невысокое каменное здание, на плоской кровле которого лежали две огромные медные пушки это был дом земского приказа или полиции. Из Двух улиц, выходящих на Красную площадь, нынешняя Ильинка была замечательна тем, что на ней под открытым небом происходило то, что в наше время делается обыкновенно по домам или в особенно заведенных для того комнатах. На этой улице стригли волосы, и, вероятно, посетители этих воздушных salon pour la coupe des cheveux были очень многочисленны. Олеарий, живший в Москве при царе Михаиле Феодоровиче, говорит, что на этой улице всегда лежали на земле остриженные волосы такими толстыми и густыми слоями, что проходящим казалось, будто бы они ходят по тюфякам.

В 1682 году, вскоре после первого стрелецкого бунта, в ясный летний вечер, на Красной площади, на которой по обыкновению толпился народ, один молодой человек стоял, прислонясь к наружной стене Лобного места. Это был видный и прекрасный собою мужчина; его темно-голубым глазам с черными ресницами, румяным щекам и мягким шелковистым кудрям позавидовала бы любая московская красавица; по его одежде не трудно было отгадать, что он принадлежит к числу младших начальников стрелецкого войска. Этот молодой человек смотрел задумчиво и с приметной грустью на рабочих людей, которые спешили окончить кирпичный, довольно высокий столб, сооружаемый на самой середине площади; по временам он бросал также исполненный презрения взгляд на отвратительную толпу продавцов, которые почти все были стрельцы. Они явно и без всякого опасения продавали вещи, награбленные ими во время мятежа. Их буйные и дерзкие речи, наглость, с какой они зазывали, или, лучше сказать, тащили к себе покупщиков, обидные насмешки, которым

3

подвергались все мирные граждане, не желавшие покупать добытый разбоем товар, угрозы и ругательства, которыми эти вооруженные торгаши осыпали бедных купцов, торгующих с ними на одной площади,—все изобличало этот буйный разгул ослепленных удачей мятежников; они беспечно предавались своей неистовой радости и веселью, а меж тем над их преступными головами собиралась Божия гроза. Никто из них не помышлял о страшном дне отмщения, а этот день был уже близко.

—Что ты, горе-богатырь, так призадумался'—сказал, подойдя к этому молодому человеку, стрелецкий сотник пожилых лет и вовсе не красивой наружности.

—А! Здравствуй, Лутохин!—промолвил как будто бы нехотя молодой человек.

—Я и не знал, что ты приехал,—продолжал пожилой стрелец.—Ну, брат, понаслышались мы о тебе!.. Поздравляю, Дмитрий Афанасьевич!

—С чем!

—Как с чем?.. Ведь ты два месяца тому назад поехал отсюда в Кострому к своему дяде Семену Яковлевичу Денисову.

—Ну да!

—И не застал его в живых.

—Так ты с этим-то меня поздравляешь?

—Не с этим, братец! Да ведь он отказал тебе свое родовое поместье. Ты теперь человек богатый.

—Да Бог с ним, с этим богатством!.. Покойный дядя был мне вместо отца родного; кровных у меня никого нет. Что я теперь? Один как перст!

—А другой-то дядя—Андрей Яковлевич Денисов?

—Этого я знаю только понаслышке.

—И я его никогда не видывал, а слыхать-то слыхал. О нем идет много всяких речей: никоновцы зовут его еретиком, а те из наших, которые придерживаются старины, величают столпом православия. Да где он теперь?

—Бог весть!.. Покойная матушка сказала мне, что он сначала спасался в Соловках, после жил за Онегою, а там отправился на житье в Стародуб; а в самом-то деле, чай, никто не знает, где он теперь.

—Да, это правда. Мало ли что про него болтают: говорят, что он часто и в Москве бывает... да еще то ли!.. Рассказывают, будто бы его в одно время видели в разных местах. Вот примером сказать: ты бы сегодня под вечер повстречался с ним в Костроме, а мне бы он попался теперь на Красной площади. Да это все, чай, бабьи сплетни. Скажи-ка мне лучше, Дмитрий Афанасьевич, ты вчера, что ль, приехал из Костромы?

—Нет, сегодня поутру.

—Ну, брат Левшин!—продолжал пожилой стре-леч>---жаль, что тебя здесь не было—поработали мы!

4

—Да,—прошептал молодой человек,—поработали, Да только кому? Ведь можно поработать и Господу, и сатане!

Сатане?.. Что ты, что ты,—перекрестись! Пожалуй, у меня рука подымется: я не мятежник и не убийца.

Да что ж ты, Левшин, в самом деле!—вскричал пожилой стрелец.—Да разве мы бунтовщики какие? едь мы послужили царю нашему, Иоанну Алексеевичу и нашей матушке, царевне Софье Алексеевне.

А Петра-то Алексеевича ты забыл?.. ' Ну, что ж? Ведь и он также царствует.

—Поработали!—продолжал вполголоса молодой человек.—Хороша работа!.. Как-то вам будет отвечать на том свете, коли на этом еще не ответите!.. Страшно подумать... сколько ближних бояр, знаменитых сановников!.

—Экий ты, братец, какой! Да слышь ты, они все были изменники!

—Изменники? Неправда!.. Да если б и так: изменников судит царь и дума боярская, а мы что за судьи?

—Что за судьи?.. Видишь ли ты этот столб?

—Вижу.

—А знаешь ли, что он строится с дозволения надпей матушки-царевны Софьи Алексеевны?

—Знаю.

—А ведомо ли тебе, что его ставят здесь ради того, чтобы на веки веков знали о нашей верной службе и об измене бояр, за которых ты заступаешься?

—Все знаю—и дай Бог, чтоб этот столб скорее развалился.

—Ого!.. Так ты этак-то поговариваешь, Дмитрий Афанасьевич?.. Да чему и дивиться!.. Ведь ты не наш брат: ты стрелец только по имени. Отец твой Афанасий Ильич Левшин...

—Что мой отец? Он служил стрелецким головою.

—Знаем, знаем! А все-таки он был родовой человек. Твоя покойная матушка родом Денисова, племянница князю Мышецкому,—ты сам теперь богатый помещик; так пригоже ли тебе, такому боярину, служить в стрелецком войске! Тебе бы давно ударить челом, чтоб тебя перевели в жильцы. Ведь от жильцов-то недалеко и до стряпчих; а там, глядишь, родненька твой, князь Мышец-кий, замолвит за тебя словечко ближнему боярину, князю Голицыну—так ты как раз и в стольники попадешь.

—Нет, Лутохин: где служил и умер на службе мой отец, так и я буду служить.

—А коли так, зачем же ты говоришь такие речи? Иль ты не знаешь пословицы: с волками жить, по-волчьи выть.

—Я не волк, а человек, по-волчьи выть не умею,—сказал отрывисто молодой стрелец, отходя прочь от Лобного места.

5

Он не успел сделать несколько шагов, как другой стрелецкий сотник, почти одних лет и весьма приятной наружности, кинулся к нему на шею и закричал:

–Здравствуй, брат Левшин!.. Давно ли ты из Костромы?.

–Только что приехал,–отвечал Левшин.–Эх, брат Колобов!–продолжал он,–не чаял я видеть того, что вижу! Да неужели и ты такой же крамольник, как этот Федька Лутохин, с которым я сейчас говорил?

–Нет, Дмитрий Афанасьевич, не обижай! И я и все мои товарищи неповинны в этом грехе пред Богом и царем. Сухарева полк, в котором я служу, не изменил своей присяге. Сначала помутили и наших ребят, и они было завозились, да пятисотенный Иван Васильевич Бурмистров,–дай Бог ему здоровья!–сказал, что ляжет вместо порога у царских палат; вот они язычок-то и прикусили! А там вышел пятидесятник Борисов, человек, кажись, небольно грамотный, а как начал им толковать, что такое есть присяга, так все, братец, прослезились!

–Ну, слава Богу!–сказал Левшин,–хоть один полк! Все-таки душе полегче.

–Да зато уж, брат, как другие-то полки нас не жалуют–вот так бы и проглотили, да благо нельзя!.. Ведь целый полк не один человек–подавишься! Знаешь ли что, Дмитрий Афанасьевич: тебе бы не худо переписаться в наш полк. Ваш полковник Бухвостов болен, так заурад правит полком Кузьма Иваныч Чермнов, задушевный друг Самбулову, Цыклеру и Щегловитому; а ведь они-то и были первыми зачинщиками мятежа. Чего доброго, коли на беду эти разбойники проведают, что ты не тянешь на их руку, так они как раз тебя уходят.

–Как! Без суда?

–Какой суд! Скажут, что ты изменник–вот и все! Ведь наш теперешний-то набольший–князь Иван Андреевич Хованский, им с руки: что б они ни сделали, все шито да крыто!..

–Эх, брат, Колобов, не хотелось бы мне оставить полк, в котором помнят еще моего покойного батюшку.

–Раньше помнили, а теперь у них не то на уме. Зи, Левшин, послушайся меня! Хочешь, я теперь же пойду к Ивану Васильевичу Бурмистрову?.. Он это дело разом уладит.

–Ну-ин быть по-твоему,–сказал Левшин.–Ведь по правде-то сказать, и покойный батюшка не стал бы служить с бунтовщиками.

–Тише! Что ты горланишь!–шепнул Колосов. Иль тебе надоело голову на плечах носить? другом нас ушей-то много–про себя, что хочешь говори, а вслух не моги! Ведь здесь, братец, на площади расправа коротка–ни за что пропадешь!.. Ты теперь куда–домой, что ль?..

–Нет, еще не домой. Зайду в Успенский собор поклониться святым угодникам.

–Ну, ступай, а я завтра у тебя поутру побываю. Левшин, простясь с своим приятелем, отправился

в Кремль. Подойдя к Спасским воротам, он увидел, что множество праздношатающихся людей всякого состояния и в том числе несколько стрельцов столпились вокруг одного нищего. Лицо, руки и босые ноги этого нищего были запачканы грязью, а сверх посконного балахона, от которого оставались одни только лохмотья, надета была через плечо веревка, на которой висел плетенный из лыка кошель. Впрочем, лицо его было не безобразно, и седые распущенные по плечам волосы придавали ему вид состарившегося в трудах монастырского послушника.

–Ну, что вы пристали!–говорил он плаксивым голосом дурака, которого раздразнили.–Наладили одно да одно: "Гриша! где ты был? Гриша! куда ты пропадал?" Так не скажу. На что вам?

–Вот уж целый год никто тебя не видел у Спасских ворот,–сказал один купец.–Мы, Гриша, думали, что ты умер.

–Нет, брат, живехонек!..

–На-ка тебе, Гриша, копеечку,–сказал другой купец.

–На что мне? У меня, брат, и своих копеечек-то было много.

–Куда ж ты их подевал?–сказал первый купец.

–Разошлись по белу свету.

–Эх, Гриша, Гриша! зачем же ты их не берег?..

–Большие колокола не велели.

–Вся толпа засмеялась.

Смейтесь, смейтесь! А послушайте-ка сами, что колокола говорят.

–А что они говорят, Гриша?–спросил один из купцов.

–Да маленькие-то лепечут: "денег дай, денег дай, денег дай!" А большие-то, видно, умнее маленьких, те гудят: "деньги гибель, деньги гибель, деньги гибель!"

Хохот в толпе удвоился.

–Да! Вам смех, а мне и полсмеха не было,–продолжал нищий.–Жаль было с денежками расставаться, а все-таки больших колоколов послушался: начал мои копеечки раздавать–бери, кто хочет! И теперь,–прибавил он с веселой улыбкой,–слава тебе, Господи, нет за душой ни полушечки!

–Гриша,–сказал один из стрельцов,–спой-ка нам Алексея Божья человека.

–Да, спой!.. Как бы не так! Ведь поешь, коли на сердце весело, а мне плакать хочется.

–О чем, Гриша?

–Да есть о чем. Пришел я вчера издалека, пообносился, устал, намаялся. Вот думаю: погоди! отведу же я себе душеньку, в Москве у меня приятелей-то много: тот даст калачик, тот рубашонку, тот зипун... Дай пойду к князю Юрию Алексеевичу Долгорукову. Он, бывало, голубчик, всегда меня и напоит, и накормит. Пошел. Стук, стук! "Что ты?"–"Пришел повидаться с князюшкой".–"Так ступай на погост: его убили стрельцы".–"А сынок-то его?"–"Лежит с ним рядышком". Ну, нечего делать! Я к князю Михаилу Алегуковичу Черкасскому "Приказал, дескать, долго жить! Убили стрельцы". Я к князьям Ромодановским. "Свезли, дескать, на кладбище–убили стрельцы!" Вот думаю: пойду к Артамону Сергеевичу Матвееву–ведь его стрельцы-то отцом родным называли, так уж, верно, у них и руки на него не подымутся. Пришел. Стукнул в калитку. "Кого надобно?"–"Артамона Сергеевича".–"Помолись за его душу–убили стрельцы!"

–Туда изменникам и дорога!–прервал стрелец.–А ты, Гриша, пустого-то не мели.

–Да, да!–подхватил другой стрелец,–ты смотри, лохмотник, ври да не завирайся! Пошел бы лучше да умылся–замарашка этакий! Руки-то все в грязи.

–И, брат!–сказал нищий.–Что грязь?.. Грязь ничего! Ополоснулся водицей–глядишь, и белехонек! А вот как руки-то замараешь христианской кровью, так уж их, голубчик, ничем не отмоешь.

–Вот что выдумал!..–промолвил третий стрелец, огромного роста и с зверской, глупой рожей.–Ничем не отмоешь. Эва! какую околесную несет!

Нет, не околесную,–подхватил первый стрелец–Он себе на уме! Вишь, какие речи говорит!

Эх, братцы,–продолжал нищий,–погуляли, потешились-- будет! пора и Богу помолиться! Ведь Он терпит, терпит, да как устанет терпеть, так худо, ребята! к вам также придут: "стук, стук!"–Кого надобно?–стрельцов-молодцов".–Были, дескать, были, да все сплыли и напоказ не осталось.

–Ах ты, ворон зловещий,–завопил первый стрелец.–Да что ж ты, на самом деле, так раскаркался? Гоните его, ребята, с площади долой! Полоумный этакий!. Пошел! Пошел!

Стрельцы бросились на нищего и начали его бить и гнать перед собою толчками.

–Что вы это, братцы?–закричал Левшин.–Ну не грешно ли вам? Недужный старик–нищий!..

Тут кто-то схватил Левшина за руку. Он обернулся. Перед ним стоял приятель его Колобов, бледный, как смерть.

–Скорей, скорей отсюда!–прошептал он торопливо.

–Постой, братец!–сказал Левшин.–Дай выручить этого бедняка. Они прибьют его до полусмерти.

–Эх, братец, оставь их! Ну, что они ему сделают? Ведь он убогий человек. Поколотят, да и все! А ты о голове-то своей подумай.

–О голове?..

—Пойдем!—сказал Колобов, оглядываясь робко назад и таща за собою Левшина.—Там, в Кремле, я все тебе скажу.

II

Войдя Спасскими воротами в Кремль, Колобов подвел своего приятеля на то самое место, где теперь Разводная площадь. В то время вся эта площадь была покрыта деревянными домами бояр и бревенчатыми избами, из которых многие были ничем не лучше нынешних белых крестьянских изб.

—Вот здесь мы можем на минуту остановиться,—сказал Колобов.—Сюда они не придут. Ну, слава Богу, что я тебя отыскал!.. Если бы ты им попался!..

—Кому, братец?

—Ну, Левшин, не говорил ли я тебе...

—Да что такое?

—А то, что тебе надобно скорей отсюда убираться,—да не к нам, в стрелецкую слободу: там тебя найдут...

—Найдут? Кто найдет?

—А вот, послушай. Простясь с тобою, я пошел к Ивану Васильевичу Бурмистрову. Он живет в своем доме на Неглинной. Как я стал подходить к Каретным воротам, слышу—тебя называют громко по имени. Глязку, стоит человек двадцать стрельцов да трое сотников твоего полка—этот буян Михайло Чечотка, Андрей Головлинский и мошенник Федька Лутохин. Я подошел поближе и стал прислушиваться. "Да, братцы,— говорил Лутохин,—Левшин всех нас позорит, говорит, что мы разбойники и бунтовщики, смеется над нашим столбом".—"Ах он изменник!—закричал Чечотка.—Ребята! знаете ли что? Петлю ему на шею да вздернем его на этот столб!"—"Вздернем!"—закричали стрельцы. "Стойте, братцы, стойте!.. Что вы?—молвил Андрей Головлинский,—ведь он наш брат, стрелецкий сотник, а не купчина какой. Коли он изменник, так его надо казнить порядком. Отведем его к полковнику. Вы знаете, Кузьма Иваныч Чермнов потачки не даст..."—"Да что ж,—закричал опять Чечотка,—разве мы сами с этим дворянчиком не справимся?"—"Что и говорить,—сказал Головлинский,— убить не долго, да что в этом толку-то? Еще, пожалуй, скажут, что мы по насердкам убили этого изменника. Нет, братцы! пусть прежде сделают ему пристрастный допрос, а как уличат в измене, так выведут на площадь да казнят всенародно, по приговору стрелецкого приказа... Знаете ли что?

Пойдемте все к нему на дом; коли еще он не вернулся, так мы его подождем".–"В самом деле,–молвил Лутохин,–пойдемте, братцы, захватим на дому этого Иуду-предателя, скрутим- ему руки назад, да и потащим к полковнику Чермнову: он его допросит по-свойски!"–"А коли он начнет барахтаться,–промолвил Чечотка,–так мы его и без полковника порешим!.. Собаке, изменнику–собачья и смерть. Не так ли, ребята?"–"Так!"–заревели в один голос стрельцы, да всей гурьбой и отправились на Москворецкий мост, а я побежал тебя отыскивать, и слава тебе, Господи, что нашел.

–Уж не думают ли эти разбойники,–сказал Левшин, что я живой им отдамся в руки?

Не о том речь, братец!.. Ты ведь один с целым полком не сладишь. Вот как перейдешь к нам, так у тебя будет заступа–не выдадим; а теперь денька на три тебе надо приискать какое-нибудь укромное местечко. Ко мне нельзя: я живу за Москвою-рекою в слободе, а там тебя и ночью-то будут сторожить... Знаешь ли что? У меня есть знакомая старушка, она держит в Зарядье постоялый двор; сама она старообрядка, и останавливаются у нее все приезжие и старообрядцы. Старуха добрая; я ей скажу, что ты задолжал богатым людям и что тебя на правеж тащили, да ты ушел! Так она отведет тебе такой уголок, что тебя в полгода и земский приказ не отыщет. Нам придется опять идти через Красную площадь, да, чай, уж эти разбойники, давно за Москвой-рекой, так мы с ними не встретимся. Пойдем, Дмитрий Афанасьевич. Пока я не сдам тебя с рук на руки моей старухе, до той поры у меня от сердца не отляжет.

Оба сотника, оставив Кремль, вышли опять на Красную площадь; с первого взгляда они увидели, что на ней происходит что-то необыкновенное. Народ волновался, шумел, и многочисленные толпы со всех сторон площади спешили к Лобному месту. Увлеченные этим людским потоком наши молодые стрельцы подошли довольно близко к Лобному месту–и тут представилось Лев-шину совершенно неожиданное для него зрелище. Множество людей, из которых некоторые были одеты, как чернецы, стояли с иконами, крестами и святым евангелием; у иных были в руках огромные свитки, другие толпились вокруг налоев, на которых лежали разогнутые церковные книги; перед ними полупьяные мужики держали зажженные свечи, а на Лобном месте стоял в подряснике человек высокого роста, с косматой бородой и растрепанными длинными волосами. Он кричал громким голосом: "Послушай, народ христианский, обличение* на новую Никонианскую веру!.. Постойте, православные, за истинную церковь, ибо ныне уже нет православной церкви, и прямая вера погибе на земли!.. Се бо антихрист настал!"

–Что это такое?–спросил Левшин, когда они, продравшись сквозь толпы и миновав церковь Василия Блаженного, повернули налево по Варварке.–Что это за человек такой?

—Да все тот же расстрига Никита Пустосвят. Вот уж он целую неделю таскается по всем площадям, рынкам и кружалам—мутит везде народ.

—И его до сих пор не уймут?

—Да, брат, сунься-ка! За его веру стоит половина стрелецкого войска, да никак и сам князь-то Иван Андреевич Хованский того же толку придерживается... Эх, брат Левшин,—плохие времена!.. То-то и есть! Помирволили сначала этим крамольникам—дали повадку, а теперь им уж удержу нет!.. Ну, вот и церковь Максима Блаженного! Сюда, направо, Дмитрий Афанасьич, ступай за мной,—прибавил Колобов, начиная спускаться с крутой деревянной лестницы, которая, изгибаясь по скату горы, вела на одну из улиц Зарядья.

Зарядье, то есть часть города, находящаяся за рядами, и теперь составлена почти из одних въезжих домов, подворьев и харчевен; только теперь этот набережный квартал Китай-города застроен весь каменными домами, а тогда, за небольшим исключением, они все были деревянные. Нынешние постоялые дворы по большим дорогам могут дать понятие о тогдашних подворьях Зарядья; они были только гораздо обширнее, и, вместо одной большой избы, составлялись иногда из трех или четырех изб, соединенных меж собою крытыми переходами; тут были и зимние теплые хаты с широкой печью и полатями, и летние светлицы с красивыми резными скамьями, дубовым чистым столом и оловянным висячим умывальником. Лучшим украшением этих изб и светлиц были, так же, как и теперь, живописные иконы; перед ними обыкновенно теплилась лампада, а из-за них виднелась ивовая лоза, то есть верба, которая сменялась однажды в году после заутрени на Вербное Воскресенье. Иногда также на одной полке с образами стояла склянка с бого-явленской водою и лежало яйцо, которым хозяин и хозяйка дома похристосовались в последнее Светлое Воскресенье со своим приходским священником.

Левшин и Колобов, спустясь по лестнице в Зарядье, прошли шагов двести вдоль прямой улицы, которая вела к Москве-реке; потом, повернув налево в кривой и грязный переулок, остановились подле ворот, занимающих промежуток между двух высоких изб. Обе эти избы были в два жилья, крыты гонтом и украшены резными коньками и узорчатыми подвесками.

—Ну, вот и Мещовское подворье!—сказал Колобов.—Дома ли хозяйка? Эй, бабушка! ты дома, что ль?—закричал он, подойдя к открытому окну одной из изб.

—Кто тут?—раздался в избе пискливый голос, и в небольшое окно сначала высунулся огромный красный нос, а потом вдвинулось, как в тесную раму, толстое, брюзглое лицо с отвисшим подбородком.

—Здорово, Архиповна!

–Ах ты, сокол мой ясный, Артемий Никифорович.–пропищала эта безобразная рожа, ухмыляясь самым приветливым образом.–Милости просим, батюшка. Пожалуйте, пожалуйте! калитка отперта.

Наши приятели взошли со двора в небольшие сенцы, в которых встретила их хозяйка дома, толстая, здоровая старуха, в поношенной камчатой телогрее и красной камлотовой юбке. Голова ее была повязана шелковым платком и, как видно, на скорую руку, потому что Колобов, взглянув на нее, засмеялся и сказал:

–Здравствуй, Архиповна! Что это у тебя шлык-то на стороне?

–Торопилась, батюшка, торопилась!–отвечала старуха, поправляя свой головной убор.–Ведь хуже, если бы вы застали меня простоволосою. Милости просим в мою келью, господа честные, милости просим!

Стрельцы вошли в небольшую хату, довольно опрятную, но такую низкую, что Левшин, который был высокого роста, едва не доставал головою до потолка. В переднем углу, на полке, вместо обыкновенных живописных икон, стоял огромный медный складень с выпуклыми изображениями святых и висели на гвоздике кожаные четки.

–Архиповна,–сказал Колобов,–я привел к тебе этого молодца; он так же, как я, стрелецкий сотник.

–Вижу, батюшка, вижу!

–Мы с ним задушевные приятели–крестами давно поменялись.

–Сиречь вы крестовые братья. Так, батюшка, так!

–Вот изволишь видеть: он позадолжал и уже его сегодня вели на правеж...

–На правеж!.. Этакого молодца и красавца!.. Помилуй Господи!.. Видала я, как на этих правежах бьют прутьями по ногам. Мука, батюшка, мука!

–А делать-то нечего, Архиповна; если б он не ушел, так. пришлось бы ему стоять босиком перед приказом.

–Полно, так ли, Артемий Никифорович? Уж не хотели ли его только пугнуть? То ли время теперь, чтоб стрелецкого сотника отдавать на правеж!.. Да какой купец или горожанин посмеет...

–Вестимо, Архиповна, купец не посмеет, да он задолжал не купцам, а своей братье, начальным стрелецким людям.

–Вот что!.. Ну, это иная речь, батюшка: тут уже за него вступиться будет некому.

–Денька через три он как-нибудь справится и заплатит, да теперь-то не может, так, знаешь ли, на это время надобно его куда ни есть припрятать,–понимаешь?

–Смекаю, батюшка.

–Не найдешь ли ты ему какой-нибудь уголок.

–Как бы не найти, да на тот грех все мое подворье битком набито

12

приезжими–и все, батюшка, издалека, все люди нашей старой веры, со всех мест: с Поморья, с Вятки, из Брынских лесов... Говорят, будто бы собор будет, и наши станут спорить с никоновцами и отстаивать истинную веру... Помоги им Господи!

–Эх, не о том речь, бабушка! Ты мне скажи: неужели-то у тебя нет ни одного порожнего уголка?

–Есть то есть, кормилец! На заднем дворе знатная светелка! И лесенка в нее особая.

–Так чего же лучше!

–А вот что, Артемий Никифорович: рядом-то с нею другая светелка, да снизу еще два покоя,–и в них во всех живет один приезжий...

–Ну, так что ж?

–Жилец-то, батюшка, не простой...

–Да не боярин же какой-нибудь!..

–Боярин не боярин, а кабы вы знали, кто у него вчера был тайком...

–А кто, бабушка?

–Да ведь вы, пожалуй, разболтаете...

–Нет, Архиповна,–нет! Бзвори смело.

–К нему вчера,–продолжала старуха шепотом,–приходил в сумерки, один-одинехонек... сама, батюшка, видела, своими глазами...

–Да кто?

–Ваш набольшой-то воевода...

–Князь Иван Андреевич Хованский?

–Он!

–Вот что?.. Да нет ли у твоего жильца дочки?

–И, полно!.. Что ты, греховодник!.. Ну, конечно, дочка есть,–да то-то и беда: она живет в светлице; так если узнают, что я под бок к ней посадила такого молодца...

–Да ведь, чай, между ним и этой красавицей стена будет?

–Какая стена... так, из дощечек; и на беду и двери есть; хоть они и заколочены, а все, батюшка, как-то непригоже...

–Знаешь ли что, Архиповна: если тебя спросят, так ты скажи, что пустила в эту светелку недужного человека, старика... Ведь он никуда выходить же не станет, и всего-то на три дня...

–Правда, дочка-то приезжего,–продолжала Архиповна,–днем только сидит в светлице, а ночует, обедает и ужинает внизу.

–Так чего же ты боишься? Лишь только эта красавица в светлицу, так он притаится, как заяц под кочкой. Ей и в голову не придет, что подле нее живут.

–Ну, ин быть по-вашему! Только смотри, молодец, живи смирно, чтоб тебя и слышно не было.

13

—Да уж не опасайся!—прервал Колобов.—Ведь и он у меня ни дать ни взять красная девушка.

—Я затем это говорю, батюшка, что этот жилец-то, кажись, от всех прячет свою дочку,—и мне даже не дал перемолвить с ней ни словечка; у них дверь всегда на замке.

ее также сидит взаперти?—спросил

—А отец Левшин.

—Нет, батюшка, и он и служитель его часто выходят: их и теперь нет дома. Работница его, Дарья, также забежит иногда ко мне; а дочка, словно затворница какая, никуда ни пяди: весь день сидит одна-одинехонька да вышивает на пяльцах. Вот была в Москве, а Москвы не видала!

—Так это дело слажено,—сказал Колобов.—Что придется за постой и за хлебы, считай на мне, а теперь веди-ка нас скорей в светлицу. Да смотри, бабушка: коли неравно станут пытать, не живет ли у тебя какой стрелецкий сотник...

—Так я, батюшка, хоть образ со стены сниму. Не живет да и только! И почему мне знать, что он стрелецкий сотник? Мое дело бабье! Пожалуйте...

Левшин и Колобов, вслед за хозяйкою постоялого двора, прошли задними воротами на другой двор, застроенный клетьми и амбарами, посреди которых стояла высокая изба в два жилья и с двумя крыльцами, одно с лицевой стороны под дощатым навесом, который поддерживали красивые балясы, другое сбоку и без всяких украшений. Архиповна пробралась сторонкой, завернула за угол избы и по крутой лесенке ввела стрельцов в небольшие сени.

—Постойте-ка на минуту, молодцы,—сказала она,—я пойду взгляну, где моя жилица.

—Да разве ты, бабушка, сквозь стену-то увидишь?

—И, кормилец! в дощатой стене всегда щелочки есть,—отвечала Архиповна, входя в светлицу.

—Слышишь, Левшин?—сказал Колобов.—Смотри же, брат, скажи мне, хороша ли твоя соседка. Ведь тебе делать-то будет нечего, сиди себе у стенки, да в щелку и посматривай.

— Ступайте, господа честные,—промолвила Архиповна, растворяя дверь.—Жилица моя внизу.

Наши приятели вошли в небольшую светелку с одним окном.

—Вот, батюшка,—сказала Архиповна, обращаясь к Левшину,—там под лавкой лежит войлочек. Не прогневайся, лишней перины у меня нет да и подушечек-то Бог не дал. Что ж делать—не взыщите!

—И, бабушка, есть о чем хлопотать!—прервал Колобов,—была бы только крыша. Ведь наш брат, ратный человек, ходя наестся и стоя выспится.

14

—А что, молодец,—сказала Архиповна, обращаясь к Левшину,—не принести ли тебе поужинать?

—Спасибо, бабушка! Я ужинать не стану,—отвечал Левшин.

—Что ты, что ты, кормилец! Без ужина да без молитвы никогда спать не ложись...

—Нет, любезная, я есть не хочу.

—Что нужды, батюшка; ты на это не смотри: и не хочется да покушай.

—Не тронь его, Архиповна,—прервал Колобов.—Коли он не хочет есть, так я за него поем; ты же ономнясь хвалилась, что у тебя есть астраханская белужина.

—Есть, батюшка!.. Да есть также и малиновый медок,—вот тот самый, что ты жаловать изволишь.

—Право? Так я, бабушка, к тебе заверну.

—Милости просим! А твоему крестовому братцу, видно, уж принести пораньше позавтракать. Ты что хочешь, молодец? Я сама тебе состряпую. Хочешь ли перепечу крупичатую или курник с яичной подсыпкою?

—Все равно, бабушка, все равно!

—Нет, батюшка, не все равно: перепеча перепечей, а курник курником.

—Ну, как сама хочешь.

—Так лучше курник—это будет посытнее. Теперь пойду на ледник, нацежу свеженького медку жбан, да уж так и быть... редкий гость!., есть у меня заветная наливочка: прошлого года гостинец из Черкас привезли... Ну уж, батюшка, есть чем почествовать,—слас-тынь такая, что и сказать нельзя!.. Прощенья просим!..

—Мотри же, Артемий Никифорович, я буду тебя дожидаться.

—Да небось, Архиповна, припасай только нам своей аленой наливки-то, а уж мы твои гости.

—Так я пойду. Счастливо оставаться, господин честной!.. Спокойной ночи, крепкого сна... Ох, да натощак-то какой сон!

—Засну, бабушка!—сказал Левшин, улыбаясь.—Прощай!..

—Насилу ушла!—промолвил Колобов, когда Архиповна вышла из светлицы.—Старуха добрая, а уж куда здорова болтать. Ну, брат Левшин, ты сам покамест пристроен к местечку, теперь надо подумать о твоих домашних. Тебя эти разбойники не захватят на дому, да зато уж все твое доброе подымут на царя, заберут твоих служителей, начнут от них выпытывать, где ты—замучат их сердечных!

—Я этого не боюсь,—сказал Левшин.—Ведь я еще и сам в доме-то не был.

—Как так?

—Да так. Я сегодня около вечерен приехал сюда налегке с одним знакомым купцом из Ростова. Он приехал к своему родному брату, который служит поддьяком в холопьем приказе, а тот не хотел отпустить меня без угощения; рассказал мне почти со слезами обо всех безбожных

15

делах этих окаянных мятежников,—и я прямо из его дома пришел на Красную площадь, где с тобой и повстречался.

—Так ты один приехал из Костромы?

—Нет. Мой слуга Ферапонт и конюх едут на долгих. После покойного дядюшки досталось мне много всякого добра...

—А, вот что! Так у тебя обозец сюда идет?

—И коней ведут, двух персидских аргамаков. Одним из них тебе челом бью, Артемий Никифорович.

—Спасибо, Дмитрий Афанасьевич!

—А другого оставлю для себя; Султаном зовут. Что за конь, братец!.. Ферапонт никогда не бывал в Москве, так я велел ему дожидаться меня по Троицкой дороге у креста.

—Когда ты их ждешь?

—Да завтра поутру должны быть.

—Так я вместо тебя их встречу.

—А я было сам думал...

—Нет, братец, погоди!.. Неравно еще наткнешься на кого-нибудь из своих товарищей. Уж верно они обо всем донесли полковнику Чермнову; чай, он теперь и рвет и мечет. Вот, как перейдешь в наш полк, так ты себе перед ним хоть вовсе шапки не ломай; а пока еще ты у него под началом, так он может тебя и силою потянуть на расправу... Э! да постой-ка!.. Ведь ты никак знаком с боярином Кириллою Андреевичем Буйносовым?

—Как же! Он очень любил моего покойного батюшку, и меня изволит жаловать.

—Так я завтра же поутру у него побываю. Я слышал, что он живет в ладу с нашим главным воеводою, князем Иваном Андреевичем Хованским, и коли замолвить ему словечко, так тебя завтра же переведут в наш полк. Ну, брат Левшин, делать нечего, пришлось тебе жить затворником!.. И то сказать—вперед наука! Думай, что хочешь, а языку-то воли не давай. Плетью, брат, обуха не перешибешь. Ты лучше по-моему: сиди у моря да жди погоды; будет и на нашей улице праздник: не все станут мирволить этим крамольникам. Дай только подрасти нашему батюшке, Петру Алексеевичу, так он приберет к рукам и их и сестрицу свою,—промолвил вполголоса Колобов.—Да что об этом толковать—не наше дело!.. Прощай, брат, до завтра! Пойду смаковать хваленой наливочки... а ты смотри—на улицу ни ногой!.. Да не забудь, Левшин! я завтра спрошу тебя, хороша ли твоя соседка?

Простившись с своим приятелем, Левшин сел на лавку и призадумался не о том, что он должен был скрываться, как преступник, что неосторожной речью восстановил против себя своих сослуживцев,— нет! чистая и благородная душа его не терпела немоты. Он не мог не высказать того, что было у него на сердце, и повторил бы снова те же самые слова перед всем полком своим. "Умереть за правду весело,—думал он,—а грустно жить таким круглым сиротою. Что я? Без отца, без матери, без кровных... Я теперь богат, а на что мне это богатство? Кого я им порадую?.. Ах! зачем Господь не послал мне подругу по сердцу!.. Я желал бы, чтобы она была бедна: я осыпал бы ее жемчугом, одевал бы в парчу, тешил бы, как малое дитя... а теперь кого я потешу? кому скажу: "ты делила со мной и бедность и горе; у нас все было пополам,—так раздели же со мной и мое богатство, и мои радости. Веселись, моя ненаглядная, чтоб и мне было весело; будь счастлива, чтоб и я, глядя на тебя, был счастлив?.." Почем знать, может быть, злодеи отыщут меня... Они не пощадили и родственников царя, так что же для них убить беззащитного бобыля, без рода и племени. Почем знать, может быть, завтра или через несколько дней меня не станет и некому будет поплакать о горькой доле бедного сироты, и разве только добрый Колобов, да и то тайком, отслужит панихиду за упокой души раба Божьего Дмитрия!"

Никогда еще Левшин не чувствовал так сильно эту непреодолимую тоску одиночества. Нет! никакие дружеские связи, никакая приязнь не могут заменить для души нашей ласки отца и матери, привет родных сестер и братьев, и эту святую, неизменную любовь доброй жены, которая—я уверен в этом—и умирая, не покидает своего мужа! она изменяет только свое название, и вместо жены становится его ангелом-хранителем!.. Мы, дети девятнадцатого столетия, чтоб рассеять грустные мысли, отправляемся в театр, скачем на гулянье, едем на бал,—а тоска за нами следом: от нее никуда не ускачешь! У наших предков было средство повернее этого. Когда их мучила грусть, томило уныние,—они молились Богу и горький плач скорби превращался в тихие слезы умиления; а эти слезы... о, верьте мне! как роса небесная для цветка, попаленного зноем, так эти слезы для души, истомленной земною горестью!—Левшин прибегнул к этому средству—и, когда усердная молитва облегчила его душу, он прилег на жесткий войлок, положил под голову свое платье и, как на мягком пуховике роскошного богача, заснул самым тихим и спокойным сном.

III

Левшин проснулся рано поутру и едва успел одеться и помолиться Богу, как вошла к нему Архиповна, неся на деревянном блюде завтрак.

—Ну, вот, батюшка,—сказала она,—изволь покушать моей стряпни.—Я принесла к тебе спозаранок затем, чтоб ты позавтракал, прежде чем твоя соседка придет в светлицу. Что, молодец, проголодался?.. Чай, у тебя сна вовсе не было?

—Нет, бабушка, я спал хорошо.

—Ну, диво! А я, грешница, коли не поужинаю вдоволь, так во всю ночь глаз не сведу... Поболтала бы я с тобой, да некогда: пора на рынок идти... Ох, сердечный! скучно тебе будет, не с кем словечка перемолвить; а если б и было с кем, так придет твоя соседка, и ты, хочешь или не хочешь, а молчи... да уж помолчи же, батюшка! Не введи меня, старуху, в слово.

—И ты думаешь, Архиповна, соседка не догадается, что подле нее живут? Что же мне целый день не пошевелиться.

—Да это, батюшка, ничего! Пустила, дескать, денька на три хворого старичка. А как начнешь говорить, так не поверят: голос-то у тебя не стариковский. Ну, изволь же, батюшка, покушать на здоровье моего курника!.. Да вот тебе на этом кулечке калачик, крупичатый хлеб, штофик с медом, а в сенях я поставила кувшин с водою... Прощай покамест, молодец!.. Пораньше-то на рынке из первых рук купишь,—продолжала Архиповна, уходя,—а только опоздай немного, так они, окаянные прасолы, все захватят. Ведь теперь на перекупщиков,—промолвила она, остановясь в дверях,—никакой управы не найдена. Не прогневайся, они, почитай, все стрельцы... Ох! батюшка, жутко нам от них приходится: все забирают в свои руки!

Несмотря на приглашение гостеприимной хозяйки, Левшин не дотронулся до завтрака; ему было совсем не до того: он чувствовал, что с ним происходит что-то небывалое; он не мог присесть на одном месте; кровь приливала беспрестанно к сердцу, которое поминутно замирало от какого-то тревожного ожидания. Вчера еще он вовсе не думал о своей соседке, а теперь, Бог весть почему, она не выходила у него из головы. Сначала он сам не понимал, отчего желает с таким нетерпением увидеть вовсе не знакомую ему девицу, быть может, весьма непригожую собою; но, наконец, какое-то темное и в то же время непреодолимое предчувствие овладело совершенно его душой. Оно как будто бы говорило ему: "Вот здесь, за этой перегородкой живет та неизменная подруга, неразлучная спутница в жизни, которая предназначена тебе от Господа". Нетерпение его умножалось с каждой минутою. Вот прошел час, другой... "Полно, придет ли она сегодня?—думал Левшин, ходя взад и вперед по своей тесной горенке.—Уже солнце высоко! "аи, скоро благовест начнется... Чу!.. Вот и загудел Успенский колокол!.. Пора бы, кажется". Несколько раз подходил он к дощатой стене и смотрел в щелку, хотя всякий раз видел одно и то же: чистую светлицу, побольше той, которую он занимал, лежанку из белых изразцов, скамью, стол, а на столе большие пяльцы. Но вот наконец послышался шорох... Левшин прижался к перегородке и затаил дыхание... Двери в светлицу отвори-и вошла женщина среднего роста; но прежде, чем Левшин успел взглянуть на ее лицо, она обернулась спиною к перегородке, чтоб, по тогдашнему благочестивому обычаю, помолиться пред иконами. Как ни коротка была эта молитва, но Левшин успел полюбоваться прекрасным станом своей соседки. Она была в шелковом сарафане, с непокрытой головой, которую опоясывала одна только алая ленточка; ее заплетенные в широкую косу волосы, черные и блестящие, как вороное крыло, опускались почти до самой земли; на ногах ее были красные черевички, которые показались Левшину похожими на башмачки восьмилетнего ребенка. Когда соседка его, помолясь перед иконами, обернулась к нему лицом, он едва мог удержаться от невольного восклицания... Нет! никогда и в самых пылких мечтах своих не создавал он существа прелестнее этой красы-девицы, которая теперь представилась ему наяву! Вы, может быть, знаете из старинных песен, что тогдашний идеал женской красоты немного имел в себе романтического. Белизна, дородность и яркий румянец на щеках составляли главное достоинство русской красавицы. Отчего же Левшин смотрел с таким упоением на эту девицу с гибким станом и почти бледными щеками? Уж не потому ли, что истинная, совершенная красота, несмотря на условные и весьма различные понятия о красоте, просто и без всякого отчета пленяет нас своей неизъяснимой прелестью?.. Вероятно, Левшин не думал ничего подобного, все чувства его слились в одно зрение. Он не рассуждал, а смотрел только с восторгом на эти черные, задумчивые глаза, в которых выражалось какое-то спокойное уныние и тихая кротость младенца, на эти алые уста, на это белое, как снег, девственное чело, на эти обворожительные ямочки на щеках и мелкие, ровные зубы, которые блеснули, как чистый жемчуг, когда красавица, взглянув на свою работу, улыбнулась и молвила довольно громко: "Ну, батюшка будет доволен! У него еще не было такого нарядното ручника". Эти слова были сказаны таким звучным и очаровательным голосом, что в наше время какой-нибудь меломан назвал бы его музыкальным. Девица, полюбовавшись несколько времени своей работой, села за пяльцы. С полчаса Левшин не отходил от перегородки; он не спускал глаз со своей красавицы, следил за каждым ее движением, и, когда она встала, чтобы достать кошелек, который лежал на полке, то сердце в нем замерло от испуга. Он подумал, что его соседка хочет уйти. Прошло еще несколько минут, красавица перестала работать, облокотилась на стол и задумалась. По-видимому, эти размышления были не очень приятны, потому что ее светлые очи затуманились и налились слезами.

– Да что это он мне все мерещится,– шепнула она,- и во сне и наяву!.. Ах, зачем я его видела!.

Прежде мне было только скучно, а теперь!.. Тут снова послышался шорох.

—Это ты, Дарья,—спросила девица тихим и приветливым голосом.

—Я, матушка,—отвечала входившая в светлицу толстая, здоровая девка в крашенинной душегрейке, затрапезной юбке и кожаных чеботках, надетых на босу ногу.

—Батюшка дома?

—Нет, ушел вместе с Антоном... Не с кем словечка перемолвить!.. Я было толкнулась к хозяйке, и та на рынок ушла... вот я, Софья Андреевна, к тебе; все-таки вдвоем повеселее... Да что это?.. Никак, ты плачешь?..

—Нет, Дарья, так...

—Как так!.. Смотри-ка, смотри! слезы так и льются!..

—Скучно, Дашенька, грустно!

—И, матушка! о чем тебе грустить?—сказала Дарья, садясь на скамью.—Уж тебя ли батюшка не лелеет!.. Чего у тебя нет?.. И платья шелковые, и дорогие монисты, и жемчужные ожерелья...

—Жемчужные ожерелья!.. А на что мне они?..

—Как на что?.. Открой скрынку, да и любуйся?.. Нет, Софья Андреевна, не гневи Господа!.. Коли твое житье не житье, так что же наше?.. Вот ты захотела Москву посмотреть,—батюшка тебя в Москву привез...

—В Москву!.. Так по-твоему этот постоялый двор—Москва?

—А как же!.. Разве ты из своей светлицы Ивана Великого не видишь?

—Москва!..—повторила вполголоса девица.—Да неужели в самом деле я вижу Москву в первый раз?

—Вестимо в первый, матушка.

—Так отчего же мне кажется... Кремль, соборы, Иван Великий... да, да! я уж их когда-то видела... Ах, как мне тяжело!.. Вот так и хочется о чем-то вспомнить... Да нет, не могу!.. Знаешь ли, Даша: у меня в голове бывает иногда—ну точь-в-точь, как ночью, когда начинает заниматься заря... станет светлеть... светлеть... Вот, смотришь, сейчас и солнышко взойдет... вдруг набегут тучи, все потускнеет, подернется мглою, и опять потемки—опять ничего! Помнишь ли, Даша, когда мы ехали Москвою, я вдруг вскрикнула?

—Помню, матушка!

—А знаешь ли отчего?

—Да оттого, что к нам в повозку заглянули пьяные стрельцы.

—О, нет! Я их не видела.

—Так отчего же?

—А вот отчего: мы проехали мимо большого дома с высоким теремом. Как я на него взглянула, так у меня сердце и забилось!.. Ведь этот дом... Ну, вот, ты опять станешь надо мной смеяться...

—Нет, не стану. Ну, что этот дом, Софья Андреевна?

20

—Да, да! Этот дом, два крыльца с большими навесами, терем с тремя окнами, белая каменная кладовая с железной дверью–все это показалось мне знакомым, родным, вот так бы туда и бросилась... Помнишь, как я заплакала?.. Ты, верно, думала оттого, что меня напугали стрельцы?.. Нет, Дашенька, мне жаль было расставаться с этим домом.

—И, матушка, ты опять за старое! Ведь уж столько раз тебе толковали, что лет пятнадцать тому назад–тебе еще было тогда годка четыре–ты была при смерти больна и как выздоровела, так забыла все прежнее, а помнила только то, что видела в бреду.

—В бреду!.. Ах, как это чудно!.. Я и теперь как будто бы сквозь сон, а помню... Даша! ведь у меня сестер не было?

—Не было, матушка

—А мне, помнится, их было много... и маленькая и большая... У меня и матушка была...

—Ну, конечно, была; да только ты ее не помнишь Батюшка твой сказывал, что тебе и году еще не было, как она умерла.

—Ах, нет, Даша!. Я говорю о другой,–ну вот что я во сне-то видела... Постой!–продолжала девица, приложив руку к голове.–Да, да!.. У меня и отец также был, только совсем не такой, как батюшка... и матушка у меня была, и нянюшка... Погоди, погоди!. Кажется, я начинаю вспоминать... Мы все едем, едем!.. А какой-то темный лес... а там... Да помню... мне что-то сделалось очень страшно... со мной никого нет, ни матушки, ни нянюшки... А там я как будто бы заснула

—О долго, долго спала... А что было после–ну, уж этого, Дашенька, я никак не могу вспомнить!..

—И, Софья Андреевна! охота же тебе вспоминать о том, что ты видела в бреду! Я тогда у вас в дому не жила, а слышала после: у тебя была такая огневица, что ты, почитай, целый месяц в память не приходила, так диво ли, что тебе и Бог весть что мерещилось?.. И со мной была однажды такая же болезнь, и мне также помнилось, что я боярыня, что у меня золота и серебра полные сундуки насыпаны, а как пришлось после опять за квашню приниматься, так поневоле вспомнила, что я работница... Да что об этом говорить! Знаешь ли, Софья Андреевна, зачем я была теперь у нашей хозяйки? Я хочу от нее допытаться, что за молодцов таких она провела вчера через наш двор; а уж нечего сказать–молодцы!.. Особливо тот, который пониже; что за личмянной детина такой!..

—Ах, нет, Дашенька! Тот, который выше, гораздо миловиднее.

—Э!.. Так и ты их видела?

—Да... так... мельком... Я на ту пору сидела у окна... Чему же ты, Дарья, смеешься?

—Тому, матушка, что ты этак закраснелась... Ну!.. еще! словно маков

21

цвет!.. Э-их, Софья Андреевна!.. Молоденька ты, матушка!.. Ну, что за беда, что ты взглянула на пригожего детину? Ведь ты не черница какая!

–Знаешь ли что, Дашенька? Помнишь, прошлого года на святках ты уговорила меня гадать?

–Помню, матушка! Ты еще сказывала мне, что видела во сне молодца, русоволосого, с голубыми глазами... Неужели этот высокий детина?..

–Ах, Дашенька, ну точь-в-точь такой же! И взгляд такой же унылый, и платье, помнится, на нем такое же...

–Вот что!.. Ну, Софья Андреевна, видно, он твой суженый.

–И, полно, Даша!.. Прохожий!..

–Что, матушка, прохожий,–не узнаешь!.. Вот и я также: ела на святках пересол, и меня во сне напоил какой-то вовсе не знакомый детина. Что ж ты думаешь? Н прошло месяца, как я его увидела!.. Да ты знаешь его: работник твоего батюшки, Архипка рыжий...

–Архипка!.. Да ведь он женат!

–А почему знать, матушка, может быть, и овдовеет. ~ Так ты думаешь, что этот прохожий молодец мой суженый?

–Да видно, что так. А жаль, что не другой!.. Другой-то пригожее.

–Ах, нет, Дашенька!

–Да чем же этот высокий показался тебе лучше своего товарища?

–Я и сама не знаю; но уж только лучше его я в жизнь свою никого не видала.

Вы можете себе представить, каково было Левшину, когда в эту самую минуту, может быть, блаженнейшую во всей его жизни, двери из сеней отворились, и он увидел Колобова, который манил его к себе. Левшин отскочил от перегородки, вышел потихоньку в сени и затворил за собою дверь.

–Ну, что ты, братец?–спросил он почти с досадою.

–Да что, Дмитрий Афанасьич,–отвечал Колобов, улыбаясь,–я вижу: не в пору гость хуже татарина! Ну что, хороша ли?

–Кто хороша?

–Вестимо кто–твоя соседка.

–А почем я знаю. Она ни разу не приходила в светлицу.

–Так чего же ты смотрел в щелку-то?

–Так–от безделья.

–Хитришь, брат!.. Ну, если твоей соседки нет, так войдем к тебе в светлицу.

–Нет, нет!–прервал торопливо Левшин.–Лучше здесь!.. Неравно кто-нибудь войдет, услышит, что мы разговариваем...

Колобов засмеялся.

–Эх, полно, братец!–сказал Левшин,–говори скорей, зачем ты пришел?

–Как зачем?.. Повидаться с тобой, да взглянуть на твою соседку.

—Охота же тебе, Колобов...

—Ну, ну, не сердись!.. Экий ревнивый какой!. Вот что, братец: я сейчас был у боярина Кириллы Андреевича Буйносова; он уже все знает: на тебя донесли князю Хованскому, а тот ему пересказал. Как я стал говорить, что ты хочешь перейти в наш полк, так боярин покачал головою и сказал: "Поздненько Левшин хватился; теперь уж речь не о том, а как бы только голова-то на плечах осталась. Сегодня, как совсем смеркнется, приди с ним тайком ко мне, так авось мы придумаем, как горю пособить". От боярина Буйносова я отправился к Кресту и, как туда попал, гляжу—тянется по Троицкой дороге обозец, телег шесть, и двух коней ведут: на задней телеге едет холоп, такой дюжий, что страшно взглянуть: рожа широкая, рябая...

—Ну, так и есть!—прервал Левшин.—Это Ферапонт.

—Я закричал: стой, ребята! Вы не Дмитрия ли Афанасьевича Левшина? "Его-ста",—молвил передний подводчик.—Кто из вас Ферапонт?—"Я, ваша милость!"—отвечал рябой, соскочив с телеги. Я сказал ему, что выслан навстречу, что им теперь на дом к тебе ехать нельзя, и чтоб они остановились в первом постоялом дворе и ждали приказа. Оттуда я пошел к тебе,—и, знаешь ли что, Левшин? Как я проходил через Красную площадь, так слышал такие непригожие речи, что упаси Господи! Народ так и кипит—и все какие-то разносчицы; а Никита Пустосвят стоит опять на Лобном месте и кричит: "Пойдемте, православные, в собор изгонять хищного волка... Да восстанет истинная церковь, и расточатся все враги ея!.."

—И некому унять этого злодея?—вскричал Левшин.

—Какой унять!.. К нему весь народ пристает. Крики и гам такой, что и сказать нельзя! Мне повстречался наш пятисотенный Бурмистров и с ним человек двести стрельцов: идут в Кремль охранять царские палаты. Я и сам туда же сейчас побегу.

—Как!—сказал Левшин,—неужели эта сволочь осмелится ворваться в чертоги царские?

—Чего доброго, у них все станется.

—Так и я с тобою!—вскричал Левшин.

Он вбежал в светлицу и схватил свою саблю.

Увлеченный первым порывом, этот пылкий и благородный юноша забыл, что его могут и видеть, и слышать из соседнего покоя.

—Что ты, Левшин, что ты?—сказал Колобов, идя вслед за ним в светлицу.—Да в своем ли ты уме? Ты хочешь идти в Кремль?.. Да разве ты не знаешь, что твои злодеи ищут тебя по всему городу?.. И добро бы еще в другое время, а то теперь, когда эти окаянные крестоизменники опять завозились!.. Да ты и до Кремля не дойдешь. Лишь только выйдешь на площадь, так тебя тотчас же и уходят.

23

—Воля Божия, Артемий Никифорович,—чему быть, тому не миновать.

—Да сделай милость—останься!..

—Останься!.. Эх, брат, не тебе бы говорить, не мне бы слушать!.. Чтоб я в то время, как наш батюшка, Петр Алексеевич, будет окружен изменниками и предателями, сидел, как баба, взаперти?.. Нет, Колобов! не тому учил меня покойный батюшка. "Коли пришлось умирать за веру православную и за царя,—говаривал он,—так не торгуйся: ложись, да и умирай! Там будет хорошо".

—И, братец! Да что значит один лишний человек?..

—Что значит! А почем ты знаешь, может быть, мне-то Господь и судил заслонить моею грудью того, кому я целовал крест и святое Евангелие?

—Эй, Левшин, подумай!.. Ведь ты идешь на верную смерть.

—Наша жизнь, Колобов, в руке Божьей. Коли мне не суждено погибнуть от моих злодеев, так я останусь жив; а если суждено, так не честнее ли мне умереть с оружием в руках у порога царского, чем здесь или в другом каком захолустье?

В эту минуту послышался какой-то глухой и невнятный шум, похожий на отдаленный гром, которого раскаты слились в один грозный и протяжный гул.

—Чу!..—сказал Левшин.—Слышишь ли, братец?

—Да, Дмитрий Афанасьич, и здесь слышно, как воют на площади эти голодные волки. Видно, опять крови захотелось!..

—Идем!..

—Нет, воля твоя, я тебя ни за что не пущу; лучше сам не пойду.

—Так оставайся же один!—вскричал Левшин.

Он оттолкнул своего приятеля, опрометью бросился вон и в три прыжка очутился внизу лестницы. В то самое время, как он выбежал из светлицы, за перегородкою раздался горестный вопль и кто-то прошептал: "Боже мой! он идет на смерть!.."—"Эх, жаль молодца!"—проговорил другой голос, и все затихло. Когда Левшин вышел на двор и обернулся, чтобы посмотреть, идет ли за ним Колобов, то невольно взглянул на светлицу своей соседки—и что ж он увидел? Она стояла у открытого окна. Ее взор, исполненный любви и страха, был устремлен на него... О, это уже не случай! Она была у окна для того, чтобы он ее видел... Эти глаза, наполненные слезами, этот умоляющий взгляд, эти сложенные руки!.. Казалось, она хотела ему сказать: "О не ходи, не ходи!"

Как вдруг окно затворилось, и подле Левшина раздался голос Колобова.

—Ну, что ты, братец, остановился? Уж не передумал ли?.. Эй, Дмитрий Афанасьич, послушай меня!

Левшин стоял бледный, как смерть; он едва мог дышать, он чувствовал, что кровь застывала в сердце... О! Кто может разгадать, что происходило в эту минуту в душе влюбленного юноши?.. Святой долг–и первая любовь; там, в Кремле, почти верная смерть,–а здесь, быть может, целый век блаженства, подле той, которую избрало его сердце!.. Да! Эта душевная борьба была ужасна; но она недолго продолжалась; полумертвое лицо Левшина оживилось снова, взор вспыхнул, и он, схватив за руку своего приятеля, сказал твердым голосом:

–В Кремль, мой друг!.. В Кремль! А там что Бог даст? Его святая воля!

–Куда вы это, молодцы?–спросила Архиповна, которая стояла у ворот постоялого двора.

–Теперь на площадь, бабушка,–отвечал Колобов.

–Да на площади никого нет: все в Кремле.

–Зачем?

–Как зачем?.. Я вам говорила, что будет собор. Грановитая-то палата битком набита: все наши там.

–Слышишь, брат?–вскричал Левшин.–А мы еще здесь. Скорей, скорей!

–Что за диво!–прошептала Архиповна.–Вчера этот молодец от правежа прятался, а теперь в Кремль идет!.. Ах, батюшки! бегом пустились!.. Уж не хотят ли и они постоять за истинную веру?.. Давай Господи!

IV

Левшин и Колобов добежали в несколько минут до Красной площади; на ней народ не толпился по обыкновению, но за то у Спасских ворот была такая давка, что они должны были поневоле остановиться.

Что, молодцы,–сказал какой-то нищий, который сидел у самых ворот, приютись к стене,–знать ходу Нет-. Эва, как народ-то сперся в воротах–ни туда, ни сюда!

–А! Это ты, Гриша?–сказал Левшин.

–Я, брат.

–Бедненький! чай, тебя вчера больно стрельцы-то прибили?

–Да, брат, потрепали, дай Бог им здоровья!.. Да что вы напираете–не пройдете, молодцы. Дайте народу схлынуть. Вишь, Никита как всех перебулгачил: уж за ним людей-то шло–видимо-невидимо!.. Эх Никитушка, Никитушка,–продолжал нищий, покачивая головой,–слепой вождь слепых!.. Жаль мне тебя, голубчик! Много за тобой пришло сюда друзей и приятелей, а много ли их будет с тобой, как выведут тебя на площадь?

–Что ты это, Гриша, говоришь?–спросил Колобов.

—Так, брат, про себя!—сказал нищий и запел вполголоса—Со святыми упокой!.. Ах, что-то не поется,—промолвил он, остановясь, и горько заплакал.

—Ах, батюшка, Дмитрий Афанасьевич!—сказал какой-то приземистый и плечистый детина, лет тридцати пяти, подойдя к нашим приятелям, которые как ни старались, а не могли подвинуться ни шагу вперед.

—Это ты, Ферапонт?—вскричал Левшин.—Зачем ты здесь?

—Виноват, батюшка, не утерпел! Хотелось поклониться московским угодникам.

—Эх, брат!—прервал Колобов,—напрасно ты ушел с постоялого двора...

—Да там, батюшка, остались конюх Вавила и двое подводчиков: ничего не пропадет.

—Успел бы и после побывать в соборах, то ли теперь время.

—А что, сударь?

—Разве не видишь?

—Вижу, батюшка: народ так и валит в Кремль... Видно, ход?

—Какой ход!

—Что ж это, Колобов!—вскричал с нетерпением Левшин.—Долго ли нам здесь стоять? Пойдем лучше к Никольским воротам.

—А вам, батюшка, пройти, что ль?—спросил Ферапонт.—Так прикажите, я как раз дорожку прочищу.

—Вишь какой Еруслан Лазаревич!—сказал Колобов.—Нет, брат, тут на силу не возьмешь.

—А вот посмотрим!—прошептал Ферапонт.—Он уперся могучим плечом в толпу, понатужился, двинул—и вся эта плотная масса народа заколебалась.

—Тише, тише!—раздались голоса впереди.

—Батюшка, давят!—закричали под воротами.—

Смерть моя!., раздавили!.. Куда ты, разбойник этакий!.. Тише, тише!..—Но Ферапонт, не обращая внимания на все эти вопли и ругательства, продолжал медленно подвигаться вперед, а за ним Левшин и Колобов.

—Уф, жарко!—сказал он, отдуваясь, когда они выбрались наконец за ворота.—Ну, тесно! Еще бы этак саженей десятка три-четыре, так и я бы из сил выбился!

—Экий бык!—промолвил Колобов, глядя с удивлением на Ферапонта.—Однако ж, брат, ступай и здесь передом: вишь народу-то набралось! А, чай, там, около Грановитой палаты, хоть по головам ходи.

И подлинно, вся нынешняя Дворцовая площадь запружена была народом. Несмотря на охранную стражу, составленную из стрельцов Сухарева полка, толпы всякого рода и звания людей ежеминутно прорывались к Красному крыльцу, которое было все усыпано народом. Ферапонт принялся снова работать плечами, валя народ направо и налево,

26

и лишь только потряхивал курчавою головою, когда какой-нибудь невежливый кулак задевал его по затылку. Вот наконец наши приятели протеснились до Красного, крыльца и, оставив Ферапонта внизу, начали взбираться по лестнице. Мимоходом они заметили, что большая часть людей, захвативших все входы в Грановитую палату, состояла из раскольников: у каждого за поясом четки, у иных в руках книги и почти у всех за пазухой каменья. Все эти раскольники были в каком-то исступлении, и у некоторых лица rsbipa-жали такое нечеловеческое зверство и остервенение, что страшно было на них взглянуть.

В сенях перед Грановитой палатой столпилось человек двести этих бешеных изуверов–пройти было невозможно.

–Посторонитесь, ребята!–сказал Левшин–Мы идем в Грановитую палату.

Постоите и в сенях!–промолвил один высокий старик в длинном балахоне.

Говорят вам, посторонитесь!–повторил вспыльчиво Левшин.

А тебе говорят, стой там, где стоишь!.. Вишь, какой выскочка!.. Да не пыли, не пыли, молодец, надорвешься. Колобов толкнул локтем Левшина и, оборотясь к старику, сказал вполголоса:

Экий ты, братец какой!.. Да там в палате, чай, православных меньше, чем никоновцев, так что ж вы своих-то не пускаете? Ведь этак мы не одолеем.

–А вы разве наши:

–Ваши, ваши!–шепнул Колобов.

–Посторонитесь, правоверные!–закричал старик. Толпа расступилась. У дверей Грановитой палаты

стоял довольно сильный отряд из стрельцов и детей боярских; разумеется, Колобов и Левшин, как стрелецкие начальные люди, были пропущены. Они вошли в палату, и вот что представилось их взорам: на царском месте сидели цари Иоанн и Петр Алексеевичи; рядом с ним, по левую сторону, сидела на великолепных креслах соправительница, царевна Софья Алексеевна, подле нее вдовствующая царица Наталья Кирилловна, великие княжны Татьяна Михайловна и Мария Алексеевна. Потом на скамьях, которые тянулись вдоль стен всей палаты, размещены были по старшинству думные бояре, окольничьи и прочие государственные и придворные сановники. По правую сторону царского места сидел святейший патриарх Иоаким; одиннадцать митрополитов, четыре архиепископа, два епископа' и все московские архимандриты. С обеих сторон царского места стояли рынды, младшие придворные чипы и человек пятьдесят вооруженных жильцов, одетых в шелковые разноцветные терлики. Вся середина палаты была занята толпою раскольников: тут были люди всех званий, и в том числе многие, принадлежащие, по-видимому, к духовному сословию. Это были беглые чернецы, выгнанные из монастырей послушники и расстриги из белого духовенства; одни из них держали в руках иконы, другие огромные зажженные свечи. Впереди этой буйной сволочи стоял перед налоем расстрига Никита Пустосвят. По обеим сторонам у входа в Грановитую палату толпились стрельцы разных полков со своими начальниками. Колобов присоединился к отряду Сухарева полка; Левшин стал подле него. Когда они вошли в палату, дьяк Борис Протасов читал, по приказу царей, челобитную Никиты, в которой этот мятежный расстрига, называя себя и своих единомышленников православными, а все духовенство, начиная с патриарха, отступниками от истинной веры, требовал собора для всенародного обличения всех последователей, по словам его, нечестивой Никонианской ереси. Когда челобитная была прочтена, Никита и некоторые из его сообщников, ссылаясь на принесенные ими древние рукописи, начали в самых дерзких и обидных выражениях обвинять духовенство в злоумышленном искажении церковных книг Святейший патриарх и митрополит астраханский Никифор ответствовали им, что сделанные при патриархе Никоне поправки в церковных книгах были необходимы, что некоторые списки, при сличении их, оказались несходными меж собою, и что даже многие из прежних переводов греческих церковных книг не во всем были сходны со своими подлинниками. Но все эти доказательства, основанные на истине и здравом смысле, остались тщетными. Грубое невежество и эта фарисейская гордость, которую мы называем фанатизмом, ненавидят истину. Многоречие, пустословие, превратное толкование текстов и насилие—вот их здравый смысл и логика. Вместо того, чтоб слушать с должным уважением слова своих духовных пастырей или, по крайней мере, возражать им с кротостию и приличием, Никита и его сообщники, забыв, что находятся в присутствии самих царей, подняли такой неистовый крик, что заглушили совершенно речи архипастырей и не давали им выговорить ни слова. Я думаю, всякому случалось видеть людей и пообразованнее раскольников, которые полагают, что победили своих противников, потому что им удалось их перекричать,—так удивительно ли, что Никита и его товарищи, почитая себя победителями, приступили смело к главной своей цели, то есть к торжественному проповедованию, в присутствии царей и всего духовенства, своих невежественных бредней и богопротивной ереси; но тут восстал против них архиепископ холмогорский Афанасий. Он некогда разделял сам заблуждения этих последователей Аввакумовского раскола и, следовательно, знал лучше других, на чем они основывали свои превратные понятия о вере На все их лживые умствования он возражал словами Спасителя, его апостолов, святых отцов и самыми ясными, неоспоримыми доказательствами изобличал всю нелепость их противозаконных толков и верований; но это вовсе не усмирило, а только привело в большую ярость мятежников. Это, по словам летописца, "гидра изуве-рия", чем более была поражаема, тем страшнее становилась. Угрозы заступили место доказательств, и расстрига Никита, видя себя совершенно побежденным, в безумной ярости бросился на архиепископа Афанасия и Ударил его в грудь. Это буйное святотатство было началом всеобщего смятения. Исступленные крики и неистовые вопли мятежников заглушили все. Раскольники, бывшие в сенях, сломили стражу и ворвались в палату; те, которые стояли на Красном крыльце, обратились к народу и начали кричать: "Ступайте, православные, спасайте церковь! На соборе насилие! Никоновцы бьют православных!" В самой палате раздавались везде мятежные крики. "Очистим от хищных волков церковь!-вопили раскольники.-Истребим всех слуг антихристовых!" В эту минуту общего смятения царь Иоанн Алексеевич, Софья Алексеевна и весь двор, по выражению того же летописца, в несказанном страхе и слезах ушли из палаты, и на царском месте осталось одно десятилетнее дитя: но это дитя был Петр. Окинув смелым взглядом мятежную толпу, он встал, снял с головы своей царский венец и детским, но уже мощным голосом сказал: "Пока этот венец на главе моей и душа в теле, не попущу воевать святую церковь: и, как я сам нарицаю ее матерью и верю, что она есть правая и истинная, так и всем повелеваю верить! Ну, что ж вы?-продолжал он, обращаясь к стрельцам, и грозный взор его засверкал гневом.-Берите этих крамольников!" В одно мгновение все изменилось. Голос царя Русского, как глас Божий, поразил мятежников. Стрельцы, державшие сторону раскольников, выдали их с руками. Левшин первый с обнаженною саблею кинулся в толпу, а за ним все те из стрельцов, которые не принадлежали к расколу. В несколько минут зачинщики были схвачены, и все их сообщники выгнаны из палаты.

Во все это время юный государь стоял на царском месте; его грозный, но спокойный взор был устремлен на толпу стрельцов, которые не принимали участия в усмирении мятежников; казалось, он чувствовал, что только один всемощный взор помазанника Божия мог сковать буйную волю крамольных стрельцов, готовых стать грудью за своих сообщников. Когда в палате не осталось ни одного раскольника, то державшие их сторону стрельцы стали также выходить понемногу. Эта вовсе неожиданная развязка, разрушив все замыслы дерзких бунтовщиков, превратила их в толпу робких преступников, которые помышляют только о том, чтоб избегнуть заслуженного наказания. Одни из них пробрались потихоньку на Лыков двор-этот главный притон мятежных стрельцов, а другие присоединились даже к тем, которые гнали из Кремля раскольников. Вскоре не осталось во всей Грановитой палате никого, кроме государя Петра Алексеевича, нескольких ближних его бояр и всего духовенства. Тогда началось умилительное зрелище, о котором повествуют летописцы. Престарелый патриарх Иоаким, а вместе с ним и весь священный синклит, спасенный единым словом державного отрока, пали к стопам его. Владыка православной церкви русской, святители московские, все пастыри духовные–старцы, поседевшие в подвигах веры, трудах и молитвах–у ног десятилетнего ребенка!.. Но этот ребенок был уже великий муж духом, мудростью и силой своей непреклонной воли.

Когда дворцовая площадь и окружные места были совершенно очищены от мятежников и вся эта сволочь, всегда дерзкая при успехе и трусливая при малейшем сопротивлении, рассыпалась во все стороны,–Левшин, который во время этой суматохи разлучился с Колобовым, встретился с ним опять у подворья Крутицкого монастыря[1].

–Это ты, Левшин?–вскричал Колобов.–Ну, слава тебе, Господи! А я уж было совсем отчаялся, думал, что ты попал в руки к твоим злодеям.

–Нет, Бог помиловал.

–Погоди-ка, брат!–сказал Колобов. Он поглядел кругом; казалось, все было спокойно; изредка прокрадывался около стенки какой-нибудь гражданин, робко озираясь кругом; кой-где мелькали черные рясы духовенства, которое помаленьку пробиралось из Грановитой палаты в Чудов монастырь, и только вдали, у Спасских ворот, слышны были крики стрельцов, которые продолжали гнать из Кремля остальной народ.

–Смотри-ка,–сказал Колобов,–давно ли здесь негде было и яблоку упасть, а теперь хоть шаром покати!.. Зато, чай, на Красной площади народ так и кипит!. Делать-то нечего, брат: придется тебе пообождать.

–Да,–отвечал Левшин,–теперь вряд ли я доберусь благополучно до Мещовского подворья

–Тише, тише, братец!., что ты кричишь!–прервал Колобов, озираясь.–Ну, если кто-нибудь подслушивает...

–Да ведь мы здесь одни.

–Нет, брат, не одни!.. Кажись, там за углом кто-то кашлянул.

–Я ничего не слышал.

–А вот посмотрим.

Колобов обошел кругом подворья.

–Ну, что?–спросил Левшин.

–Теперь никого нет Только вот что, Дмитрий Афанасьевич: как я зашел за

показалось, что кто-то юркнул Шереметеву.

–Кто-нибудь из его холопей.

–Статься может, а все-таки лучше будешь поопасливее... Чу, слышишь, как шумят на площади?

–Слышу, братец.

—Да вот скоро разбредутся. Время обеденное—пора и за кашу приниматься. Ну, Дмитрий Афанасьевич, хорошую было кашу заварил этот Никита, как-то ему придется ее расхлебывать!.. Веришь ли, братец, очнуться не могу! Как это нам помог Господь?.. Ведь в палате, кроме наших Сухаревских, почитай все стрельцы были за раскольников; с тем и пришли, чтоб за них стоять.

—Да, Колобов, кабы не батюшка Петр Алексеевич...

—Да, да!.. Исполать ему! Как он встал на своем царском месте, так, веришь ли Богу, показался мне выше тебя!.. Подумаешь: всего десять годков—что ж будет, как он подрастет?.. Ну, Дмитрий Афанасьевич, вот это царь так царь!

—И все его покинули!—сказал Левшин.—Оставили одного посреди мятежников!..

—В том-то и дело, братец!.. Ох, матушка Софья Алексеевна! хитрая ты, а все не будет по-твоему, кого Господь Бог хранит, тому люди ничего не сделают Вот хоть ты Левшин: видел ли, как в палате смотрел на тебя полковник Чермнов? Вот так бы, и проглотил живого! И негодяй Чечотка и Федька Лутохин глаз с тебя не спускали,—а что они тебе сделали?

—Не до того было, братец.

—И ничего не сделают! Ты, Левшин, видел ли в палате боярина Кириллу Андреевича Буйносова?

—Нет, не видел.

—А он тебя видел, долго шептался с нашим воеводою, князем Иваном Андреевичем Хованским, и они оба на тебя смотрели.

—Так ты думаешь, князь Хованский за меня заступится?

—А как же?.. Он для Кириллы Андреевича все на свете сделает; только теперь-то не попадись в руки к твоим злодеям, а уж там дело как-нибудь уладят.

—Постой-ка,—сказал Левшин,—кажется, и на площади все утихло. Не пора ли нам идти?

—Ну, пожалуй! Пойдем к Спасским воротам, а там посмотрим.

Левшин и Колобов дошли до Вознесенского монастыря, не встретив почти никого; но когда они вышли за Спасские ворота, то увидели, что на Красной площади много еще было стрельцов, и народ толпился около Лобного места.

—Погоди, брат!—сказал Колобов.—Вот, кажется, идут сюда стрельцы моей сотни... Ну, так и есть! Ивашка Троцкий... вон Ларька Недосекин... Знаешь ли что? Я вместе с ними провожу тебя до Зарядья; мы пойдем кучкою, ты в середине: там никто тебя не увидит.

—Ну, что вы, молодцы нейдете? Теперь ведь просторно,—раздался позади их знакомый голос Гриши. Он сидел на прежнем месте, прислонясь к стене.—Вот, подумаешь,—продолжал нищий,—шли в Кремль, как на праздник, чинно, шажком, с иконами, а из Кремля-то... у!., батюшки!., словно дождь–все врассыпную! кто куда попал: кто домой, кто в лавки, кто в разбойный приказ...

—В разбойный приказ?–спросил Левшин.

—А как же? Ведь Никиту не домой отвели... Эх, буйная, буйная головушка! Недолго тебе, головушке, на плечах оставаться!.. За чем пошел, то и нашел!

—Ты это говоришь,–спросил Колобов,–о разбойнике Никите?

—Разбойник?.. Дай то Бог, чтоб было по-твоему, голубчик!.. Разбойник что!.. А вот худо, как он в Иуды попадется–помилуй Господи!..

—Эй, Недосекин!–закричал Колобов.–Троцкий!.. Ребята!.. Подите-ка сюда!

Человек пятнадцать стрельцов подошли к Колобову

—Вы куда, братцы?–спросил Колобов.–В слободу?

—В слободу, батюшка Артемий Никифорович!–отвечал один из стрельцов.

—Так и мы с вами. Пойдем, Дмитрий Афанасьевич!

Окружив своими стрельцами Левшина, Колобов повел эту небольшую толпу прямо к Москворецкому мосту. Дойдя до ворот, которые также назывались Москворецкими, он остановился и шепнул:

—Теперь с Богом, Дмитрий Афанасьевич!.. До дому тебя с такой ватагой довести нельзя: всех переполошишь. Да и к чему? Видишь, кругом все пусто; ты здесь мимо заборов прокрадешься так, что тебя никто не увидит. Ступай теперь налево по улице, а там как повернешь в третий переулок, ты и дома. Прощай, брат!.. Вечером я у тебя побываю.

Левшин, простясь с Колобовым, добрался благополучно до своего переулка; в нем было все тихо и спокойно. Увидев издали Мещовское подворье, он остановился посмотреть, может ли пройти в него так, чтоб никто этого не заметил. При взгляде на это подворье мысль о прекрасной незнакомке снова овладела его душою. Кто не знает, что любовь без надежды–не радость; но после того, что Левшин видел, уходя с подворья, ему нельзя было не надеяться; он не мог чувствовать тогда вполне своего счастья; он шел навстречу к своим, злодеям, его ожидала почти верная смерть или, по крайней мере, заточение и ссылка, а теперь!.. Господь помиловал его; он остался жить и свободен; он опять ее увидит, услышит снова ее пленительный голос... быть может... о, нет сомненья!., она дозволит ему говорить с нею... Но если отец ее?.. Да кто ж он такой?.. Знатный и богатый человек не станет жить на этом подворье... Так неужели он не согласится выдать дочь свою за родового человека и богатого помещика?.. Нет, нет! не может быть: ей нельзя принадлежать другому–она его суженая!.. И вот Левшин женат!., вот едет на житье в свое костромское поместье... О! каким земным раем будет для него это привольное село на берегу Волги-матушки! этот светлый и красивый дом на высоком холму, с которого вся Кострома-- как на блюдечке! этот заветный луг, эта березовая роща, в которой он станет гулять со своим милым, ненаглядным другом сперва вдвоем, а там—если Бог благословит... Нет, страшно подумать о таком счастии!.. Ведь этак блаженствуют только на небесах!.. Так мечтал Левшин, подходя скорыми шагами к подворью. Когда он поравнялся с избою, в которой жила Архиповна, она высунулась из окна и закричала: "Эй, молодец, молодец! поди-ка сюда!" Но Левшин ничего не слышал, он вбежал в ворота и, не обращая внимания на то, что происходило вокруг него, спешил скорее дойти до заднего двора. И до того ли ему было, чтоб смотреть по сторонам: вх пяти шагах от него, в светлице, у растворенного окна, на том же самом месте, стояла она. Он видел этот взор, исполненный счастья и любви, он слышал это радостное восклицание, которое при его появлении вырвалось невольно из прелестных уст незнакомки... Но вдруг лицо ее покрылось смертной бледностию и в то же время, позади Левшина, загремел грубый голос: "Здравствуй, господин костромской помещик".

Левшин обернулся—перед ним стояли стрелецкие сотники Лутохин и Чечотка, а в нескольких шагах от них человек десять стрельцов, вооруженных саблями и короткими бердышами.

—Смотри, какой спесивый стал!—сказал Чечотка.—К нему гости пришли, а он шапки не ломает.

—Что вам надобно?—спросил Левшин.

—Да так!—отвечал Лутохин.—Не угодно ли твоей милости прогуляться с нами к полковнику Чермнову.

—Зачем?

—Видно, хочет с тобой побеседовать. Вишь ты какой невидимка! Приехал из побывки, да к начальнику и глаз не кажешь. Пойдем-ка, брат, пойдем!

—А если я не пойду?

—Так мы тебя поведем.

—И как еще!—подхватил Чечотка.—С почетом: руки назад да веревку на шею.—Эй, молодцы, вяжите его.

—Меня!—вскричал Левшин. Он отскочил назад, прислонился к избе спиною и выхватил свою саблю.

—Так ты еще драться хочешь?—заревел Чечотка, вынимая также свою саблю.—Ах, ты изменник этакий! Братцы,—продолжал он, обращаясь к стрельцам,—нам приказано отыскать и схватить этого предателя живого или мертвого. Не дается живой—так рубите его!

Стрельцы бросились всей толпою на Левшина; но вдруг двери избы отворились, и раздался повелительный голос:

—Стойте, ребята!.. Что вы делаете?

—Князь Иван Андреевич!—вскричал Чечотка, опустив свою саблю. Все стрельцы остановились и сняли почтительно шапки, когда к ним подошел человек среднего роста, пожилых лет, в шелковом полукафтане, сверх которого надета была простая однорядка из черного сукна; в руке у него была костяная трость в золотой оправе, а на голове шапка мурмолка с собольим околышем. Это был главный начальник стрелецкого войска и приказа, князь Иван Андреевич Хованский.

—Что у вас здесь за драка была?—спросил он строгим голосом.

—Не драка, государь милостивый князь,—отвечал с низким поклоном Лутохин.—А вот мы по приказу нашего полковника хотели взять этого бунтовщика...

—Бунтовщика... Какого бунтовщика?

—Да вот нашего сотника Левшипа.

—Левшина!—вскричал Хованский.—Так это ты, голубчик?.. Ага, сердечный дружок, попался!.. О! Да ты еще, брат, отбиваться хотел,—видишь какой бойкий... Возьмите у него саблю?

Левшин молча подал ее Лутохину.

—Так это ты, изменник?—продолжал Хованский.—Да если правда, что ты дерзнул говорить такие непригожие речи и позорить христолюбивую надворную потеху...

—Истинно правда, батюшка князь Иван Андреевич,—сказал Лутохин.—Пожалуй, он теперь отопрется...

—Кто?—сказал Левшин.—Я отопрусь?..

—Молчи, бунтовщик!—закричал Хованский.—Я знаю, что ты хочешь сказать.—Мне, дескать, и запираться не в чем, я этого не говорил. Да вот погоди, как попадешь в застенок, так смолвишь!.. Да еще то ли я о тебе слышал!.. Мне Кирилла Алексеевич Буйносов все пересказал. Ты зачем ездил в Кострому?.. Знаем мы—все знаем!.. Вишь, что затеяли, окаянные крамольники!..

—Я никогда не был крамольником,—сказал Левшин.—Я ездил в Кострому...

—Молчи, говорят тебе!—прервал гневно Хованский.—Вздумал меня учить!.. Я знаю лучше тебя, что говорю!

—А коли тебе, батюшка Иван Андреевич,—сказал Чечотка,—доподлинно известно, что он изменник, так уж с ним бы один конец. Прикажи только: мы его сей же час при тебе казним.

—Казним!—повторил Хованский.—Ах, ты глупая голова?... Одного казнишь, а десятеро останутся... Уж коли этот изменник говорил такие речи на площади, так неужели вы думаете, что он один?.. Нет, ребята, их целая шайка. Этого молодца надобно будет и в Кострому спосылать для улики; и коли правда то, о чем мне донесли, так тебе, дружок, и на плахе-то места не будет; а коли неправда, так я все-таки ушлю тебя туда, куда ворон костей не заносил. Лутохин, возьми с собою двух молодцов да отведи этого мятежника в земский приказ. Ты мне за него головою отвечаешь. А там скажи, что покамест я за ним не пришлю, берегли бы его с великим опасением. Чего доброго, пожалуй, этот сорви голова сам на себя руки подымет, а нам улика надобна... С Богом, ребята! Ступайте по домам! Благодарствую вам за ваше усердие—и вперед всех изменников ловите!

—Будем, отец наш, будем!—закричали стрельцы.

—Ну, батюшка,—сказал Лутохин, обращаясь к Левшину,—не угодно ли вашей милости!.. Ты, Сучков, ступай по правой стороне; ты, Мутовкин, по левой, а я уж пойду сзади. Да смотрите, чтоб он стречка не дал: ведь молодец-то легок на ногу—не догонишь! Пожалуй, батюшка, пожалуй!

Левшин, уходя со двора, взглянул на светлицу: окно было открыто по-прежнему; но где же его прекрасная незнакомка?... О, в эту минуту она была счастливее своего суженого! Она не чувствовала, что, может быть, расстается с ним навсегда! Когда толпа бешеных стрельцов, с поднятыми бердышами, бросилась на Левшина, кровь застыла в ее жилах, сердце перестало биться, и она упала без чувств подле окна своей светлицы.

V

Вероятно, мои читатели не забыли, что земский приказ, куда велено было отвести Левшина, находился на Красной площади, недалеко от Лобного места. Когда Лутохин привел в этот приказ своего арестанта, солнце стояло уже высоко, и вся площадь была пуста. В старину и простой народ, и купцы, и бояре, одним словом, все, не исключая самого царя, обедали всегда в один и тот же час, то есть около полудня, и непременно отдыхали после обеда. В это время по всему городу распространялась глубокая тишина, и даже бездомные нищие не бродили по опустевшим улицам, но, пообедав, чем Бог послал, отдыхали, разумеется, летом в хорошую погоду, на погостах, а в дурную на папертях приходских церквей, которых было тогда в Москве, конечно, вчетверо более, чем теперь.

В передней комнате земского приказа, если только можно назвать комнатой какой-то подвал с низким сводом, грязным каменным помостом и узеньким окном, сидело на скамьях человек десять объезжих ярыжек и один очередной огнищанин, то есть полицейский офицер тогдашнего времени.

—Здравствуйте, братцы!—сказал Лутохин, входя в этот покой.—Князь Иван Андреевич Хованский прислал к вам гостя.

—Милости просим!—отвечал огнищанин, вставая.—Эге! Да он1 никак ваш брат, стрелецкий сотник?

—Наш брат?.. Нет, любезный, мы с изменниками не братаемся.

—С изменниками?.. Вот что! Так надобно разбудить нашего дневального поддьяка. То-то разгневается!.. Он только что прилег всхрапнуть,—да воля его... изменник дело не шуточное!

Огнищанин растворил двери в другой покой и закричал: "Вставай, Ануфрий Трифоныч!"

Вместо ответа послышалось что-то похожее на глухой рев медведя, которого потревожили в берлоге; потом все опять затихло.

—Слышишь, Ануфрий Трифоныч?—закричал опять огнищанин.—Вставай!

—Что там еще?—пробормотал охриплый голос.—Прах бы вас взял! Зачем?

—От князя Ивана Андреевича... Ступай проворней!

—Иду, иду!

Двери растворились настежь, и из соседнего покоя вышел, или, верней сказать, вылез человек непомерной толщины, с круглым багровым лицом, широким расплющенным носом и почти голым подбородком, на котором два клочка коротких волос заменяли бороду На нем был долгополый, запачканный чернилами, кафтан с высоким козырем, то есть стоячим воротником; на ногах поношенные желтые сапоги; на голове шелковая тафья, или круглая шапочка, похожая на жидовскую ермолку, а за поясом висела на цепочке медная чернильница и футляр, также медный, для пера.

—Эка служба, подумаешь!—сказал он, перевалясь через порог и протирая свои заспанные глаза.—Чай, теперь и каторжные-то спят в остроге, а ты вставай!.. Нелегкая меня понесла!.. Ну что вам надобно?

—Да вот сдать тебе этого барина,—сказал Лутохин, указывая на Левшина.—Князь Иван Андреевич приказал держать его под крепкой стражей, пока он за ним не пришлет, а присматривать хорошенько, чтоб он тяги не пал или не поднял сам на себя рук.

—Небось, в кандалах не уйдет и рук на себя не подымет; я велю их в колодку заколотить.

—Ну там как знаешь!.. Теперь давай мне ярлык, что я тебе сдал его с рук на руки...

Поддьяк написал на клочке бумаги расписку и отдал ее Лутохину.

—Прощай, господин костромской помещик!—сказал Лутохин, уходя.—Счастливо оставаться!.. Как выйдешь в люди да будешь стольником, так не забудь и нас грешных!

Левшин поглядел с презрением на Лутохина и не отвечал ни слова.

–Эй, вы!–сказал поддьяк.–Васька Фуфлыга, Андрюшка Бутуз, ведите-ка этого молодца ко мне.

Двое земских ярыжек ввели Левшина во второй покой. В нем стоял большой стол, покрытый красным сукном и заваленный бумагами; крутом стола с полдюжины небольших скамеек, вдоль стены широкая лавка и в углу на полке икона в раззолоченном кивоте.

–Да ты, молодец,–сказал поддьяк,^–кажись, из начальных людей надворной пехоты!.. Смотри пожалуй–ус только пробивается!.. Ну, брат, раненько ты в чины заелся!.. Вот то-то и есть, кабы вашу братью, молокососов, держит в черном теле, так вы бы жили посмирнее... Ты что?. аи, вздумал бунтовать против начальников?

Левшин молчал.

–О, да ты спесив, голубчик,–продолжал поддьяк,–и отвечать не хочешь!.. Да вот погоди, как сведут тебя в Константино-Еленскую башню, так там, брат, заговоришь! В застенке-то не по-нашему допрашивают. Ребята, обыщите его: нет ли с ним ножа. Вишь, он смотрит каким разбойником!

Земские ярыжки не нашли ничего у Левшина, кроме небольшого кошелька с серебряной монетой.

–Э! Да ты, брат, с денежками!–сказал поддьяк.–Дайте-ка сюда!

Он взял кошелек и высыпал все деньги на стол.

–Ого!–шепнул он, и глаза у него засверкали.–Да тут рублей десять будет!.. Эх, любезный! жаль мне тебя,–видит Бог, жаль!.. Человек ты молодой, непривычный... как посидишь этак суток двое в колодке да в цепях, так жутко покажется... Фуфлыга, что весу то в наших кандалах?

–Да пудика полтора с походцем будет,–отвечал ярыжка.

–Слышишь, молодец?.. И в колодку-то, как руки забьют, так,–не прогневайся! больно косточки побаливать станут... Бутуз! помнишь того купца...

–Как же,–отвечал другой ярыжка.–Вот уж третий месяц, как он руками не владеет.

–Слышишь, молодец?.. И покоец-то, куда вашу братью сажают, со всячинкой: лечь коротко, стать низко, присесть не на чем...

Для чего ты все это мне говоришь?–спросил Левшин.

–А вот для чего, молодец: хочешь ли, я не велю тебя ковать, и ты останешься здесь со мною?

–Как не хотеть.

–Только вот что, любезный: жаль-то мне тебя, жаль, да и на свой страх брать не хочется. Я человек небогатый, семейный: жена, дети...

–Ну, ну, хорошо!–прервал Левшин.–Я знаю, чего ты хочешь. Возьми эти деньги себе.

–Спасибо, добрый молодец, спасибо... Только не все: надо поделиться.

Вот вам полуполтинник, ребята!–продолжал поддьяк, обращаясь к ярыжникам.–Да вот еще два алтынника: купите винца и попотчуйте своих товарищей, чтоб им завидно не было. Ну, ступайте, ребята!.. А ты, молодец, хочешь присесть, так садись; а коли хочешь отдохнуть, так ложись,–вон там на лавке. Я и сам прилягу: глаза так и слипаются... Да ты что на окна-то посматриваешь?–промолвил поддьяк.–Нет, голубчик! Все с железными решетками; да и без них не пролезешь–узеньки! А из дверей не выпустят. Ложись-ка лучше, брат, да сосни.

Поддьяк положил себе под голову связанную кипу бумаг, протянулся на скамье, зевнул раза два и захрапел, как удавленный. Левшин прилег также на лавку, но только не для того, чтоб спать. Говорят, что сон утешитель несчастных; да их-то он редко и посещает. Эта лихорадка, томительная бессонница, почти всегда бывает неразлучной подругой душевной грусти и тоски. О себе Левшин не очень заботился: ему не трудно было отгадать, что князь Хованский вовсе не имеет желания погубить его и что все эти строгие речи и угрозы не значат ничего. Хованский не мог иначе говорить при стрельцах; и если б стал им явно противоречить, то, вероятно, они вышли бы изо всякого повиновения. Даже само обвинение, что будто бы Левшин участвовал в каком-то костромском заговоре и что его должно отправить худа для улики, доказывало, что князь Хованский хотел только под этим предлогом услать его подалее от Москвы. Одним словом, Левшин мог надеяться, что жизнь его теперь в безопасности; но зато для него исчезла вся надежда увидеть опять свою незнакомку. Он не знал, кто она, кто этот чудак, ее отец, который прячет от всех свою дочь,–живет в Зарядье на плохом подворье, как самый простой горожанин или какой-нибудь иногородный небогатый купец–и которого, однако ж, посещает старший воевода всего стрелецкого войска, властолюбивый и надменный князь Хованский. Почем знать, может быть, этот проезжий сегодня, завтра или через несколько дней уедет навсегда из Москвы?.. И вот чем кончились все надежды бедного юноши! Эта приволжская деревня, этот рай земной, эти вечерние прогулки с милым другом,–все эти радости, все это блаженство земное– обманчивый призрак, безумная мечта, необычайный минутный сон!

Чего не передумал, чего не перечувствовал Левшин в эти два часа, в продолжение которых толстый поддьяк пыхтел и храпел попеременно то басом, то дискантом. Наконец, этот страж, которого, впрочем, нельзя было назвать неусыпным, потянулся, зевнул и встал.

–Ну что, молодец,–спросил он,–вздремнул?

–Нет,–отвечал отрывисто Левшин.–Я не сплю после обеда.

–Не спишь? Нехорошо, любезный, нехорошо! Все православные должны спать после обеда; одни только еретики,–вот как был самозванец

Гришка Отрепьев,–и в баню по субботам не ходят, и не отдыхают, поевши. Да ты, молодец, обедал ли сегодня?

–Нет, не обедал.

–Так что ж ты не скажешь, голубчик? Уж коли я взял тебя на руки, так ты мой гость.

Поддьяк подошел к столу, выдвинул ящик и вынул Деревянное блюдо, на котором лежало полпирога.

–На-ка, любезный,–сказал он,–покушай на здоровье. Знатный пирог, с кашей!

Вы уже знаете, любезные читатели, что Левшин вовсе не походил на этих героев любви и самоотвержения, которые умирают, произнося имя своей любезной и в продолжение нескольких томов питаются одной любовью и воздухом. Он не ел более суток и хотя чувствовал непреодолимое отвращение от своего собеседника, однако ж присел к его пирогу и утолил свой голод.

–Ну, теперь, молодец,–сказал поддьяк,–пе хочешь ли подкрепить себя травничком?

–Спасибо! Я вина не пью,–отвечал Левшин.

–И это напрасно, любезный!.. Вино веселит сердце человеческое, и одни поганые татары его не пьют, а ведь мы с тобой православные. Выкушай чарочку!

–Нет, право, не могу.

–Ну, как хочешь!–Поддьяк спрятал блюдо с остатками пирога, сел к столу и начал что-то писать, а Левшин прилег опять на лавку и предался своим грустным думам. Так прошло часа два или три. Вдруг в передней комнате послышались громкие голоса: "Ступай, ступай!"–кричал кто-то. "Ребята, помогите! Вишь, он в притолку упирается!"

–Что у вас там?–спросил поддьяк, вставая. Двери отворились, и вошел огнищанин, а за ним трое земских ярыжек, из которых один вел за ворот мужика, оборванного, замаранного грязью, с подбитыми глазами и окровавленным лицом.

–А! Это ты, Антошка Шелыган?–сказал поддьяк, обращаясь к земскому ярыжке, который тащил за собою мужика.–Кого ты это подтенетил?

–Да вот, батюшка Ануфрий Трифоныч, идем мы, я да Ивашка Кучумов, по Зарядью, глядим–лежит этот хмельной на улице на самой середине. Ну, долго ль до греха–место проезжее. Мы стали его подымать, а он учал драться, да еще вздумал народ скликать; кричит, что мы_ его обобрали.

–Ах, он мошенник!.. пьяница этакий!

–Помилуй, батюшка!–промолвил мужик.

–Молчи!–закричал поддьяк.–Ты кто таков? Ко-лотырник какой-нибудь! Бездомный бродяга!..

–Нет, батюшка! я живу при месте, работником на подворье.

39

–А валяешься пьяный по улицам.

–Отец родной!–вскричал мужик, кланяясь в ноги,–прикажи слово вымолвить!

–Ну, что? Говори!

–Вот как дело было: стою я у стенки...

–У стенки!–прервал огнищанин.–Видно, ноги-то не держат!

–Батюшка! да я хмельного в рот не беру!., видит Бог, не беру!

–Добро, добро!–сказал поддьяк.–Ну, говори: стоишь ты у стенки...

–Вот они, батюшка, ко мне и подошли, да ни с того, ни с другого–и ну ко мне придираться: что, дескать, ты тут стоишь? Да так, мол, стою! Ты, дескать, вор, высматриваешь, как бы что стянуть!.. Да и ну меня по скулам!.. Сбили с ног, вытащили мошну с деньжонками...

–Не слушай, Ануфрий Трифоньга прервал один из земских ярыжек.–Он врет: мы его пальцем не тронули, а, видно, он сам спьяна где-нибудь рожей-то на угол наткнулся.

–Не тронули!–повторил мужик.–Бога вы не боитесь!.. Посмотрите-ка на мои глаза!

–Что глаза?–прервал поддьяк.–Глаза как глаза! Заплыли с перепоя–вот и все!

–С какого перепоя, батюшка?.. Я и по праздникам-то вина не пью.

–Не пьешь... да ты и теперь еле жив–пьяница этакий!.. Алексей Пахомыч!–продолжал поддьяк, обращаясь к огнищанину.–Ну, посмотри, хмелен ли он?

–Какой хмелен!–сказал огнищанин.–Лыком не вяжет!.. Бутуз, подойди-ка к нему поближе... Ну, что?

–Фу ты, батюшки,–промолвил земский ярыжка, наморщив рожу.–Да от него, как от бочки, так винищем и несет!

Мужик заревел.

–Господи Боже мой!–говорил он, всхлипывая.–Вот грех какой! Ни за что ни про что избили–да я же виноват! Кормилец!., отец родной!.. да вели мне хоть деньжонки-то отдать!

–Ах, ты дурак этакий!–подхватил огнищанин.–Да почему ты знаешь, кто твои деньги взял? На улице народу-то много: как валяешься пьяный, так тебя всякий прохожий оберет.

–Пустите, пустите!–раздался в передней комнате женский голос.–Я дойду и до вашего старшего, что вы, в самом деле!.. Иль на вас управы нет?

–Кто там закричал–спросил поддьяк.

–Я, батюшка!–сказала Жанка, входя в комнату.

–Что ты, голубушка?

–А вот что, кормилец: управы прошу грабеж!..

–Что ты это мелешь?

–Нет, не мелю!.. Этот парень мой батрак...

–Так что ж?

–А то, что его избили и ограбили вот эти озорники.

–Врешь ты, дура! Они подняли его пьяного на улице.

–Пьяного?.. Что ты, батюшка, перекрестись! Да он вина-то сродясь не пивал!

–Так, видно, сегодня в первый раз хлебнул,–сказал один из ярыжек.

–Неправда!.. Моя работница стояла у ворот и все видела.–Вот что, батюшка,–продолжала старуха,–этот земский ярыжка на меня злится! В прошлый праздник я ему ничего не дала, так он и хотел выместить на моем работнике.

–Ах ты, разбойница!–вскричал поддьяк.–Да как ты смеешь такие речи говорить?!.

–Постой-ка, голубушка!–сказал огнищанин.–Ведь ты держишь Мещовское подворье?

–Я, батюшка!

–Заявляли ли тебе наказ боярина нашего, князя Михаилы Никитича Львова, чтоб мести каждый день улицу перед домом–а?

–Заявляли.

–Так что ж ты не исполняешь этого приказа? Вот уж четвертый день, Ануфрий Трифоныч, не могу добиться: сам заходил–не слушает, да и только!

–Помилуй, батюшка! ведь всю прошлую неделю дождик так и лил, грязь по колено–чего тут мести?

–Чего мести?–заревел поддьяк.–Ах ты бунтовщица этакая!.. Сказано, мести, так мети!

–Да она никогда не метет,–подхватил огнищанин.–Все соседи жалуются.

–Соседи!–повторила старуха.–Ну, так я всю же правду скажу. У меня, как просохнет перед домом, так пылинки не найдешь; а вот мой сосед, Михей Бутрюмов, у него и метлы-то в заводе нет, а все с рук сходит–и не диво: он к твоей милости каждый праздник с поклоном ходит.

–Эге!–вскричал поддьяк.–Извет!., допос в лихоимстве!.. О, старуха, да это дело не шуточное!.. Алексей Пахомыч! садись-ка, брат, да пиши, а я порядком ее допрошу.

–Что ты, что ты, кормилец!–вскричала старуха испуганным голосом.–Какой извет?.. Я это... так–к слову молвила.

–К слову?.. Вот мы тебе дадим слово!.. Пиши: такого-то месяца и числа, земские ярыжки, Ивашка Кучумов и Антошка Шелыган, подняли на улице в Зарядье пьяного батрака с Мещовского подворья. Хозяйка батрака... Как тебя зовут?..

–Батюшка, помилуй!–завопила старуха, повалясь в ноги.–Сглуповала, отец мой, сглуповала!

41

–Чего тут миловать! Говори, как тебя зовут?..

–Федосья Архипова.

–Федосья Архипова... хорошо!.. Женка Федосья Архипова... Да ты что? Замужняя, вдова или девка?

–Горькая. вдова, батюшка, сиротинка горемычная!. Взмилуйся, отец родной! не губи!.. Баба я старая, глупая!..

–А вот как тебя вспрыснуть шелепами, да посидишь в остроге, так будешь умнее!.. Ну, пиши: хозяйка вышесказанного батрака, вдова Федосья Архипова, с великим шумом и буйством и насилием ворвалась в земский приказ, и учла она, вышереченная вдова Федосья Архипова, говорить непригожие речи и разными хульными словами позорить честь не токмо земского ярыжки Шелыгана, но и начального человека, огнищанина Алексея Подпекалова, якобы оный, Подпекалов, предаваясь злому лихоимству и хищению...

–Батюшка, я этого не говорила!–вскричала старуха.–Видит Бог, не говорила!.. К присяге пойду...

–Пиши, Алексей Пахомыч, пиши.

–Послушай, Ануфрий Трифоныч,–сказал Лев-пгин, подойдя к столу.–Мне надо с тобой словечко перемолвить.

–Ну что, молодец?–спросил поддьяк, отойдя в сторону с Левшиным.

–А вот что: денег у меня нет...

–Знаю, любезный, знаю!

–А есть золотой перстень–вот посмотри.

–Да!.. Перстенек хоть куда.

–Возьми и носи его на здоровье, только дозволь мне поговорить с этой старухою и отпусти ее домой вместе с работником.

–Нельзя, любезный, право, нельзя! Как дашь повадку, так после с ними и не сладишь.

–Так ты не берешь?

–Как бы не взять... Да, право, надобно поучить уму-разуму эту старую каргу–выскочка этакая!

–Ну, полно!.. Надень-ка перстень на палец...

–Дай-ка, дай... Смотри, пожалуй!.. Как по мне делан!.. И он, точно, золотой?

–Я не стану тебя обманывать.

–Ну, что с тобой делать! Быть по-твоему. Поддьяк подошел к огнищанину, пошептался с ним

и сказал старухе, которая дрожком дрожала и едва держалась от страха на ногах:

–Что, голубушка, присмирела небось? Будешь помнить?..

–Буду, батюшка, буду!

–И напредки не забывай: выше лба уши не растут.

–Так, батюшка, так!

–На носу себе заруби!

–Зарублю, батюшка, зарублю!

–То-то же!.. Ну, уж так и быть, Бог тебя простит!.. Ступай домой со своим батраком, да смотри, старуха, вперед всегда мети перед домом!

–Кормилец! да я и так каждый день...

–Опять заговорила!.. Уж коли сказано, что не метешь-- так не метешь! Да смотри за работником, чтоб он вперед по улицам-то пьяный не валялся.

–Батюшка, дело прошлое, а ведь он человек трезвый,–покарай меня Господи...

–Эка назойливая баба!–вскричал поддьяк.–Ты у ней хоть кол на голове теши, а она все свое!.. Уж коли в земском приказе по обыску окажется, что ты и сама пьяна, так не смей перечить–дура этакая!.. Без вины виновата!

–Слышу, батюшка, слышу!

–То-то слышу!.. Смотри, попадешься в другой раз... да и теперь... кланяйся вот этому молодцу. Кабы не он упросил...

–Ах, Господи!–вскричала старуха.–Да это никак... Ну, так и есть!.. Ах ты, мой ясный сокол!

–Да, бабушка, это я. Поди-ка сюда на минутку. Левшин отвел ее к стороне и сказал:

–Ну что, Архиповна, чай, твои жильцы, соседи-то мои, больно перепугались?

–Ах, батюшка! Каких страстей я-то натерпелась!.. Думаю, убьют у меня в дому человека.

–А мои соседи что?

–Ведь я тебя все у окна дожидалась. Хотела сказать, что на дворе-то засада; кликала тебя, да ты, как шальной, так на двор и пробежал.

–Не о том речь, Архиповна. Ты мне скажи, что мои соседи?..

–Да что, батюшка, видно, больно переполошились: лишь только тебя со двора свели, так жилец-то мигом собрался...

–Собрался!.. Куда?

–А кто его знает! В дорогу, батюшка. Левшин побледнел.

–В дорогу!–повторил он.–Кто?.. Вот тот постоялец?

–Ну, да! У которого дочка-то жила рядом с тобой, в светелке. Батюшки,–как заторопились!.. Запрягли две тройки, расплатились со мной, да и поминай, как звали!

–Так они уехали?

–Уехали, батюшка.

–Послушай, Архиповна: ты верно знаешь, кто такой этот проезжий?

–Нет, родимый, видит Бог пе знаю!

–Да разве ты не могла спросить у работницы?

—Пыталась, да, видно, заказано: не говорит, да и только... На что, дескать, тебе, Архиповна, знать, кто твои жильцы? Платили бы они только исправно за постой.

—И ты не знаешь также, куда они поехали?

—Не ведаю, батюшка!.. Ну, прощенья просим, мой отец!.. Ох скорей бы отсюда убраться!.. Спасибо тебе, что ты меня старуху из беды выручил!.. Не даром, батюшка, говорится: "язык мой, враг мой!" Эка я дура, подумаешь, пришла управы просить!.. Ну, дай Бог тебе доброго здоровья!.. Счастливо оставаться!

Вслед за старухою и ее работником вышли все из покоя, и Левшин остался по-прежнему один с поддьяком, который принялся рассматривать с большим вниманием перстень. Он снял его с пальца, положил на ладонь, привесился и сказал вполголоса:

—Что за прах такой!.. Легок, больно легок!.. А кажись не дутый!.. Ну, молодец, поддел ты меня!.. Ведь перстень-то не золотой!..

—Мне, однако ж, давали за него пятнадцать рублей,—отвечал Левшин...

—Пятнадцать!.. Что больно много! Кабы мне дали за него пять, так я бы в ножки поклонился!.. Ну, да делать нечего: что с воза упало, то пропало!.. А только, если он медный, так это, любезный, на твоей совести останется, ведь мы не жиды: нам грешно друг друга обманывать.

—Да кто тебя обманывает?—прервал с нетерпением Левшин.—Вольно ж тебе не верить!

—Ну, ну, не гневись!—молвил поддьяк, принимаясь опять за письмо.—И то сказать: даровому коню в зубы не смотрят.

Левшин сел на скамью и предался снова своим грустным размышлениям. И так все кончено! Сбылись его предчувствия: она уехала из Москвы!.. Он навсегда расстался с нею... О, кончено навсегда... Где станет он искать ее?.. И в Москве не найдешь того, кого не знаешь по имени; а не Москве чета наша матушка святая Русь: широко она раскинулась; в ней одной полтрети всего мира Божьего, и, куда ни поедешь, везде люди живут.

—Нет!—думал Левшин.—Не судил мне Господь быть счастливым. Сиротой я живу—сиротой и умереть придется!.. Я знаю, Колобов сказал бы мне: "Что ты, брат! Разве одна звезда на небе светит? Мало ли красных девиц на Руси живет! Приглянулась тебе одна—погоди: приглянется другая!" Нет, коли не она моя суженая, так не обходить мне налоя рука в руку с сердечным другом, не меняться с ним кольцами!.. Видно моя суженая-ряженая-- мать—сыра земля. Много звезд на небе... да, много-- не перечтешь... да солнышко-то одно!.. И то слава Богу—поглядел я на нее, полюбовался... Ах, нет, нет! лучше б вовсе ее не видать!.."

На дворе стало смеркаться; поддьяк прибрал к стороне свои бумаги, вынул из поставца сулею с травником, ковригу хлеба, студень, горшок с гречневой кашей, накрыл стол ширинкою и расположился на нем ужинать вместе с огнищанином. Разумеется, он пригласил также и своего арестанта, но Левшин отказался. Когда поддьяк и огнищанин опорожнили по нескольку чарок травника, то у них пошла такая разгульная речь, побасенки, которые они принялись рассказывать друг другу, были до такой степени отвратительны и развратны, что Левшин не мог скрыть своего омерзения; он лег на лавку, повернулся к ним спиной и притворился спящим. Часа полтора продолжалась эта пытка, наконец полупьяные собеседники разошлись. Поддьяк скинул с себя верхнее платье, пробормотал молитву, отвесил несколько земных поклонов–и лишь только повалился на скамью, то в ту же минуту заснул мертвым сном. Левшин не скоро последовал его примеру. Он также помолился–и, вероятно, молитва его была усерднее, но глаза его не смыкались почти всю ночь. Он заснул перед самым рассветом или, лучше сказать, задремал, потому что этот сон не мешал ему слышать беспрестанный стук, похожий на работу плотников, которые что-то строили в близком расстоянии от земского приказа.

VI

На восточной стороне небосклона начинали уже тухнуть звезды, но увенчанный своими заборами, высокий кремлевский холм был еще покрыт ночною тенью. Внизу, у его подошвы, как седое море, волновался утренний туман над обширным Замоскворечьем. Все было погружено в глубокий сон. Но вот, темно-голубые небеса начинают становиться прозрачнее; вот осыпались искрами и засверкали кресты высоких колоколен; вот облились светом и позлащенные главы церквей: народ зашевелился по улицам. Москва проснулась.

Меж тем тревожный сон Левшина все еще продолжался; этот ночной стук, который он слышал в своем забытьи, превратился в какой-то невнятный говор людей; потом началось громкое чтение, вслед за ним послышались стоны, плач и рыдания, а там как будто бы упало что-то тяжелое; раздался глухой вопль–и все затихло. Во все это время Левшин не спал, а находился в том полусознательном состоянии, когда мы сквозь сон слышим близкие к нам звуки и, хотя не очень ясно, однако ж различаем окружающие нас предметы, но в то же самое время грезим и видим сны, в которых, разумеется, ложь и истина беспрестанно сменяют друг друга. Левшин слышал очень ясно этот разговор, чтение, плач и вопли;

полузакрытым глазам его представлялись, как будто бы в тумане, низкие своды земского приказа, его тяжелые стены, окно с железной решеткой; он видел лампаду, которая висела перед иконою-- и меж тем ему казалось, что он стоит в церкви, где, при тусклом свете погребальных свечей, отпевают покойника; что священник читает разрешительную молитву; что родные и друзья усопшего лобызают его с плачем и рыданием; что вдруг тяжелая гробовая крышка с громким стуком падает на церковный помост-- и среди общего мертвого молчания раздается удушливый вопль покойника Он медленно подымается из гроба.

Левшин слышит вокруг себя какой-то непонятный шепот; все теснятся, спешат к церковным дверям, а он стоит, как прикованный, и не может пошевелиться ни бдним членом. Вот тухнут все свечи, но вместо темноты разливается кругом кровавый свет, похожий на зарево отдаленного пожара; церковный помост начинает колебаться. По всем углам, вдоль стен, везде подымаются надгробные плиты, и сотни мертвецов в белых саванах начинают показываться из своих могил. Покойник окидывает бездушным ледяным взором всю церковь. Глаза его встречаются с глазами Лсвшипа: он подымает свою иссохшую руку, указывает на него пальцем--и вот вся толпа мертвецов, заскрежетав зубами, бросается прямо к нему, один из них хватает его за грудь... Он вскрикивает, и в ту же самую минуту подле него раздается знакомый голос: "Что ты, что ты, молодец?.. Это я!"

Левшин очнулся и вскочил.

--Эк ты как заспался!--продолжал поддьяк.--Не прогневайся, раненько я тебя бужу, да делать нечего; меня--прах бы их взял--еще ранее твоего разбудили, а теперь-то самый лучший сон и есть!.. За тобой, молодец, пришли от князя Ивана Андреевича.

--От князя Хованского?

--Ну, да! Там в прихожей дожидается тебя пятидесятник с двумя стрельцами! Пойдем, любезный!

Поддьяк сдал пятидесятнику своего арестанта, и когда вышел вслед за ним на крыльцо, то сказал: "Взгляни-ка, брат, сюда, налево!" Левшин обернулся. Почти рядом с земским приказом, на высоких подмостках, лежал труп человека, одетого в черное платье; подле, на окровавленной плахе, стояла отрубленная голова его. Это бледное, обезображенное лицо, на котором замерло судорожное выражение нестерпимой муки и отчаяния, было до того ужасно, что Левшин невольно отвернулся.

--Кто это?--спросил он вполголоса.

--Да вот этот расстрига, что так вчера храбровал,--отвечал поддьяк.

--Никита?

--Да! Никита Пустосвят.

"Боже мой!--подумал Левшин.--Давно ли этот мятежник, окруженный бесчисленной толпой народа, шел в Кремль, как торжествующий победитель, а теперь!.. Куда девались все его защитники?.. Он умер один- и труп его, выставленный на позор, брошен, покинут всеми!"

В самом деле, вся площадь была пуста; в нескольких шагах от места казни стояли вооруженные стрельцы; по временам останавливались прохожие и, взглянув издалека на казненного преступника, продолжали спокойно идти своею дорогою. Один только нищий в изорванном рубище, с распущенными по плечам волосами и непокрытой головой, стоял на подмостках подле казненного преступника; склонив над ним свою седую голову, он тихим голосом творил молитву, и слезы его капали на окровавленный труп. Этот нищий был Гриша.

—Ну, прощай, любезный!—сказал поддьяк, облобызав Левшина.—Дай Господи, чтоб все кончилось благополучно!.. Жаль мне тебя—видит Бог жаль?.. Парень ты добрый, а коли правду говорят, что ты изменник...

—Мне нечего бояться,—прервал Левшин,—совесть моя чиста.

—Совесть?.. Что совесть, любезный... Коли у тебя другой заступы нет, так дело-то плоховато!.. Конечно, Бог не без милости,—почем знать, может статься, пожалеют твою молодость... Только смотри, любезный, коли тебя не казнят, так не забудь, заверни опять сюда.

—Зачем?

—А вот зачем: ты говорил, что тебе давали за перстень пятнадцать рублей; ну, хочешь ли, друг сердечный... так и быть! Я тебе этот перстень за четырнадцать рублей уступлю?

—Хорошо, хорошо!—сказал Левшин, уходя вслед за своими провожатыми. Они вышли из Китай-города Каретными воротами и повернули налево.

—Куда вы меня ведете?—спросил Левшин.

—Куда велено,—отвечал пятидесятник.

—Да ведь, кажется, дом князя Ивана Андреевича Хованского не в этой стороне?

—Вестимо, не в этой. Он живет на Знаменке.

—Так мы идем не к нему?

—Нет.

—Куда же?

—А вот как придешь, так узнаешь.

Левшин замолчал. Дойдя до того места, где речка Неглинная впадает в Москву-реку, они поворотили направо, и когда, миновав церковь Ильи Обыденного и Зачатьевский монастырь, переправились Крымским бро-Дом на ту сторону реки, то Левшину не трудно было догадаться, что его ведут к боярину Кирилле Андреевичу Буйносову: он жил недалеко от Калужских ворот и, вероятно, один из всех ближних бояр не имел дома в Кремле, или, по крайней мере, в его окрестностях Подходя к этим

47

брусяным хоромам, которые стояли в глубине обширного двора, Левшин увидел, что у ворот дожидается дворецкий боярина Буйносова. Пятидесятник сдал ему с рук в руки Левшина и отправился со своими стрельцами в обратный путь.

–Милости просим, Дмитрий Афанасьевич!–сказал дворецкий, отпирая калитку.–Боярин давно уже тебя дожидается.–Все твои пожитки,–продолжал он, идучи с Левшиным по двору,–перевезли сегодня к нам Уж не изволь опасаться, батюшка: синего пороха не пропадет!.. У нас, слава Богу, кладовых довольно.

–Да это, кажется, Ферапонт?–спросил Левшин.

–Вон что там у конюшни держит двух оседланных коней?.. Да, батюшка, это твой служитель.

Войдя по широкому крыльцу в обширные сени, в которых толпились человек двадцать боярских холопов, дворецкий отворил двери в первый покой и сказал:

–Пожалуй сюда, батюшка! Я пойду доложу о тебе боярину, а ты побеседуй покамест с его милостью,–прибавил он, указывая на Колобова, который кинулся на шею к своему приятелю и закричал:

–Здравствуй, Дмитрий Афанасьевич! Ну, слава тебе, Господи! Не чаял я видеть тебя живым.

–И ты здесь, Артемий Никифорович?

–Как же! Ты помнишь, мы вчера с тобой уговорились прийти сюда попозднее вечерком?.. Вот я этак в сумерки и отправился за тобой на Мещовское подворье; лишь только дошел до Зарядья, глядь–навстречу мне Архиповна бежит бегом, шушун нараспашку,–в попы-хах. "Куда бабушка?"–"В земский приказ".–"Зачем?"-- "Управы просить!.. Душегубцы этакие! разбойники!., кнутобойцы!.."–"Да что такое?"–"Ограбили, батюшка, прибили до полусмерти моего Федотку!"–"Да кто?"–"А вот эти живодеры, кровопийцы, земские ярыжки!.. Ни за что, ни про что изувечили у меня парня!.. Да его же, за то, что он кричал, в земский приказ оттащили., воры этакие, висельники!.."–"А я, Архиповна, иду к тебе на подворье".–"Уж не к твоему ли крестовому братцу?"-- "К нему".–"Ах, родной ты мой, да ведь его захватили стрельцы!"–"Как так?–"А вот как: пришли прежде него ко мне на подворье, засели по углам, и как твой крестовый братец вошел на двор–они его и цап-царап!"–"И увели с собой?"–"Увели, батюшка!.. Ну, узк перепуталась я!.. Экий денек! И стрельцы, и земские ярыжки!.. Да с ними-то я справлюсь! Слыханное ли дело: дневной грабеж!.. Нет, батюшка, я их доедю!.. Ударю на них челом боярину князю Львову; а коли он суда не даст, так я закричу "слово и дело"!., до царей дойду!.. Прощай, батюшка, прощай!" Я было хотел ее порасспросить хорошенько-- куда! Моя старуха пустилась благим матом по улице, а я кинулся к боярину Кирилле Андреевичу, рассказал ему все; он отправился к князю Хованскому, а мне приказал перевести сюда все твои пожитки. Ну, брат Левшин, истинно Господь тебя помиловал! Вчера у нас в слободе один молодец, сотник полка Лопухина, сболтнул по-твоему, так его тут же уходили. Нет, брат, что Бог даст вперед, а теперь держи ухо востро!..

–Дмитрий Афанасьевич, пожалуй, батюшка, к боярину!–сказал дворецкий, входя из соседнего покоя.

В этом покое, в котором обыкновенно хозяин трапезничал со своими гостями, вся домашняя утварь состояла из большого дубового стола, лавок, покрытых коврами, и двух огромных поставцов, наполненных серебряной посудой. Разумеется, в переднем углу стояли на полке святые иконы в великолепных окладах; но голые стены комнаты не были ничем украшены, и только на одной из них висел, весьма дурно написанный масляными красками, портрет царя Алексея Михайловича. Пройдя этой комнатой, Левшин вошел в угольный покой, убранный по тогдашнему времени весьма роскошно: стены в нем были обтянуты кожаными позолоченными обоями, которые вывозились тогда из Голландии, а пол обит красным сукном. В одном углу подымалась до самого потолка расписанная крупными узорами изразцовая печь, на ножках или столбиках, также изразцовых. Вдоль стен стояло несколько стульев с высокими спинками; посреди комнаты, за столом, сидел в креслах, обитых малиновым рытым бархатом, человек пожилых лет; на нем был шелковый ходильный зипун, а сверх него камлотовый опашень. Это был боярин Кирилла Андреевич Буйносов. Несмотря на грустное выражение его взора, который изобличал какую-то глубокую душевную скорбь, он вовсе не казался ли угрюмым, ни суровым. Его бледное и худое лицо, на котором были еще заметны остатки прежней красоты, исполнено было благородства, без всякой примеси этой смешной боярской спеси, которая и в старину, и в нынешний век, и вероятно в будущие времена всегда останется верным признаком или грубого невежества, или природной глупости, слегка прикрытой европейским просвещением.

–Здравствуй, Дмитрий Афанасьевич!–сказал ласковым голосом Буйносов.–Садись, голубчик!

Левшин с низким поклоном отказался от предложенной чести.

–Ну, полно, без чинов!.. Садись, любезный!.. Ты я чаю, больно умаялся!

–Я не знаю, как мне тебя благодарить, боярин...–промолвил Левшин.

–Что я, Дмитрий Афанасьевич?–прервал Буйносов.–Я тут ни при чем!.. Благодари, во-первых, Бога, а во-вторых, князя Ивана Хованского. Что я хлопотал о тебе, так это не большое диво: ты сын задушевного моего приятеля–дай Бог ему царство небесное!.. И тебя самого я люблю, почитай, как родного, а все бы мне не удалось вырвать тебя из злодейских рук, кабы не князь Иван Андреевич. Да и ты, молодец, охота же тебе дразнить этих бешеных собак!

—Что ж делать, боярин, не утерпел... Когда я услышал и увидел сам, до чего дошло буйство этих богоотступных мятежников, так сердце во мне заговорило.

—Сердце?.. Да неужели ты думаешь, что мы, старики, смотрим на это, как на потеху?.. Нет, Дмитрий Афанасьевич, и наше сердце обливается кровью, и мы, называя это мятежное войско православным и христолюбивым, скорбим и сокрушаемся душою; да делать-то нечего: пришлось мирволить, коли сила не берет.

—Власть твоя, боярин, а по мне лучше погибнуть, чем мирволить злодеям. Ведь за правд} умереть не беда.

—Кто говорит... Дай Господи и мне умереть за правду, лишь только бы смерть-то моя пошла впрок; а коли я умру только для того, чтоб убавилось число верных слуг царских, которых и без того немного остается, так что в этом толку? Князья Долгорукие, Ромода-новские, боярин Матвеев попытались стать грудью против крамольников–что же вышло?.. Они погибли, а мятежники унялись ли злодействовать?.. Нет, они еще больше ожесточились. Когда дикий зверь сорвется с цепи, да отведает крови человеческой, так не присмиреет а сделается еще злее.

—Так что же, боярин, неужели давать волю этому зверю?..

—Коли сила есть, так не давай; а коли тебе одолеть его нельзя, так не лучше ли до поры до времени прикармливать его, да втихомолку обкладывать тенетами, чем дразнить и гибнуть понапрасну?.. Эх, Дмитрий Афанасьевич! и я был молод, как ты, и у меня также кровь кипела в жилах–да уходился! Не даром говорят: "Век пережить, не поле перейти", чего не увидишь, чего не натерпишься!.. А горя-то, горя!.–промолвил боярин, и на глазах его навернулись слезы.–Да, Дмитрий Афанасьевич,–продолжал он,–и тебе грустно жить в одиночестве, но ты еще молод: Бог даст, у тебя будет своя семья, добрая жена, милые дети; а каково быть круглым сиротой тому, кто смотрит уж в могилу?.. Как подумаешь: умереть на руках челядинцев, не оставить после себя ни роду, ни племени... Да что говорить об этом! Коли Господь послал крест, так неси его без ропота и покоряйся... Поговорим-ка лучше о другом. Тебе, Дмитрий Афанасьевич, нельзя в Москве оставаться, и чем скорее ты отсюда уедешь, тем лучше. Я на будущей неделе хочу отправиться в мою Брянскую вотчину, так возьму тебя с собой, а теперь поезж-ай в мою подмосковную; она на Серпуховской дороге и только в пяти верстах от Коломенского, да зато в стороне, кругом лесная дача, проезжей большой дороги нет, так ты, покамест, можешь там жить без всякого опасения. Только смотри–в Коломенское ни ногой! Туда часто изволит наезжать государь Петр Алексеевич, так иногда бывает очень людно. Неравно еще с кем ни есть повстречаешься, а на первых порах не худо бы, чтоб твои сослуживцы вовсе о тебе забыли: пусть себе думают, что ты без вести пропал. Может статься, денька через четыре я с тобой увижусь, а теперь прощай, любезный!.. Мешкать нечего. С тобой поедет твой слуга и один из моих домашних. Ну, с Богом, Дмитрий Афанасьевич,–отправляйся.

Когда Левшин откланялся боярину и вышел на двор, то увидел, что все уже готово к его отъезду: у ворот дожидался боярский вершник, а у крыльца стоял Фера-понт, держа под уздцы двух оседланных коней. В одном из них Левшин узнал своего аргамака. Колобов был тут же. Он смотрел с немым восторгом на Султана. Этот гордый персидский конь, почуя своего седока, заходил ходуном, заплясал и начал грызть свои, покрытые пеной, удила.

–Ну, Дмитрий Афанасьевич,–сказал Колобов,–Достался тебе конь! Я еще его под седлом-то не видел.

Вот уж подлинно всем взял!.. Огонь, а не лошадь!.. Жилки все играют!.. Хорош и тот, которого ты мне пожаловал, а все не то... Ну, прощай, друг сердечный!.. Когда-то приведет Господь опять увидеться?

–И, батюшка!..–сказал Ферапонт, подводя к Лев-шину Султана,–гора с горой не сойдется, а человеку с человеком как не сойтись!

–Боярин не сказал мне, куда тебя отправляет,–продолжал Колобов,–а намекнул только, что вряд ли ты скоро в Москву вернешься. Ну да Бог милостив, увидимся когда-нибудь.

Левшин обнял Колобова, вскочил на коня и через несколько минут доехал до земляного вала, то есть нынешней Садовой улицы. Выехав Калужскими воротами за город, он, по старинному обычаю, снял шапку и помолился на соборы. Ферапонт последовал его примеру, перекрестился и сказал: "Прощай, матушка Москва белокаменная! Не долго мы в тебе погостили! Слава тебе Господи, что я в Кремле побывал, а то бы не удалось и угодникам поклониться!" Оставя по правой руке Калужскую дорогу, Левшин пустился по Серпуховской. Он не говорил ни слова, но душа его была преисполнена грусти. Два дня тому назад он спешил возвратиться в свой родимый город, а теперь бежит из него, как изгнанник. Он был в Москве и не успел даже сходить на могилу отца своего и матери. Привязанность к родимой стороне всегда становится сильнее, когда мы переживаем о всех близких нашему сердцу; нам кажется, что мы еще не вовсе осиротели, если живем там, где покоятся кости наших кровных и родных, где мы родились, где встречаем тех, с которыми свыклись еще в ребячестве; где все напоминает нам о прежней семейной жизни, о детских наших радостях... Покинуть это место, быть может навсегда расстаться со своей родимой стороною–о, конечно, это второе сиротство, едва ли легче первого!

Солнце было уже довольно высоко, когда наши путешественники, отъехав верст семь от Москвы, стали спускаться с крутой горы. Левшин продолжал ехать молча, но спутники его давно разговаривали меж собою. Боярский челядинец, пожилой человек лет пятидесяти, узнав, что Ферапонт видел Москву только мимоездом, пустился в россказни.

—Я, голубчик,—говорил он,—старожил московский и не только в ней всякий закоулочек назову тебе по имени, да и что вокруг-то ее все знаю... Да вот, примером сказать, хоть это урочище: оно прозывается Котлы, и деревню так же зовут. Знаешь ли, любезный, что на этом самом месте сожгли проклятого самозванца Гришку Отрепьева?

—Живого?

—Нет, мертвого. Вот уже лет тридцать, как мне это рассказывал мой дедушка—упокой Господи его душу! А он уж и тогда доживал седьмой десяток. Господи Боже мой, чего он не насмотрелся!.. И боярских смут, и польских погромов, и как ляхи завладели Москвой, как воевода князь Пожарский бился с ними на Лубянке, как он после, вместе с Кузьмой Мининым, привел из Понизовья православное войско под Москву; как ляхи отсиживались в Кремле, как наши, при помощи Божьей, их одолели—все видел!.. Вот он-то мне сказывал, что вывезли сюда окаянное тело Гришки Отрепьева, сожгли на костре, потом собрали весь пепел, зарядили им пушку, да и шарахнули по ветру.

—А ради чего,—спросил Ферапонт,—сожгли этого самозванца? Или уж так бояре присудили и царь указал?

—А вот ради чего, любезный. Он сначала лежал убитый трое суток на Пожаре...

—На пожаре?

—Сиречь на Красной площади: ее, брат, в старину этак называли. Во все это время кругом в околодке никому покоя не было: каждую ночь, вплоть до первых петухов, начнется, бывало, над ним такая бесовщина деяться, что все и по домам то дрожкой дрожат: и в бубны бьют, и в сопелы играют, и шум, и гам, и свист!.. Вот станхили его в убогий дом за Яузские ворота—и там возня поднялась! Ночью все мертвецы в убогом доме повставали, да ну-ка песни орать!.. Мало того: поднялись бури, вихри, всякая непогодица, и после вешнего Николы выпал снег по колено. Вот бояре-то и призадумались. Доложили царю Василию Ивановичу, а царь Василий Иванович, видя, что дело-то плохо, и указал его сжечь поодаль от Москвы.

—Вот что!.. Только правда ли это, любезный?

—Экий ты, братец, какой! Да разве ты не знаешь, что Гришка-то Отрепьев был колдуй и чернокнижник?

—Право?

—Как же!.. Ведь он и родную-то матушку царевича Дмитрия обморочил, и боярину Басманову глаза отвел.

–Ну, это дело иное!.. Коли он был колдун, так не диво!

–Что ж ты думаешь?–продолжал рассказчик.–Гришку Отрепьева казнили и сожгли на костре–кажись, чего бы еще?.. Так нет! Не прошло двух лет, как опять проявился такой же самозванец. Это, дескать, не меня сожгли... меня, дескать, хотели извести, да не удалось. Простой народ стал к нему приставать–пошла опять кутерьма: кто за него, кто за царя Василия Ивановича. Вот и этот самозванец подступил к Москве и долго стоял с войском в подмосковном селе Тушине. Покойный дедушка сам туда ходил.

–Что ж это?–прервал Ферапонт.–Да коли вся Москва видела, как сожгли самозванца, так как же народ поверил этому вору?

–Ну, вот, поди ты!.. Вестимо, наш брат дворовый человек не поверил, а ведь простой-то народ глуп!.. Принесет ему сорока на хвосте весточку, а он уши-то и развесит!.. Глупой бабе да сермяжнику, что хочешь, брат, плети, они сдуру всему поверят... Э! Да что ж это твой барин?.. Куда он своротил! Дмитрий Афанасьевич, не туда: направо по дорожке.

Левшин повернул по узенькой тропинке, которая, пробираясь между засеянных полей, вела к густому березовому лесу. Когда он увидел себя под тенью этих столетних берез, то ему стало еще грустнее. Он невольно вспомнил и о своей березовой роще на берегу Волги, и о той, которая превратила бы для него эту рощу в земной рай. Проехав версты три этим заповедным лесом, наши путешественники очутились на обширной поляне, окруженной со всех сторон густым чернолесьем. Когда Левшин окинул взглядом это лесное удолье, то забыл на минуту все свое горе. В глубине двора, застроенного с обеих сторон службами, стоял господский дом, то есть большая брусяная изба, крытая тесом, у которой, вместо обыкновенного крыльца, был устроен под навесом дощатый рундук, или помост, похожий на нынешние террасы. Перед самым домом, в пушистых зеленых берегах, разливался прихотливо широкий проточный пруд; с одной стороны он оканчивался плотиной, обсаженной ракитником, с другой вливался в него довольно большой ручей. Поодаль от пруда, кругом ветхой, деревянной церкви, как дети вокруг родной матери приютились низенькие крестьянские избы, с их соломенными кровлями и плетневыми заборами. Конечно, все это вместе не составляло ничего особенно прекрасного или живописного; но эта тишина, этот лес, этот светлый пруд, эта зелень, усыпанная цветами, и даже простота И убогость приходской церкви и боярского дома,–все наполняло душу каким-то кротким, неизъяснимым спокойствием. Левшин вовсе не желал–да и вы бы не захотели–встретить в этом смиренном уголке ни великолепный храм Божий, ни каменные палаты барские; всё что напоминает нам о земном величии, роскоши и суете мирской, показалось бы вам не у места в этом тихом и спокойном убежище, поселясь в котором вы могли бы думать, что живете за тысячу верст от Москвы.

—Ну, вот и приехали!—сказал провожатый, слезая с коня.—Добро пожаловать!—промолвил он с низким поклоном.—Милости просим, Дмитрий Афанасьевич, в наше село Богородское!.. В нем часто гащивал покойный твой батюшка: вот Бог привел и тебе с нами пожить. Милости просим!

Он отворил околицу, и Левшин, объехав правым берегом пруда, сошел с коня у ворот боярского дома.

VII

Вот уже прошло более трех недель, как Левшин оставил Москву. В селе Богородском ждали со дня на день боярина Буйносова, но он не ехал. Впрочем, Лев-шия вовсе не скучал: в хорошую погоду он ходил иногда с меткой пищалью стрелять дичь, а ее очень много было в этих заповедных дачах, в которых изредка только охотился сам боярин; в дурную погоду беседовал с приходским священником или проводил время в разговорах со словоохотным челядинцем боярским и своим добрым Ферапонтом. В наш век это последнее занятие показалось бы довольно странным, но тогда еще просвещение не положило в отечестве нашем этой резкой грани между господином и его слугою. В старину было много и таких господ, которым грамота вовсе не далась; да и дворяне, по тогдашнему образованные, отличались, по большей части, от своих безграмотных домочадцев не образом мыслей, не познаниями и ученостью, а только тем, что умели читать и писать. Сверх того между служителями и их господами существовала тогда связь особенного рода: ее почти можно назвать семейной. Господа называли своих слуг домочадцами, и эти чады дома готовы были при всяком случае умереть за своих бояр, которые в свою очередь любили их, как домашних, и дарили иногда за верную службу целыми деревнями. Чаще всего Левшин бродил без всякой цели по лесу, особенно там, где нужно было прокладывать себе дорогу; он любил продираться сквозь эту глушь, где сплошные деревья сплетаются своими вершинами и ни один луч полуденного солнца не падает на влажную землю, покрытую полусгнившими листьями и валежником. Эта пустынная, мрачная дичь была ему по душе. В одну из своих прогулок он зашел в глубокий, поросший мелким лесом, овраг. На дне его журчал ручей, тот самый, который перед господской усадьбою вливался в пруд. В конце этого оврага, сквозь густые ветви дикой черемухи, виднелся высокий плетень, а за ним соломенная кровля небольшой избушки. Левшин пошел к этому жилью. Он не успел сделать несколько шагов, как из-за плетня показался служитель его, Ферапонт, с довольным лицом и с распухшим прищуренным глазом.

—Это тыг, Ферапонт?–сказал Левшин.

—Я, батюшка,–отвечал Ферапонт, вытирая рукою свои длинные усы и бороду.

—Что это у тебя глаз-то?

—Ничего, Дмитрий Афанасьевич! Я был вот здесь на пчельнике у Савельича, так пчела ужалила. Что за мед!.. Ну, уж нечего сказать: белый, зернистый!.. Да не угодно ли, батюшка, и тебе отведать?..

—Пожалуй.

—Только сам туда не ходи: как раз облепят пчелы. Побудь здесь минуту, я сейчас вынесу тебе свежий сотник, прямехонько из улья.

Ферапонт ушел опять на пчельник, а Левшин прилег под тень черемухи у ручья, который тихо струился в своих берегах, поросших осокою. Вот послышались ему вдали охотничьи рога. Эти невнятные, исчезающие в воздухе звуки долетали до него только по ветру и через несколько минут вместе с ним затихли. Меж тем Ферапонт возвратился, неся деревянное блюдо, на котором лежал свежий сот меду, ножик и ломоть черного хлеба.–Покушай, Дмитрий Афанасьевич, на здоровье,–сказал он, подавая ему блюдо.–Савельич при мне подрезал этот сот. Ну, батюшка, какой он досужий пчеловод!.. А знаешь ли что, Дмитрий Афанасьевич? Ведь Савельич-то жил в скиту у твоего дядюшки, Андрея Яковлевича Денисова.

—В каком скиту?

—Да вот там за Онегою.

—Как же он туда попал?

—В бегах был. Савельич мне все рассказал. Вот изволишь видеть: он долго был раскольником; лет шесть тому назад Господь вразумил его принять опять православную веру, так он пришел с повинной головой к боярину. Боярин,–дай Бог ему здоровье!–принял его не с гневом, а с милостью, и порадовался, что он, хотя и поздненько, а все-таки обратился на путь истинный.

—Послушай, Ферапонт: я все еще путем не знаю, покойный дядюшка, Семен Яковлевич, в ссоре, что ль, был со своим братом Андреем Яковлевичем?

—В ссоре, батюшка. А, говорят, в старину они жили душа в душу. Андрей Яковлевич продал все свои вотчины и уехал сначала на Соловки, а там долго жил за Онегою и присылал часто гонцов к твоему покойному дядюшке, и тот также писал к нему грамотки.

–А за что они поссорились?

–Вот за что, батюшка: может быть, ты не знаешь, что покойный твой дядюшка, а наш барин, Семен Яковлевич, держался одного толку со своим братом, сиречь–не прогневайся, батюшка!–был такой же еретик, как и он. Правда, только-то и было в нем худого... Этакой доброй души поискать! Не токма свои, да и все чужие-то Шли к нему, словно к отцу родному. Случится ли с кем беда: домишко сгорит–к Семену Яковлевичу! Выбьет ли поле градом–к Семену Яковлевичу!.. Соседи меж собой поговорят–к нему же на суд! А уж об нищей братии и говорить нечего: со двора не сходили. Грешно также сказать, чтоб он обижал наш церковный причт; он и им в нужде помогал, только ни сам в Божью церковь не входил, ни священника к себе с крестом не допускал, а молился у себя в образной по каким-то старинным книгам. Нам никому не было помехи говеть, исповедоваться и ходить к причастию, да сам-то он никогда не исповедовался и не приобщался. Вот, батюшка, годов пять тому назад наслал па него Господь какую-то немощь: стал чахнуть, что день, то хуже. Приводили к нему всяких знахарей–все лучше нет! Вот послали в Москву по какого-то досужего человека из немчин. Приехал и тот, прожил у нас суток трое, давал барину всякие снадобья, да как увидел, что ему от них льготы никакой нет, а стало еще тяжелее, и что вся дворня посматривает на него исподлобья, так он за добра ума, поворотил оглобли, да и был таков!.. Прошло этак еще с педелю, барин перестал уж и с постели вставать: не ест, не пьет–кости да кожа. Худо дело!.. Однажды под вечерок собрались мы все в людскую, да и толкуем меж собой: что с нами сиротами станется, кто будет у нас барином?.. Вот наш дворецкий, Прокофий Иваныч–ты уж его не застал, батюшка–и начал нам говорить: "Что вы, ребята, о пустяках-то болтаете?.. Кому достанемся, кто барином будет? Вестимо дело, без барина не останемся; а вы о том подумайте, что наш батюшка Семен Яковлевич–кормилец наш, родной отец, умирает, как собака!" Вот все мы так руками и всплеснули. "Ах, батюшки! ведь правда: умрет он без покаяния!"–"Да что ж делать-то, Прокофий Иваныч?"–сказал ключник Терентий. "А вот что: ступай хоть ты скорей к отцу Василию, скажи ему, что Семен Яковлевич умирает и зовет его к себе; а мы пойдемте все к барину, повалимся ему на пол. Господь милостив–авось упросим его, чтоб он души-то своей не губил!"–"Идемте, ребята!"– закричали все, да целой гурьбой, и старый и малый, все до единого пошли к барину. Стали входить потихоньку в его опочивальню–глядим, лежит сердечный, чуть жив! "Что вы, братцы?–промолвил он.–Зачем пришли?"-- "Кормилец ты наш!–сказал дворецкий.–Ты был нам всем вместо отца родного, и мы, как дети, пришли просить тебя–не откажи нам в последней нашей просьбе!" Дворецкий повалился в ноги, а за ним и мы все упали наземь. "Ну, что?–шепнул Семен Яковлевич.–Говори!"–"Батюшка-барин,–

сказал Порфи-рий Иванович,–ты человек добрый, за тебя богомольцев много будет, да все их молитвы-то впрок не пойдут, коли ты умрешь, как нехристь какая. Прикажи позвать священника!" Глядим–барин нахмурился. "Ступайте вон, дурачье!–молвил он гневно.–Не ваше дело!" "Как, батюшка, не наше!–заговорил дворецкий.–Да коли ты, отец наш, умрешь без покаяния, так како ответ дадим мы Господу Богу, когда на страшном суде он скажет нам: "Окаянные! Ваш добрый господин кормил и поил вас, берег, как детей родных, а вы, рабы нечестивые, не лежали у его порога, не умоляли его покаяться!" Братцы!–промолвил дворецкий, заливаясь слезами–просите все барина!" Вот поднялся, батюшка, такой вопль и плач, что и сказать нельзя! Барин долго крепился, все гнал нас вон, да видно под конец слезы-то наши одолели. "Ну, ну, глупые!– промолвил он,–позовите попа!" А батька и в двери! Ты, Дмитрий Афанасьевич, и его также не застал: о спожинках будет ровно год, как он помер... Вот уж был подлинно Божий человек!.. Такой смирный, любовный! И горя-то ему, сердечному, много было: похоронил под старость жену да семерых детей, а все не унывал! Иногда ему сгрустнется– заплачет, да тут же и начнет каяться: "Ах, я грешник, грешник! Да разве Господь не волен в своем?... Он дал, Он и взял–буди Его святая воля". Угрет глаза и как ни в чем ни бывало. Вот как он вошел в барскую опочивальню,–как теперь все помню,–помолился на святые иконы и сказал: "Мир дому сему!.. Здравствуй, Семен Яковлевич!–промолвил он, подойдя к барину.–Ну, слава тебе, Господи! видно попомнились перед Богом твои добрые дела, и милостыня твоя принесла свой плод. Ты желаешь, Семен Яковлевич, исполнить последний долг христианский?" "Не я,–проговорил барин,–а вот они пристали". "А сам-то ты, Семен Яковлевич?.."–спросил священник. "Я бы тебя, Василий Алексеевич, не потревожил!" Вот что,–молвил отец Василий: "Так прощай, боярин! Мне у тебя делать нечего".

Мы все кинулись к священнику: "Батюшка, не уходи!"-- "Эх, детушки!–сказал отец Василий,–не знаете сами, чего просите. Да коли он хотел приступить к такому делу ради того только, чтоб от вас отвязаться, так это будет ему не во спасение, а в пущую гибель. Уж по мне лучше ему умереть еретиком, чем лукавым Иудой". "Иудою!"–прошептал барин, привставая. "Да, Семен Яковлевич,–сказал отец Василий.–Веруешь ли, что я служитель истинной, православной церкви, и желаешь ли от всей твоей души примириться с нею!.. Отвечай, Семен Яковлевич!"

У нас у всех сердца так и замерли. Глядим на барина, ждем, что он скажет... Ни словечка! Молчит, как убитый.

"Ну, вот видишь ли, боярин,–заговорил опять отец Василий,–ты молчишь, так не правду ли я говорил? Лукавый Иуда, предавая Спасителя, называл Его своим наставником и лобзал Его, а ты что хотел делать? Разве не то же самое?"

"Да знаешь ли,–промолвил, наконец, барин,–что скоро уже тридцать лет..."

"Как ты сам отлучил себя от церкви,–перебил отец Василий.–Знаю, боярин!.. Великий грех, подлинно великий!.. А все не беда! Ты грешник–так что ж? Мы все грешники: да для кого же Христос и распинался, как не для нас? Не он ли сам сказал: "Приде бо сын человеческий взыскати и спасти погибшаго!.." Вот он и пришел к тебе. А ты, Семен Яковлевич, прими Его с верой и любовью–не так как Иуда, но как мытарь. Не бойся греха твоего: Господь милосерд. Ведь Он, наш батюшка, несет на себе грехи всего мира, так уж твои немного Ему тяготы прибавят".

Мы все словечка не могли вымолвить от слез, а барин молчал, только в щеках у него заиграл румянец, и глаза из мутных сделались такими светлыми.

–Да, Семен Яковлевич,–сказал опять отец Василий,–кто кается, того Господь не отвергает. Не нам, грешным, чета великий апостол Петр, а ведь и он трижды отрекся от Христа, да как покаялся, так остался по-прежнему первым учеником Господним. Ты также отрекся от православной церкви, покайся и ты–возвратись к ней, как блудный сын к отцу, и она так же, как этот сердобольный отец, примет тебя с радостью, согреет на груди-своей, ототрет твои слезы и облечет в лучшую свою одежду!.."

Тут сам отец Василий заплакал, глядим–и барин наш, молчал, молчал, да как вдруг зарыдает!.. А слезы-то-- слезы! так рекой и потекли!.. Отец Василий махнул нам рукой; мы все вышли, и что ж, Дмитрий Афанасьевич, покойный твой дядюшка исповедался, приобщился, и с того самого часа пошло ему все лучше, да лучше, так что он недели через две, почитай, совсем оправился. Вот радость-то была, когда он, отец наш, в первый раз приехал к обедне... Ну, веришь ли Богу, Дмитрий Афанасьевич, такое было для всех веселье, словно в великий день Христов!.. Народу набилось в церковь видимо-невидимо: и деды и внучата, все поднялись!.. Иной старик уж года два не слезал с полатей, а тут–откуда ноги взялись–бредет в церковь, чтоб на барина взглянуть да помолиться о его здоровье. Вот как обедня отошла, отец Василий вышел на амвон и сказал: "Православные! Возблагодарим теперь всем миром Господа за душевное и телесное исцеление благочестивого раба Его, боярина нашего Симеона". Он начал служить благодарственный молебен; мы все пали на колени, а барин повалился перед иконой Спасителя, да так во всю службу и не вставал. Спустя неделю после этого, дядюшка твой отправил гонца с грамотой к братцу своему. Эту грамоту возил Алешка Косой. Как Андрей Яковлевич прочел ее, так распалился таким гневом, что и Господи!.. Учал кричать, топать ногами!.. "Скажи, дескать, твоему барину, что изо всех моих родных я любил только его одного, а теперь он хуже для меня всякого татарина... Вон отсюда, холоп предателя! Нет тебе здесь ни хлеба, ни воды, ни кровли! Я скорей приму в свой дом разбойника и накормлю бешеного пса, чем слугу окаянного отступника!" Вестимо дело, Алешка Косой поклонился, да и давай Бог ноги! Вот, Дмитрий Афанасьевич, как поссорились твои дядюшки. Не знаю, что Андрей Яковлевич, а покойный твой дядюшка Семен Яковлевич очень об этом горевал и не раз еще посылал к своему брату, только прием-то посланным был всегда одинаков: на порог да в шею!

–А что, Ферапонт, дядюшка Андрей Яковлевич женат или нет?

–Нет, батюшка, об этом и речи никогда не было... Э, да что это?.. Чу! Слышишь, Дмитрий Афанасьевич?

–Да, слышу: охотничьи рога.

–И, кажись, недалеко... Пойдем-ка, батюшка, посмотрим, что это такое.

–Пойдем,–сказал Левшин, вставая.–Да лесом-то еще далеко?

–Нет, Дмитрий Афанасьевич, и полверсты не будет. Вон по той дорожке мы как раз выйдем вон из лесу.

Левшин и Ферапонт пошли по узенькой тропинке и через несколько минут повстречались с боярским челядинцем, который также пробирался в поле.

–И ты, Сидорыч, идешь туда же?–сказал Левшин.

–Как же, Дмитрий Афанасьевич, и я хочу взглянуть на царскую охоту.

–На царскую?

–Да, батюшка! Ведь это изволит охотиться государь Петр Алексеевич с ближними своими боярами. Сейчас приехал на село стремянный нашего господина, Антон Курышов; он сказывал, что сегодня поутру собралось в Коломенском до двадцати бояр.

–И все с охотами?–спросил Ферапонт.

–Вестимо, с охотами.

–То-то, чай, народу-то!

–Как же! Одних стремянных человек до тридцати, да только им приказано всем остаться и за своими боярами на охоту не ездить.

–Как так?.. Ведь ловчие-то и псари будут с гончими порскать по лесу, да зверя поставлять в чистое поле, а при борзых да собаках кто останется?

–Видно, одни господа. Антон говорил, что и нашему боярину пришлось взять четырёх собак на свору: Злодея, Налета, Буяна и Касатку. Они привыкли рыскать за стремянными, так за барином нейдут. Лихие собаки–что и говорить! Да как-то он с ними справится!.. Коли они завидят сердечного дружка, а он не успеет их со своры спустить...

–Да!–Не усидит на коне... Я сам был у покойного барина стремянным; ездок не плохой и силишка есть, а так грохнулся однажды с лошади, что

59

небо с овчинку показалось! Нет, любезный, коли собаки у тебя па своре, так не зевай!.. Да что это боярам-то вздумалось?..

—А Бог их знает!.. За спором, что ль, дело стало или так, ради потехи.

—Хороша потеха!.. И что за неволя подумаешь!..

—Эх, брат! Да ведь у бояр-то часто охота бывает пуще неволи.

—Ну, вот припомни мое слово, Сидорыч: без греха дело не обойдется.

В продолжение этого разговора они дошли неприметным образом до конца леса. Перед ними открылись обширные, холмистые поля. Направо по суходолу расстилались заповедные луга села Богородского; налево по лощинам тянулся длинный ряд болот, поросших мелким кустарником. Прямо перед ними в живописном беспорядке разбросано было несколько отдельных рощ, которые на охотничьем языке называются отъемными островами. Между этими рощами и лесом, на опушке которого стоял Левшин, было не более полуверсты. Одетые в разноцветные платья псари, ловчие и доезжачие, которые, очевидно, принадлежали разпым господам, стояли поодаль от крайней рощи и дожидались только приказания, чтоб бросить гончих в остров. Бояре на красивых персидских конях разъезжали по полю, держа на шелковых сворах борзых собак, которые беспрестанно путались между собой, подбегали под лошадей и, по-видимому, весьма тревожили непривычных к этому делу господ. Вот бояре начали занимать места по перелескам, некоторые из них потянулись к Богородскому лесу и стали шагах в пятидесяти от его опушки.

—Кто этот господин?—спросил Ферапонт у боярского челядинца.—Вон что прямо против нас на саврасом коне?

—В голубом аксамитном кафтане?

—Да... кажись, такой строгий, смотрит все исподлобья.

—Это, любезный, ближний комнатный стольник государя Петра Алексеевича, князь Федор Юрьевич Ромо-дановский.

—А вот этот боярин—такой дородный, что стоит у куста?

—В скарлатном зипуне и парчовой мурмолке?.. Это князь Яков Федорович Долгорукий; а вот подъехал к нему князь Троекуров. Эк он собак-то нацеплял! Никак с полдюжины будет!.. Ах, они проклятые, так и рвутся!.. А вон от перелеска едет сюда на вороном коне боярин Иван Максимович Языков...

—Да ты никак всех бояр-то знаешь, Никита Сидорыч!

—А как же!.. Ведь они, почитай, все к нам жалуют... Э! Смотри-ка-смотри!.. Долгоруковские-то собаки начали грызться с троекуровскими... Ну!.. Пошла свалка!.. Вот оно без стремянных-то!.. Куда боярам ладить с этими псами!.. Гляди-ка, брат, под князем Троекуровым конь-то никак испугался!.. Эк он начал прядать!.. Ахти, батюшки! убьет он его.

—Нет,—сказал Ферапонт,—ничего!.. Вон и собак-то кой-как растащили...

60

—Да это что!—молвил боярский челядинец.—Погоди, брат, то ли еще будет!

—Посмотри-ка сюда, Никита Сидорыч; кто это там из-за рощи выехал... вот этот, без собак?

—На сером коне.

—Да, в красном кафтане с золотыми петлицами... Ого, брат! да перед ним все бояре шапки снимают!..

—Постой-ка—постой-ка!.. Уж не он ли это, наш батюшка?.. Ну, так и есть—он! Точно он!.. Шапку долой, братец!..

—Да что ж это за боярин такой?—спросил Ферапонт, снимая шапку.

—Что ты?.. Какой боярин!.. Разве не видишь? Это сам государь Петр Алексеевич!

—Право!.. Ведь я сродясь его не видывал!.. Кабы он, наш батюшка, поближе сюда подъехал!

—Нет, изволил поворотить направо... Вон, взъехал на холмик... Знать оттуда будет смотреть на охоту.

—А эти-то, что позади его едут, видно самые набольшие бояре?

—Ну, вестимо!.. Один, чай, дяд" ька его, Кирилла Полуектович Нарышкин! А другой... нет, любезный!., кажись, и не боярин, и не ратный человек... Вишь, как он позади плетется... Лошаденка невзрачная, и сам-то он сидит на ней таким увальнем... Должно быть, учитель государя Петра Алексеевича.

—А разве царский-то учитель не боярин?

—Нет. Дьяк челобитного приказа, Никита Алексеевич Зотов... Ну, вот и псари зашевелились!.. Видно приказано спускать гончих!..

Тут словоохотный челядинец и Ферапонт перестали разговаривать; они обратили внимание на толпу псарей, которые спешились и начали суетиться около своих гончих собак.

VIII

Пока охотники делали все нужные распоряжения и распаривали гончих собак, сцепленных попарно железными смычками, прошло довольно времени. Вот двинулись, наконец, псари со своими стаями; за ними потянулись ловчие и доезжачие, и в несколько минут вся эта пестрая толпа рассыпалась по роще.

—Что, брат,—сказал вполголоса Никита,—твой барин охотник или нет?

—Нет,—отвечал отрывисто Ферапонт.

–То-то я гляжу: мы ждем, не дождемся, когда потеха начнется, а ему, кажись, и дела нет!.. Прислонился к дереву, задумался, глаз вверх не подымет!.. Ну, я не в него!.. Не знаю, как ты, а у меня теперь так сердце и замирает, так и поджидаю: вот тяфкнет первая!

–Что делать, любезный!–сказал Ферапонт, покачивая головою.– Диковинка, да и только!.. Подумаешь, как не любить псовую охоту?.. Да есть ли на свете потеха лучше этой?.. У покойного дядюшки Дмитрия Афанасьевича знатная была охота–и гончие отличные. За одного выжлеца сосед давал ему две семьи крестьян, так он и слышать не хотел! Что ж ты думаешь, любезный: ведь барин всех перевел!

–Неужли?

–Видит Бог, так!

–Чем же он забавлялся, когда жил в своей вотчине?

–Хозяйничал, судил и рядил крестьян, да так же, как здесь, постреливал и гулял по лесу.

–Видно уж, брат, такой у него обычай!.. А ведь барин, кажись, добрый?

–Такой-то добрый, что мы все за него сейчас в огонь и в воду!.. Да ты что это, Сидорыч, все посматриваешь?..

–А вот смотрю: что ж это они ни из короба, ни в короб? Пора бы на след напасть; кажись, народу не мало!.. Чу!.. Никак тяфкнула!.. Так и есть!.. Натекла!.. Ну! Подхватили?..

Вся роща оживилась; громкие крики, свист и порсканье псарей начали сливаться с лаем собак. Бояре стояли неподвижно на своих местах, устремив внимательные взоры на рощу; борзые собаки, приподняв уши, прислушивались к гоньбе гончих. Эта гоньба, сначала слабая, беспрестанно усиливаясь, превратилась, наконец, в какой-то безумный лай и визг.

–Ого!–вскричал челядинец.–Напали на горячий след!

–Какой след!–прервал Ферапонт.–Чу!.. Слышишь? Гонят по зрячему.

–Да, любезный, да, точно по зрячему!

–Так что ж они так разметались?–продолжал Ферапонт.–И тут и там. Ну, брат, видно зайцев-то у вас в роще довольно!.. Вот, вот!.. Гляди, гляди!..

В одном перелеске мелькнул заяц, в то же время с полдюжины других, отделясь от лесной опушки, понеслись по полю–и тут началась эта чудная охота, описанная довольно подробно в Деяниях Петра Великого и в одной русской летописи'. Все бояре рассыпались в разные стороны, поднялась бешеная скачка, крик, беспорядица. Кто не успел спустить своих собак, того они стаскивали с коня; кто успел, тот летел вслед за ними по кочкам и пенькам. Не привыкшие к такой отчаянной езде лошади спотыкались, падали и давили под собой, перепутанных в своры собак. Тут лежала лошадь, прижав к земле своего всадника; там мчался конь без седока; здесь валялась в грязи боярская шапка, а подле купался в луже сам боярин. Одним словом, в несколько минут все пространство между рощами и Богородским лесом превратилось в настоящее поле сражения, или, по крайней мере, кавалерийской схватки.

–Вот тебе и охота!–вскричал челядинец.

–Ну, бояре-то сегодня понатешутся–будут помнить!.. Батюшки-светы! Куда это скачет вон тот боярин?.. Прямехонько в трясину!.. Правей, боярин!.. Болото!.. Ну!.. Села!.. Вон и другой!..

–Совсем завязли!–прервал Ферапонт.–Эк лошади-то бьются!.. Да побежим, Никита Сидорыч, вытащим их как-нибудь!

–Вытащим!.. Поди-ка, брат, сунься!.. Я однажды забрел ночью в это болотце, так по пояс втюрился. Нет, брат, тут без жердей ничего не сделаешь.

–Да здесь валежнику-то много; вон лежит целая елка.

В продолжение этого разговора направо от них показался пожилых лет боярин, под которым испуганный конь летел, как стрела. Закусив удила, он мчался во всю прыть вдоль самой опушки леса. Вдруг целая стая собак, гонясь за зайцем, который пробирался в Богородский лес, кинулась под ноги бешеному коню; он запрыгал, начал бить и передом, и задом, но боярин, по-видимому, хороший ездок, удержался в седле, и конь, как будто б чувствуя, что не может сбить своего седока, взвился на дыбы, скакнул вперед и со всех четырех ног грянулся оземь.

–Господи!.. Что это?–вскричал челядинец.–Да это никак наш боярин!.. Ну, так и есть!

Ферапонт с Никитой, вслед за ним и Левшин, бросились на помощь к боярину Буйносову. Они подняли его на ноги.

–Батюшка ты наш!–сказал челядинец,–да ты, я чай, совсем расшибся?

–Ничего,–отвечал Буйносов.–Кажись, я не очень ушибся... вот только на правую-то ногу ступить не могу.

–Уж не переломил ли ты ее, Кирилла Андреевич?–спросил с беспокойством Левшин.

–Не знаю, только больно, кажется, зашиб. Помогите-ка мне сесть на коня, да поскорей в Богородское.

Буйносова посадили на лошадь; Ферапонт взял ее под уздцы и пошел шагом, а Левшин пошел подле стремени, чтоб в случае нужды поддержать ушибленного боярина. Между тем челядинец побежал на пчельник за Савельичем, который не только был хорошим пчеловодом, но слыл также во всем околодке лучшим костоправом и досужим человеком; у него все лечились и многие выздоравливали, вероятно, потому, что его медицинские способы ограничивались, по большей части, наговорами и, следовательно, не мешали действовать натуре, этому медику, которому хорошие доктора иногда помогают, а дурные почти всегда задают двойную работу. Через полчаса боярин Буйносов доехал до своей подмосковной. Когда его раздели и уложили в постель, явился Савельич, мужик пожилой, но еще здоровый, с угрюмым лицом и окладистой бородою, которая начинала уже седеть. Прочитав длинную молитву, он подошел к боярину, перекрестил три раза его ногу, приговаривая: "Помоги, Господи!"–и начал ее ощупывать. Эта операция продолжалась несколько минут. Наконец, вымолвил: "Слава тебе, Господи! Поиска твоя, батюшка Кирилла Андреевич, целехонька, суставчики по своим местам, только кость-то крепко зашиблена. Прикажи ее припаривать трухою, так, Бог милостив, все пройдет".

–А что, Савельич,–спросил боярин,–дня через три можно ехать в дорогу?

–Нет, кормилец. Велика будет милость Божья, коли ты и через неделю встанешь с постели.

–Через неделю?.. Как же это, Савельич! а ведь мне крайняя нужда...

–Что ж делать, батюшка, потерпи!

–Я собирался ехать в знакомую тебе сторону, так хотел и тебя взять с собою.

–Власть твоя, батюшка!

–А ты думаешь, что прежде трех недель...

–Может статься, немного и попреже, только навряд.

–Ну, делать нечего!.. Ступай, Савельич, да только никуда не отлучайся, неравно ты мне понадобишься.

–Слушаю, батюшка.

Савельич поклонился в пояс своему боярину и вышел воп из покоя.

-=-- Садись-ка, Дмитрий Афанасьевич!..–сказал Буйносов,–вот здесь–подле моей кровати. Ну что, всем ли доволен?

–Всем, Кирилла Андреевич. По милости твоей, я живу здесь, как в родном своем доме.

–Вот подумаешь,–продолжал Буйносов,–загадывать-то никогда не должно. Завтра я хотел отправиться в дорогу–и вместо этого... А все князь Федор Юрьевич Ромодановский... Кабы не он, так не лежать бы мне сегодня врастяжку.

–Что ж он такое сделал?

–А вот что: он давно уже приставал к царю Петру Алексевичу: "Пожалуй, дескать, государь, позабавься когда ни есть любимою потехою твоего покойного родителя, царя и великого государя Алексея Михайловича-- дозволь нам, верным слугам твоим, хоть раз потешиться вместе с тобой псовой охотой". Глядя на него, и я и другие бояре начали о том же государю челом бить. Он все изволил отнекиваться: времени, дескать, нет, учиться надобно–и то и другое. Так нет! Князь Ромодановский не унялся и нас все подбивал о том же. Третьего дня учитель царский, Никита Алексеевич Зотов, сказал мне, будто бы государь Петр Алексеевич изволил говорить, что боярам-то не след ездить с собаками-- это, дескать, и забава-то псарская, а не боярская; бояре, дескать, должны не за зайцами рыскать, а с врагами воевать или заседать в царской думе. Послушайтесь меня,–промолвил Зотов,–отстаньте от государя Петра Алексеевича, а не то уж он сыграет с вами шуточку". Ну, вот и вышло так! Вчера князь Ромодановский начал опять подзывать государя на охоту; к нему пристал князь Иван Андреевич Хованский,–а ведь он краснобай!–начал расписывать так псовую охоту, что и, Господи!.. Это почитай, дескать, то же ратное дело; тут, дескать, потребны и проворство, и сметка, и воинская хитрость, и то и се. Подлинно, не даром прозвали этого Хованского тараруем–закидал всех словами. Государь Петр Алексеевич слушал, ухмылялся, да и сказал: "Ну,' ин быть по-вашему, бояре. Просим завтра ко мне в Коломенское; оттуда поедем охотиться в дачах Кириллы Андреевича Буйносова. Мы слышали, что в его заповедных рощах много всякого зверя". Вот сегодня поутру и собрались мы с нашими охотниками в Коломенское. Как государь Петр Алексеевич вышел садиться на коня, то изволил сказать, указывая на стремянных: "На что этот народ? Дело другое псари: они при гончих, а с борзыми-то собаками мы сами станем охотиться". Я было промолвил, что нам без стремянных остаться нельзя; но государь изволил заговорить свое: "Мне, дескать, не пригоже тешиться охотою с вашими холопами: я, дескать, бояре, хочу охотиться с одними вами". Что будешь делать? Воля его царская; пришлось брать на своры собак. Ты, чай, видел, Дмитрий Афанасьевич, как мы охотились? Кто с лошади слетел, кто в болото попал. А батюшка Петр Алексеевич стал в сторонку, глядит, как мы рыскаем словно шальные по полю, да посмеивается. Ну, нечего сказать, умен, дай Бог ему здоровья!.. Ох, нога!.. Вот уж, подлинно, разум не по летам! Коли он и теперь нашу братью стариков учит уму, так что ж будет вперед... Ой, батюшки!.. Вот и бока-то стали побаливать!

–Не послать ли, Кирилла Андреевич, за Савельичем?

–Нет, а потрудись сказать, чтоб пришли скорее припарить мне ногу, да не мешало бы и баню истопить. Теперь я отдохну немного, а ты ступай, Дмитрий Афанасьевич, покушай; а коли мой дворецкий приехал из Москвы, так пошли его кб" мне.

Левшин, передав людям приказание боярина, пообедал на скорую руку и отправился, по своему обыкновению, бродить по лесу. Дикое местоположение пчельника, близ которого Левшин был поутру, очень ему приглянулось, и он захотел побывать еще раз в этом лесистом овраге, в глубине которого было свежо и прохладно даже в самый знойный день. Подходя к пчельнику, он повстречался опять с Ферапонтом.

—Э, голубчик,—сказал Левшин,—да ты, видно, до меду-то большой охотник?

—Да, батюшка,—отвечал Ферапонт,—я был на пчельнике, только не затем, чтоб медку поесть. Мне надобно было кой о чем потолковать с Савельичем.

—Да разве ты болен?

—Нет, Дмитрий Афанасьевич. Я все расспрашивал Савельича о Брынских лесах. Ведь он и там бывал. Я этой стороны вовсе не знаю, так не мешает порасспросить о ней бывалых людей... Ну, Дмитрий Афанасьевич, как он мне порассказал, так езда-то по этим Брынским лесам со всячинкою!.. Не худо нам запастись всяким оружием.

—Нам?.. Да разве боярин посылает меня в Брын-ские леса?

—Так ты ничего не слышал?

—Ничего.

—Ну, видно, боярин не успел еще тебе сказать. Как ты от него вышел, так он позвал к себе дворецкого, велел ему снарядить меня в дорогу и дать доброго коня со своей конюшни. Я выбрал себе, батюшка, лошадку не так, чтоб очень взрачную собою—а уж лошадь!.. Убить, да уехать! Боярин купил ее на Дону, первая лошадь во всем косяке была.

—Да почем ты знаешь?..

—Что тебя, Дмитрий Афанасьевич, посылают в Брынский лес?.. Мне дворецкий об этом сказывал.

—Ведь это, кажется, далеко отсюда?

—Не так чтобы очень. Савельич говорит, что по зимнему пути и порожняком можно на четвертые сутки доехать.

—Так это путь недальний.

—И дорога-то, говорят, бредет, да только до Ме-щовска, и там лесами больно плоха; а с тех пор, как в них развелись раскольничьи скиты, так проселочным дорогам и перекресткам счету нет, как раз заплутаешься. Да и сброду всякого много: коли вора соследили и ему придержаться негде, так он юркнет в Брынский лес и поминай, как звали!.. Разбойник уйдет из острога—куда? в Брынский лес; расстрига какой-нибудь, беглый холоп—все туда! Не то, чтоб всякий раскольничий скит был воровской пристанью,— нет, Дмитрий Афанасьевич! Савельич говорит, что в иных скитах живут очень смирно и зазнамо разбойника держать не станут; да ведь у него на лбу ие написано, что он разбойник; а мошеннику что веру переменить?.. Придет в любой скит, да скажет: хочу, дескать, спасаться и постоять за истинную веру,—так его как раз примут.

—Коли это правда, так Брынский-то лес настоящее разбойничье гнездо?

—Да, батюшка, в старину, говорят, и проезду не было. Теперь начали там селиться и завелись большие поместья, так стало потише; а с той поры, как переехал туда на житье в свою вотчину какой-то боярин Куродав-левпо дорогам-то шалить, почитай, вовсе перестали. Знаешь ли что, батюшка, уж не к этому ли Куродавлеву посылает нас боярин?.. Ведь они старинные приятели.

–Может быть, и к нему.

–Э!.. Постой-ка, батюшка!.. Да это никак тебя кличут? Ну, так и есть!.. Здесь!.. Здесь!.. Видно боярин тебя спрашивает... Сюда, Сидорыч, сюда!.. Дмитрий Афанасьевич здесь.

–Что это, батюшка, в какую ты зашел трущобу?–казал Сидорыч, продираясь сквозь густые кусты

Насилу я тебя нашел! Пожалуй к боярину; он давно уж изволит тебя спрашивать.

Левшин поспешил исполнить приказание Буйносова. Он нашел его за столом, на котором было все нужное для письма. Боярин перечитывал про себя довольно большой столбец, исписанный его рукою. Окончив чтение, он свернул в круглый свиток эту длинную полосу бумаги, обвязал ее шнурком и стал прикладывать к концам этого шнурка восковую печать с изображением преподобного Кирилла, чудотворца Новозерского.

–Присядь, Дмитрий Афанасьевич,–сказал Буйносов, продолжая заниматься своим делом.–Мне надо с тобой поговорить.

–А что твоя нога, Кирилла Андреевич?–спросил Левшин.

–Да побаливает, а уж стать на нее вовсе не могу. Это бы ничего,–я еще, по милости Божией, дешево отделался, и кабы мне не нужно было ехать в дорогу, так и ох бы не молвил... А нужда крайняя!.. Ну, да видно Богу не угодно, делать нечего! Ты помнишь, я думаю, что я сбирался ехать в мою Брынскую вотчину и хотел тебя взять с собой?.. Здесь тебе оставаться нельзя, Дмитрий Афанасьевич; хоть моя подмосковная и в стороне, а все как-то ненадежно–близко больно; того и гляди, что забредут сюда прежние твои сослуживцы, или кто-нибудь из моих домашних проболтается–долго ли до греха!.. А там хоть целый век живи, никто о тебе не проведает. Тебе надобно будет ехать за Мещовск, Брынс-кими лесами. В этих лесах живет в своей вотчине, в полуверсте от проезжей дороги, старинный мой приятель Юрий Максимович Куродавлев. Ты отвезешь ему эту грамотку,–продолжал боярин, подавая запечатанный свиток Левшину,–и погостишь у него до моего приезда. Юрий Максимович человек очень добрый; есть у него свои причуды, да у кого их нет! В старину он был чудо-богатырь, удалой воин, лихой наездник и за круговой братиной такой весельчак, что хоть кого распотешит; теперь он поуходился, а все еще удали-то в нем на трех молодцов станет. А какой радушный хозяин, какой хлебосол!.. Только уж не прогневайся: что ему в голову засело, того, как говорится, клином не выколотишь. Да вот хоть теперешнее его житье. Ну, что за радость? Забился в этакую глушь! И добро бы еще был человек семейный, а то вдовец, детей нет; я чаю, вовсе одичал!.. Бывало, водил хлеб-соль со своею братьею боярами, жил всегда с людьми, а теперь живет с разбойниками, медведями, волками, да и тех-то скоро не будет: он их всех переведет. А все ведь по упрямству: задумал считаться местами, когда покойный государь Федор Алексеевич указал быть без мест. Я пытался было вызвать его опять в Москву, да нет, и слышать не хочет. "Я, дескать, обижен крепко—стою в том и сам ни за что не попячусь: без царского указа не вернусь в Москву!" Что будешь с ним делать... Я недавно получил от него весточку. Пишет он мне, что до него дошли слухи о последнем стрелецком мятеже. "Да я, дескать, и веры этому не даю—не может статься, чтоб русские люди дерзнули восстать против своего царя и помазанника Божия. Да этакого, дескать, срама никогда не бывало на святой Руси". Вот ты будешь для него живой грамоткой, Дмитрий Афанасьевич, и когда он узнает, ради чего ты бежал из Москвы, так он с тобою и расстаться не захочет. Юрий Максимович пишет также ко мне... Да что!.. И верить этому и говорить об этом не хочу!. А то еще, пожалуй, дашь себе волю—обнадеешься!.. Зачем?.. Я уж привык к моей грусти и давно перестал надеяться...—Боярин опустил голову, закрыл руками глаза и, помолчав несколько времени, заговорил опять, обращаясь к Левшину:—Тебе, Дмитрий Афанасьевич, должно отправиться сегодня в ночь, так, чтоб к свету верст тридцать отъехать. Днем около Москвы везде стрельцы шатаются, как раз кому-нибудь попадешься. Коли даст Господь, и я смогу дней через пять пуститься в дорогу, так мешкать не стану. Да скажи-ка мне, Дмитрий Афанасьевич, не нужны ли тебе деньги?

—Нет, Кирилла Андреевич, благодарствуй за твое отеческое попечение!.. Денег у меня довольно: они ведь не все со мною были, когда я попался в руки к моим злодеям; а коли милость твоя будет, так прикажи мне дать какое-нибудь оружие: меня привели к тебе с пустыми руками.

—А вот,—сказал боярин,—сними-ка со стены эту саблю... Нет! не эту... Эту пожаловал мне царь Алексей Михайлович; ее делали на заказ в оружейной мастерской палате... А вот подле-то... Сабля казылбашская, в серебряной оправе... Ну, да! Вот эта!.. Изволь владеть ею. Сабля добрая, булатная, и верно тебе по руке придется... Да возьми-ка еще с собою вот эти турецкие пистоли...

—Зачем, боярин?... И так много твоих милостей,—сказал Левшин, любуясь великолепной полосою своей сабли.—Будет с меня и этого товарища.

—Так скажи дворецкому, чтоб он отпустил слуге твоему пищаль или пару пистолей. По дремучим лесам спустя рукава ездить не надо; почему знать?., не разбойник, так медведь попадется. Теперь, Дмитрий Афанасьевич, потрудись вынуть из киота вон эту икону Иверской Божией Матери, в серебряном и золоченом окладе.

68

Левшин исполнил приказание Буйносова.

–Подай мне ее сюда,–продолжал боярин.–Я хочу благословить тебя на дорогу. Да сохранит тебя от всякого зла Пречистая Дева под святым покровом Своим. Она заступница и мать всех сирот, а ты ведь так же, как я, круглый сирота.

Когда Левшин приложился к иконе, боярин поцеловался с ним и сказал:

–Ну, Дмитрий Афанасьевич, я снабдил тебя оружием земным и духовным, теперь с Богом!.. Да смотри же, лишь только смеркнется, так и отправляйся; чем дальше ты за ночь отъедешь от Москвы, тем лучше.

Простясь с Буйносовым, Левшин вошел в свою светлицу. Он застал в ней Ферапонта, который, уложив в небольшой кожаный чемодан свои и барские пожитки, набивал суконную кису съестными припасами.

–Что это?–сказал Левшин.–Жареный гусь!., крупичатый пирог!., целый окорок ветчины!.. Да мы всего этого и в десять дней не съедим.

–Так что ж, батюшка?.. Люди умные говорят: едешь в дорогу на день, бери хлеба на неделю!

–А это хлеб, что ль?–спросил Левшин, указывая на отромную жестяную сулею, штофа в два.

–Подчас лучше хлебца, Дмитрий Афанасьевич! С людьми дорожными всяко бывает: иной раз придется почевать в чистом поле под дождем– промокнешь, продрогнешь, так было бы чем душу отвести.

–То-то смотри! Не больно часто в эту сулею-то заглядывай!

–И, что ты, батюшка! Да разве я пьяница какой?.. Выпил стакан, другой–много три, да и шабаш!

Левшин пошел проститься со священником, а Ферапонт отправился в людскую поужинать: хлебнул на дорогу винца и принялся седлать лошадей.

Вот солнышко село, и по ночным небесам рассыпались звезды. Левшин простился в последний раз с этим тихим убежищем, в котором провел несколько Дней, если не вовсе чуждых грусти, то, по крайней мере, спокойных. Наши путешественники, выехав за околицу села Богородского, добрались проселком до Большой Калужской дороги и пустились по ней рысью. Утренняя заря только еще стала заниматься, когда они, пробежав, с небольшими отдыхами, слишком тридцать верст сряду, своротили в сторону и остановились покормить лошадей в небольшой деревне, которая, притаясь за леском, стояла в полуверсте от проезжей дороги.

IX

В конце семнадцатого столения, в числе непроходимых лесов, покрывавших некогда большую часть России, одно из первых мест занимали, находящиеся в нынешней Калужской губернии, дремучие леса, посреди которых протекает небольшая речка Брынь. И теперь еще леса Брынские, о которых нередко упоминают в народных сказках и поверьях, представляются воображению простолюдинов какими-то безвестными дебрями, мрачным и пустынным жилищем косматых медведей, голодных волков, леших, оборотней и разбойников; в этом отношении они берут даже первенство над знаменитым Муромским лесом, и если крестьянин степных губерний желает сказать про какого-нибудь беглого, что он пропал без вести, то нередко выражается следующим образом: "Кто его отыщет, кормилец!.. Чай, ушел в Брынские леса". В 1682 году, среди этих непроходимых лесов, на старой Мещовской дороге стоял, близ речки Брыни, верстах в шестидесяти от ее впадения в реку Жиздру, постоялый двор. Окруженный со всех сторон дремучим лесом, он был единственным приютом для проезжих. Верст на десять кругом не было, как говорится, ни кола, ни двора, и зимой голодные волки приходили выть под самыми окнами Красного Стана: так назывался этот постоялый двор.

В один жаркий летний день человек до двадцати дорожных людей, из которых одни ехали в Мещовск, а другие в Брянск, остановились кормить в Красном Стане. В избе было душно, и почти все проезжие, по большей части простые обозники, пообедав, чем Бог послал, то есть похлебав щей и поев крутой гречневой каши с маслом, отдыхали на завалинке перед избой. Шагах в пятидесяти от них, вдоль длинной поляны, охваченной со всех сторон сплошным бором, струилась речка Брынь; по левом берегу тянулась песчаная дорога, которая, в полуверсте от постоялого двора, как будто бы соскучив следовать за всеми изгибами речки, круто поворачивала в сторону и терялась в лесной глуши. У самых ворот постоялого двора, поодаль от других, сидел на скамье человек пожилых лет, в коротком суконном балахоне с узкими рукавами. Это платье, не подпоясанное ни кушаком, ни поясом, было застегнуто в двух местах на медные круглые пуговицы. На левой руке его висели кожаные четки, которые оканчивались, вместо креста, двумя треугольниками, также кожаными. Этот проезжий держал у себя на коленях деревянную, крытую олифой чашку, из которой ел гречневую кашу оловянной ложкой, а подле него на скамье стояла сулея, оплетенная берестою. Он остановился кормить в одно время с другими проезжими, но не захотел обедать за общим столом и есть из посуды, принадлежащей хозяину постоялого двора. Наружность этого проезжего была довольно замечательна. Длинная с проседью борода, приглаженная и расчесанная с большим старанием, но к которой, сколько можно было заметить, никогда не прикасались ножницы; курчавая голова, крутой, широкий лоб, вздернутый кверху нос и серые угрюмые глаза, по временам задумчивые, а иногда сверкающие и исполненные жизни-- все это вместе составляло физиономию не очень красивую, но весьма выразительную и носящую на себе отпечаток какого-то самобытного и твердого характера. С краю на завалинке сидел другой проезжий, которого можно было принять, по одежде, за простого горожанина или слугу богатого боярина. Подле него отдыхал, также на завалинке, худощавый купец с длинной бородою и подбритым затылком, который прикрывался высоким козырем, то есть стоячим воротником суконного охабня с закинутыми назад рукавами. Этот купец разговаривал со своим соседом протяжно, свысока и каким-то вычурным языкам, который, по-видимому, казался его собеседнику верхом красноречия и премудрости человеческой.

—Ну, господин приказчик,—говорил этот сладко-глаголивый купец, обращаясь к своему соседу,—если бы я ведал, что по сим Брынским лесам летняя дорога столь тяжка и многотрудна, то ни за какия блага в мире не поехал бы сам из Москвы в этот Брянск, который,—прости Господи!— словно клад нам не дается.

—А ваша милость обыватель московский?—спросил почтительно приказчик.

—Да, любезный!—отвечал купец, поглаживая с довольным видом свою длинную бороду.—Мы, благодаря, во первых, Господа, а во-вторых, родителей наших, числимся в Московской гостиной сотне.

—Так-с, батюшка, так-с!.. А что, я думаю, куда красна наша матушка Москва белокаменная?.. Хоть бы издалека одним глазом на нее взглянуть!

—А разве ты никогда не бывал в нашем престольном граде?

—Нет, батюшка!.. Боярин посылает меня по своим отчинам, а в его московский дом ездит другой приказчик.

—Вот что!.. Да, братец, да! Благолепна наша матушка Москва златоглавая, различным зодчеством украшена; а сколько храмов Божьих!., какие терема царские!..

—Чай, все, батюшка, так золотом и горит?

—Да, любезный, да!.. Истинно очеослепительное велелепие! И златом чистым, каменьем честным, и жемчугом многоценным, и мусием дивным—всем украшены чертоги царские.

—Так, батюшка, так!.. То-то подумаешь, наше деревенское дело—что мы? Люди темные, ничего не видали, ничего не слыхали!.. Что и говорить: в лесу росли, пенькам Богу молились. А, чай, в Москве-то и других всяких диковинок много?.. Вот мне недавно рассказывали про какую-то

71

заморскую вещь. Она стоит на царском дворе за Благовещенским собором—сама в колокол бьет.

—А, знаю, знаю!—подхватил купец.—Эта вещь, любезный, называется часомерье, на всякий час ударяет молотом, размеряя часы дневные и ночные. Не бо человек ударяше, но человековидно, самозвонно, страннолеп-но и сотворено человеческою хитростию...

—А вся хитрость человеческая суета бо есть,—прервал громко проезжий в балахоне,—и все дела ее богомерзки и богопротивны.

Купец обернулся и поглядел с удивлением на проезжего, который принялся снова есть свою гречневую кашу.

—А что, батюшка,—сказал приказчик, не обращая внимания на слова проезжего,—давно ли ты из Москвы?

—Да близко недели, любезный.

—Ну что, хозяин, как здравствуют государи и великие цари Иоанн и Петр Алексеевичи? И все ли благополучно в нашем престольном граде?

—Теперь благодарение Господу, нечестивые крамольники перестали злодействовать, смятения народные прекратились-- в заступлением Владимирской Божьей Матери и московских угодников, устыжены и попраны все враги православия... А с месяц тому назад куда тяжко было!.. Смуты да мятежи!.. Бывало каждый день гудит всполош-ный колокол и буйные стрельцы, яко зверя хищные, рыскают по стогнам градским!.. Сколько знаменитых бояр они перегубили!.. Да еще мало того: соорудили на Красной площади столб с таковою надписью, якобы они, проклятые крестоизменники, постояли за правду и казнили не чест^ ных бояр, а предателей и злодеев. Вот стрельцы поугомонились, так залаяли эти псы нечестные—стригольники, аввакумовцы и разные другие еретики; а пуще-то всех этот предерзостный аввакумец, расстрига Никита Пустосвят,—сей волк несытый, достойно стяжавший...

—Венец мученический!—прервал проезжий в балахоне.

Купец нахмурил брови и сказал вполголоса:

—Ну, так и есть—раскольник!.. Эк они, окаянные, плодятся! словно саранча какая!.. Вот уж третьего сегодня вижу.

—Да разве ты не знаешь, хозяин,—прервал также вполголоса приказчик,—ведь здесь в Брынских-то лесах настоящий их притон и есть?

—Притон!.. Им теперь везде притон!.. Кабы ты знал да ведал, у кого они под крылышком!.. Ну, даст ответ перед Господом царевна Софья Алексеевна... Бог с ней!..

—Как так?.. Да неужели благочестивая наша царевна Софья Алексеевна...

—Да, любезный,—продолжал купец, понизив еще голос,—она-то им, окаянным, и мирволит... Что грех таить: и смуты, и мятежи, и всякие бесчинства стрелецкие-- все было по ее наущению; так диво ли, что она раскольников приголубливает?.. Ведь стрельцы-то, почитай, все еретики: кто стригольник, кто аввакумец, кто субботник–такой сброд, что не приведи Господи!.. При-лучилось мне однажды, по моим торговым делам, зайти к ним на Лыков двор,–вот что в Кремле у Троицких ворот,–так я не знал, куда деваться от их богохульных речей. И в старину бывали еретики: еще при дедушке царя Иоанна Васильевича Грозного, ближний дьяк Курицын, по прозванью Волк, казнен за жидовскую ересь, да тогда они отметались от церкви тайно и во услышание всем не дерзали богохульствовать,–а ныне... Истинно, любезный, неусыпающая скорбь душе моей, как помыслю, до чего мы дожили!.. Окаянные раскольники с буйными воплями вызывают на состязание святителей православной церкви; крамольные стрельцы врываются в царские чертоги, губят неповинных бояр–и что ж, любезный!.. Им же дают похвальные грамоты и, ради почета, жалуют из стрельцов в надворную пехоту!.. А все ведь Софья Алексеевна!.. Эх, кабы не она, так благодать Божья!.. У нас был бы один царь Петр Алексеевич,–а то двое!.. Ну, когда это бывало на святой Руси?.. И Господь Бог един на небесах, так на что же нам двух царей?

–Да ведь они, хозяин, родные братья, так почему ж им обоим не царствовать?

–Нет, господин приказчик! То ли дело, когда одна глава правит всем телом. Хороший царь–Божья милость, неблагой и немилосердный–что ж делать, любезный-- наказанье Господне!.. Ведь все от Господа: и благорастворение воздухов небесных, и изобилие плодов земных, и язва, и гладь, и трус, и казнь, и милость,–все в руце Божьей!.. Так что ж нам мудровать?.. Вот хоть в Бозе почивающий покойный государь Алексей Михайлович царствовать начал с юных годов; были против него и смуты народные, и самозванцы. Один разбойник Стенька Разин чего стоил! Да как никто царю не мешал, так он со всеми управился, распространил и увеличил Царство Русское, воротил назад Смоленск, выгнал ляхов из Украины, а царство Миритинское само ему поддалось.

–Так, батюшка, так!.. Что и говорить: был царь-государь! Вряд ли вымолить у Господа другого под стать ему, покойнику.

–Да вряд, любезный!.. То-то было времечко!

–Так, батюшка! было,–да, видно, быльем поросло!

–Вот уж истинно, продолжал купец,–пожили мы во всяком гобзовании и довольстве!.. А веселья-то какие бывали!.. И псова охота с рогами и трубами за селом Алексеевским, и соколиная потеха... А игрища-то какие!.. Как теперь гляжу: была комедь в Преображенском, потешали государя иноземцы, как Олоферну царю голову отсекли; да еще о Навуходоносоре царе, о теле злате и о трех отроцех... А уж лучше-то всего было у боярина Артамона Сергеевича Матвеева, дворовые люди его лицедеяли, как царь Артаксеркс указал повесить Амана, и немцы в органы играли, и на фиолах, и всякие другие потехи разные.

—Да как это хозяин,—прервал приказчик,—удалось тебе побывать на этих игрищах? Хоть ты и гость московский, да ведь, чай, на такие игрушки и потехи царские допускают одних только князей да бояр?

—А вот как, любезный: в Преображенском есть у меня приятель, подключник кормового дворца, по прозванию Ерш Кутерма; а на пиру боярина Артамона Сергеевича Матвеева приказал пропустить меня в потешную палату свойственник его, а мой благодетель, Кирилла Андреевич Буйносов.

—Кирилла Андреевич Буйносов?.. Да ведь он-то и есть мой боярин.

—В самом деле?.. Ну, любезный, в сорочке же ты родился!.. Да таких господ, каков твой, на белом свете мало.

—Что и говорить, батюшка,—дай Бог ему много лет здравствовать!

—Дай Господи!.. Да что он у вас все такой грустный!.. Вот уж я его милость третий год знаю, а никогда не видывал, чтоб он изволил распотешиться. Все как будто бы сердце ему что-то щемит.

—Ох, батюшка! да как у него сердцу-то и не болеть: ведь он круглый сирота!.. А семья-то какая была! Одиннадцать дочерей, одна другой лучше!

—И ни одной в живых не осталось?

—Ни единой! Всех прибрал Господь. Три утонули, переезжая на пароме через Оку, пять скончались от разных недугов, две померли от оспы, а последняя-то дочка, самая меньшая, Бог знает где.

—Как так?

—Да так, батюшка, без вести пропала!

—Без вести пропала?.. Что за диво такое!.. Я, чай, у вашего боярина хожалых-то за дочками было довольно?

—Как же: и мамушки, и нянюшки—мало ли этой челяди у нашего боярина.

—Так чего же они смотрели!

—Что ж делать, на грех мастера нет, кормилец! Уж подлинно, нянюшка Татьяна и мамушка Игнатьевна смотрели за своей барышней, с глаз ее не спускали, по пятам ходили, а все-таки сгибла да пропала. Вот то-то и есть: чего Господь Бог беречь не станет, того уж люди не уберегут.

—Так, любезный—так! Да не даром и пословица: у семи нянек дитя всегда без глазу. Да как же это случилось?

—А вот как: тому годов пятнадцать назад, летом, об эту же пору, боярин мой со всей семьей ехал из Мещовска в свою Брынскую волость. Верстах в тридцати отсюда, близ села Беликова, рассудилось покойной его сожительнице остановиться пополдничать на одной поляне, в лесу. Боярин наш всегда ездил людно. Нас было всех этак человек до пятидесяти. Вот мы раскинули для господ шатры, сводили коней на водопой, разложили огни, да и ну варить кашицу. Господа пополдничали, прилегли отдохнуть, а дочки их с нянюшками и с сенными девушками разбрелись во все стороны, одни стали на лугу в горелки играть, другие пошли в лес за грибами. Вот этак около вечерен господа поднялись, начали укладываться; барышни стали рассаживаться по колымагам и кибиткам, а я пошел,–нарвал на лугу колокольчиков, ландышей, ноготков, связал одиннадцать пучеч-ков, да и стал их раздавать всем боярским дочкам, каждой по пучку. Кажись, роздал всем, а гляжу–один пучок лишний. "Кой прах,–думал я,–видно, заделил какую-нибудь! "Обошел опять все повозки, перечел всех барышен... а! вот что самой-то меньшой нет! Смотрю, мамушка Игнатьевна роется в кибитке, да укладывает подушки. "Где твое дитя!"–спросил я. "А вон там в лесу с нянюшкой." Я в лес–вдруг пырь мне в глаза Татьяна! "А барышня твоя где?"–"Чай, там у повозки с мамушкой Игнатьевной".–"Да ведь она была с тобою?"-- "Ну да, прежде изволили ходить по лесу со мною, а там, как набрала грибов, и побежала показывать их мамушке, да, видно, уж тут при ней и осталась".–"Что ты, перекрестись!.. Игнатьевна вон там одна-одинехонька, а дитя-то ваше где?"–"Ах, Господи!–закричала Татьяна,–так, видно, барышня осталась в лесу!.." Вот мы с Татьяной в лес. Начали кричать, аукать–кто-то откликается, да только не ребячьим голосом. "Ох, худо!..–подумал я,–недоброе! Уж не леший ли?.. Избави Господи! Он и взрослого обойдет, так беда!" Мы с Татьяной обегали всю опушку, осмотрели каждый кусточек,–нет как нет!.. Вот и господа хватились своей дочки. Батюшки, какая пошла тревога!.. Сам боярин сел на коня; холопы кто верхом, кто пешком разбрелись врассыпную по лесу, проискали всю ночь, осипли кричавши... нет барышни–сгибла да пропала!.. Трое суток простояли мы на этом месте, изо всего околодка сбили поголовно крестьян, верст на пятнадцать обшарили кругом..

–И все понапрасну?

–Да, батюшка.

–Таки вовсе никаких следов не оказалось?

–Ну, нет. В одном месте как будто бы на след напали: этак версты три от нашей стоянки, один из холопов поднял четырехконечный серебряный крестик; его признали за тот самый тельник, который носила боярышня.

–Четырехконечный крестик?.. Куда раскольники не жалуют этих крестиков!.. А что, ничего больше не нашли?

–Ничего.

–Да как же она его обронила; ведь, чай, крест-то висел у нее на гайтанчике?

–Как же, батюшка.

–Видно, металась больно, сердечная!

75

—Видно, что так, кормилец. Одному только мы очень дивовались: вместе с этим крестиком, на том же самом гайтане, барышня носила образок в серебряном окладе–икону святой великомученицы Варвары; этим образком благословил ее крестный отец, боярин Курода-влев. Так уж если она крестик обронила, так и образок бы с ним нашли.

—Ну, это еще не диво; завалился куда-нибудь. А каких она была годков?

—Да еще четырех лет не было.

—Ах, дитятко горемычное!.. Видно, она, голубушка, увязалась за бабочкой или за птичкой какой!.. Долго ли такому младенцу заплутаться!.. А там, чай, забрела в трясину, или дикий зверь!

—Должно быть, так, батюшка!.. То-то жалость была... И теперь, как вспомню, так сердце кровью обольется. Боярин рвет на себе волосы, боярыня лежит, как мертвая–слез даже нет. Нянюшка Татьяна убежала в лес, да уж назад и не бывала; Игнатьевну из петли вынули, боярыня с той поры стала хиреть, прочахла всю осень, а там хуже, да хуже, да о зимнем Николе Богу душу и отдала. Подлинно, правду говорят: "Пришла беда, отворяй ворота". Одно горе с плеч, другое на плечи: скончалась сожительница, стали умирать дочери. Каково, подумаешь: с небольшим в три года из людного семьянина сделаться круглым сиротой!.. Ты, батюшка, знаешь господина–уж, подлинно, добрая душа!.. Благочестив, богомолен...

—Да, да! Истинно христолюбивый боярин.

—Отходил ли от него когда нищий без подаяния? Обижал ли он кого?

—Сохрани Господи!.. Да таковой клеветы не изречет и враг его.

—Так как же после этого не согрешишь, не скажешь: за что такой гнев Божий...

—Что ты это, господин приказчик?–прервал купец.–И думать этого не моги... Да разве ты не ведаешь: кого Господь любит, того и наказует?

—Так, батюшка, так!.. Кто и говорит, конечно, буди во всем Его святая воля!.. А все, как подумаешь...

—Постой-ка, постой, любезный!.. Вот никак еще едут постояльцы... Видишь, вон там два вершника, по дороге из Мещовска?.. Вон опять выехали!.. Э! Да это, кажись, люди ратные!

От лесной опушки отделились два всадника и шибкой рысью подъехали к воротам постоялого двора.

С первого взгляда можно было отгадать, что один из приехавших всадников был господин, а другой его слуга... Под первым был дорогой персидский аргамак, в бархатной, шитой золотом уздечке, под вторым, поджарый донец, не очень взрачный собою, но, по-видимому, не знающий устали и готовый верст двадцать сряду мчать удалого седока, как говорится в сказках: "по горам и долам, по болотам зыбучим и пескам сыпучим". Господин был прекрасный и видный собою молодец, лет двадцати двух или трех. Слуге казалось лет под сорок, он был небольшого роста, но необычайно плотен, могуч плечами, с длинными жилистыми руками и высокой богатырской грудью; его широкое, изрытое оспой лицо было вовсе не красиво, но, несмотря на это, оно казалось даже приятным, потому что выражало какую-то простодушную веселость и доброту, не чуждую, однако ж, ни ума, ни сметливости, которыми всегда отличался коренной русский народ от своих северных и западных соседей. Мы зовем теперь этих соседей финнами и белоруссами, а в старину их величали Чудью белоглазой и Литвою долгополой. Этот старинный обычай давать и чужим и своим прозвища, в которых почти всегда заключается насмешка, принадлежит также к числу особенностей русского народного характера.

Проезжий господин был одет очень щеголевато; на нем был светло-зеленый суконный кафтан с малиновым подбоем и золотыми петлицами, малиновая остроконечная шапка с меховым околышем и желтые сафьяновые сапоги с медными скобами. К шелковому с золотыми кистями кушаку была привешена богатая персидская сабля, и на толстом шелковом шнурке висела через плечо нагайка, у которой кнутовище было украшено перламутром и слонового костью. Слуга этого проезжего был одет очень просто: на нем была войлочная белая шапка, посконный азям и внакидку длинная однорядка из толстого сермяжного сукна; но зато он был вооружен лучше своего господина... Он был при сабле, и сверх того, из-за кушака виднелась деревянная рукоятка длинного ножа, а надетая через плечо берендейка, или ремень, с привешенными к нему деревянными патронами и привязанная к седельной луке ручница, то есть ручная короткая пищаль, доказывали, что он имел при себе не одно холодное оружие и мог бы, в случае нужды, биться с врагом—как говорили в старину—огненным боем. Я думаю, читатели давно уже узнали в этих проезжих знакомца своего Левшина и слугу его Ферапонта.

—Бог помощь, добрые люди!—сказал Левшин, соскочив молодцом со своего коня.

—Милости просим!—отвечали купец и приказчик, вставая и вежливо кланяясь проезжему. Обозники сняли также свои шапки и отвесили ему по низкому поклону; один только проезжий в балахоне не привстал, не поклонился, а только взглянул исподлобья на проезжего молодца, сначала довольно сурово, а потом с приметным любопытством.

—Ферапонт,—продолжал Левшин,—дай коням-то немного простынуть, а там своди их на речку.

—Да не велишь ли, батюшка, их расседлать,—сказал хозяин постоялого двора, подойдя с почтительным поклоном к проезжему.

—Нет, любезный,—отвечал Левшин,—мы здесь кормить не станем, а дадим только коням вздохнуть и немного поразомнемся.

—Так не в угоду ли будет твоей милости перекусить чего-нибудь? У меня есть гречневая каша с маслом, щи Добрые...

—Спасибо, хозяин!.. Я обедал верст пятнадцать отсюда-- в селе Бардукове.

—Пятнадцать верст!.. Нет, кормилец, будет и двадцать с хвостиком.

—Ого!.. Так мы скоро ехали.

—Да, видно, так, господин честной. Эва, как ваши лошади-то уморились!.. Так пар от них и валит!

—Ничего, любезный, кони добрые.

—Так, батюшка, так!.. А, вишь, как они умаялись!.. Право слово, кормилец, прикажи задать им сенца, пусть себе перехватят сердечные!

—Нет, голубчик, некогда дожидаться.

—А куда так поспешает твоя милость?—спросил купец.

—Да не так, чтобы далеко отсюда: в село Тол-стошеино.

—Толстошеино?—повторил хозяин постоялого двора.—Знаем, батюшка, знаем! Тут еще на озере есть барская усадьба; хоромы такие знатные—с большим огородом.

—Да, да,—подхватил купец,—мы прошлого года зимой тут ехали. Истинно боярская усадьба! Брусяный дом, с теремом и двумя вышками, крыт весь гонтом, а окна наихитрейшею резьбою украшены. Нам сказывали, что тут живет на покое сам помещик, какой-то боярин Куродавлев. Не к нему ли, господин честной ты изволишь ехать?

—К нему, любезный.

—Уж не гонцом ли от князя Ивана Андреевича Хованского?

—Почему ты это думаешь?

—Да вот, я вижу, ты сам из начальных людей стрелецкого войска... сиречь надворной пехоты—не прогневайся, по старой привычке промолвился!..

—Все едино, хозяин.

—Нет, господин честной, не все едино. Коли вас за усердие пожаловали в надворную пехоту, так называть стрелецким войском не приходится. За службу и почет, батюшка!.. А вот я все гляжу на тебя... кажись, по всем приметам... ну, так и есть... ты должен быть сотником полка Василия Ивановича Бухвостова.

—Отгадал, любезный.

—Да как и не отгадать? Ведь ты в своем служиль-ном наряде: светло-зеленый кафтан с малиновым подбоем... Мы, батюшка, сами люди московские, не в глуши живем. Мы и с головою-то твоим—сиречь полковником Василием Ивановичем Бухвостовым старинные приятели.

—Право?

—Как же, батюшка! Он и товары в моей лавке забирает... Мы с ним всегда хлеб-соль наживали... Вот уж, подлинно, достойный сановник! Во всем старины держится... Истинно благоцветущая ветвь прежней православной рати стрелецкой!..

—Прежней... Так, по-твоему, нынешняя...

—Также православное войско,—подхватил торопливо купец.—Кто и говорит, господин честной!.. Ну, если этак и бывали смуты—так что ж?., и стрельцы такие же люди; а все мы под Богом ходим: един Господь без греха!.. Да они же всегда восставали против изменников, а коли случаем между изменниками попадались им на копья и невинные бояре и люди добрые, так это Божьим попущением!.. Человек слеп, батюшка! Ведь он часто и сам не ведает, что творит!.. Нет, господин честной: кто другой, а я стою в том, что и нынешняя надворная пехота христолюбивое войско. Говорят, будто бы иные из вас отступили от православия; да я этому и веры не даю—видит Бог не даю!.. И что мне до этого?.. На то есть пастыри духовные—а я что?.. Я человек торговый, не богослов какой...

—Неправда!—сказал громко проезжий в балахоне.—Ты точно богослов, да только не однослов.

Этот неожиданный, но справедливый упрек до того смутил купца, что он совершенно остолбенел и не мог вымолвить ни слова.

—Что? Прикусил язычок?—продолжал проезжий в балахоне.—Эх вы, торгаши московские! Душой-то кривить только умеете, двуличники этакие!.. Каждый из вас, как трость колеблемая ветром: куда он подул, туда и вы!.. Уж если что по-твоему, правда, так стой за правду. Что из-за угла кулаком грозиться!.. Коли заговорила в тебе совесть—так выходи!.. Послушают—хорошо! Потянут на плаху—ложись!

—Что ты, что ты, любезный!—проговорил купец, опомнясь от первого удивления.

—Что я?.. А вот что: ты называешь теперь стрельцов христолюбивым воинством, а давно ли ты их величал еретиками и нечестивыми крамольниками?

Купец побледнел и закричал испуганным голосом:

—Не верь ему, господин цветной: он лжет! видит "от-лжет!.. Ах ты, полоумный этакий!.. Да как у тебя язык повернулся сказать, что я говорил с тобой такие непригожие речи?

—Не со мной, а вот с этим холопом,—сказал проезжий, указывая на приказчика.

—Холоп!—повторил сквозь зубы приказчик.—Видишь, боярин какой!.. Холоп, да не твой!

—Ах ты клеветник этакий!—подхватил купец.—Да я с господином приказчиком говорил об этом шепотом, так как же ты мог слышать?

Левшин засмеялся.

—Полно, хозяин,—сказал он.—Ну, есть о чем спорить!.. Мало ли что за уголком говорится!.. В глаза-то меня только не обижай, а заочно хоть голову руби!

—Истинно так, господин честной!..—промолвил почтительно приказчик.—Заочно брань не брань, а на пересказы смотреть нечего. На всякое чиханье не наздравствуешься.

—А что, батюшка,—сказал рослый парень лет тридцати, подойдя к проезжему в балахоне,—не пора ли запрягать?

—Да, время—запрягай!

—Ты куда едешь, любезный?—спросил Левшин проезжего.

—На что тебе, молодец?.. Мы с тобой не попутчики.

—Так ты идешь в Мещовск?

—Хоть и не в Мещовск, а все мы не попутчики. Вишь, вы как своих-то коней упарили, я моих лошадок берегу.

—Вот что!.. Так тебе, видно, далеко еще ехать?

—Далеко или близко, не о том речь. Коней-то можно и на пяти верстах уморить.

—Ты здешний, что ль, или из другой какой стороны?

—Да мы покамест все здешние, вот как переедем на иное место...

—Я спрашиваю тебя, откуда ты родом?

—Откуда родом?.. Да, чай, мы оба с тобой родились на святой Руси.

—Да Русь-то велика, любезный!.. Вот я, например, я родом из Москвы, а ты откуда?

—Не знаю. Мне покойная матушка не сказывала, где я родился.

—Экий ты какой!.. Ну, где твой дом?

—Как построю, так буду знать, а теперь не ведаю.

—Не знаю, не ведаю!.. Что ж ты знаешь!

—Что знаю?.. Да, не прогневайся, побольше твоего.

—В самом деле?

—А вот изволишь видеть: ты не знаешь, откуда я родом, что за человек и куда еду; а я знаю, что ты родом из Москвы, служишь сотником в полку Василия Ивановича Бухвостова и едешь в село Толстошеино к боярину Максимовичу Куродавлеву.

—Большое диво, что ты знаешь то, о чем я сам говорил.

—В том-то и дело, молодец!.. Ведь тот, кто молчит, всегда знает больше того, кто болтает.

—Да не всякому быть таким медведем, как ты.

__ По Мне лучше быть медведем, чем сорокой.

Левшин вспыхнул.

—Эге, любезный!—сказал он.—Да ты уж никак начинаешь поругиваться!

Проезжий в балахоне не отвечал ни слова и принялся преспокойно укладывать в свою дорожную кису початый каравай хлеба, деревянную чашку, ложку и огромный складной нож, который, в случае нужды, мог служить оружием; потом встал и пошел на двор постоялого двора, где, под высоким навесом, работник его запрягал в телегу пару дюжих вороных коней.

—Ну, батюшка!—сказал купец, проводив глазами проезжего,—видишь ли теперь, что это какой-то шальной, грубиян этакий!.. Когда твоя милость изволит спрашивать, так люди и почище его отвечают, а этот балахонник—прости Господи!.. Сказал бы он мне, что я не знаю, кто он таков, я бы ему ответил.

—А что бы ты ему ответил?

—Я сказал бы ему, что он еретик проклятый!.. Вот что!

—Еретик!.. Почему ты это знаешь?

—А как же, батюшка? Да это как взглянешь, так видно. И есть с нами не хотел и речи такие богопротивные, а туда же, как чернец какой, четки перебирает—раскольник проклятый! Не старообрядец, батюшка, а раскольник,—продолжал купец, спохватясь.—Старообрядцы дело другое; их, чай, и в вашем полку довольно; они люди добрые и, почитай, такие же православные, как и мы; не жалуют только патриарха Никона да любят по старым книгам Богу молиться—вот и все!.. А эти отщепенцы хуже язычников: солидную церковь не признают, духовенство поносят...

—Истинная правда!—прервал приказчик.—Я ведь здешний, так понаслушался и понасмотрелся. Здесь, в Брынских лесах, этих раскольничьих скитов и не перечтешь. И все разные толки: беспоповщина, филипповщина, селезневщина, новожены, перекрещиванцы, щельники—кто их знает!.. Я знаю только, что все они чуждаются церкви Божьей, а есть и такие, что не приведи Господи!.. Вот мне рассказывали о запощеванцах и морслыциках—так видит Бог, батюшка, волосы дыбом становится!

—Ну, верно,—подхватил купец,—и этот не простой отщепенец; но злобный и яко лев рыкающий на православие еретик!

—А, может статься, и хуже,—промолвил вполголоса приказчик.—Видел ли ты, хозяин, какой у него ножище?

—А что ты думаешь?.. В самом деле!.. Глаза у него такие воровские, речь буйная, ну вот так и смотрит душегубцем!

—А разве здесь разбойники водятся?—спросил Левшин.

—Всяко бывает,—отвечал приказчик.—Ведь здесь леса дремучие, так волки-то не все на четырех ногах ходят. Прошлое лето у нас трех мужиков здесь ограбили. Везли оброк в Москву...

—Что ж, у них все деньги отняли?

—Нет, Бог помиловал! До боярских денег не добрались. Мужички-то себе на уме: сто рубликов запекли в хлеб, да столько же в хомут было зашито. С них только одежонку поснимали, да медными грошами рубля два отняли.

—Тебе бы, господин сотник,—сказал купец,—пообождать немного. Вот обозники скоро подымутся, они тебе по пути. Вас всего двое, а по таким лесам, чем едешь люднее, тем лучше.

—Спасибо, любезный! Доедем и без провожатых.

—Кто и говорит, почему не доехать, а все с народом-то веселее и отважнее. Право так, батюшка!.. Не ровен час,—ну, как, в самом деле, наткнешься на разбойников?

—Мы разбойников не боимся, хозяин,—сказал Фе-рапонт, водя в поводу отдохнувших коней.—У нас есть для них гостинцы: поднесем, так других не попросят!.. Сабли-то у нас годятся не одну капусту рубить!.. А вот еще товарищ,—продолжал он, указывая на свою пищаль.—Мал да удал! Как свинцовым орехом свистнет, да по лбу хлыстнет, так затылок-то у всякого зачешется!

—Ох, любезный, не хвались,—сказал приказчик.—В лесу не то, что в чистом поле: как из-за куста хватят тебя кистенем, так и ты, молодец, на коне не усидишь.

—Бог милостив!.. Мы по лесам-то и ночью езжали, да разбойников не встречали.

—Аи да Султан!—сказал Левшин, садясь на своего коня, который храпел от нетерпения и бороздил копытом лесчаную землю.—Вовсе не устал, словно с конюшни,—так и рвется.

—Да зато скорей и надорвется!—прошептал Фера-понт, отвязывая пищаль от седельной луки и вынимая ее из чехла.

—Ну, что ж ты, Ферапонт?—продолжал Левшин, обращаясь к своему служителю.—Садись проворней!

—Сейчас, батюшка Дмитрий Афанасьевич!—отвечал Ферапонт, надевая через плечо ремень, к которому пристегивалась пищаль.—Хоть нас до сей поры Господь миловал, и дневным-то разбоям я не больно верю, а все-таки лучше, коли оборона под руками. На Бога надейся, а сам не плошай!

—Эк тебя настращали!.. Да полно, садись!

—Вот и готов!—промолвил Ферапонт, вскочив на своего донца.

—Ну, прощайте, добрые люди!—сказал Левшин, приподымая свою шапку.

—Прощай, господин честной!—закричали в один голос купец и приказчик.—Благополучной дороги, счастливого пути!

Левшин, выехав па большую дорогу, дал волю своему коню. Он помчался сначала вскачь, потом рысью вниз по течению речки Брыни; а Ферапонт, приударив плетью своего поджарого донца, пустился вслед за своим господином. Через несколько минут наши путешественники, покинув берег речки, повернули направо и скрылись в глуши дремучего непроходимого бора.

XI

Дорога, по которой ехали наши путешественники, становилась час от часу хуже. Проехав верст шесть, они очутились опять на берегу речки Брыни, которая в этом месте прокладывала свое русло среди топких болот, покрытых ржавчиной, мхом и мелким кустарником. Узкая гать, по которой с трудом можно было проехать на телеге, вывела их опять на песчаную дорогу, изрытую корнями столетних деревьев. Эти великаны лесов русских, вечно зеленые сосны и ветвистые ели росли почти сплошной стеной по обеим сторонам дороги, или, лучше сказать, широкой тропы, которая превращалась иногда в настоящее лесное ущелье. Над головами путешественников тянулась светлая полоса небес, но по сторонам все было мрачно: вверху солнце сияло во всей красоте своей, а внизу начинались уже сумерки. Этот таинственный мрак, эта глушь и запустение подействовали даже и на весельчака Ферапонта; он перестал мурлыкать про себя песенку, только не задумался, как его господин, напротив, беспрестанно озирался, смотрел по сторонам, и пытливый взор его, стараясь проникнуть в глубину леса, встречал везде одно и то же: непроходимую дичь, мрак и горы валежника. Ферапонт был вовсе не трус, и в чистом поле не испугался бы никого, но тут он вспомнил невольно слова приказчика, который советовал ему не хвалиться. "Подлинно,— думал Ферапонт,—хвалиться-то нечего!.. Здесь и мальчишка убьет тебя из-за куста поленом. Эка дичь, подумаешь!.. Днем ничего не видно, а по дороге-то знать черти в горелки играют,—корни да рытвины!.. Да тут в сумерки беда!.. Ну, нечего сказать, пронеси Господи!.. Потише, батюшка Дмитрий Афанасьевич!—прибавил он вслух, видя, что Левшин продолжает ехать рысью.—Вишь, дорога-то какая—корень на корне!.. Как раз или себя или коня уходишь".

—Небось, Ферапонт,—отвечал Левшин,—мой Султан никогда не спотыкается. Он не успел этого вымолвить, как вдруг Султан со всего размаха упал на оба колена; ловкий всадник удержался на седле и, сильно потянув за повод, поднял своего коня.

—Ну вот, не говорил ли я тебе, Дмитрий Афанасьевич!—вскричал испуганным голосом Ферапонт. —Эй, батюшка, послушайся меня, поедем шажком!.. Мне сказывали на постоялом дворе, что этой трущобой нам ехать только до первого поворота, а там пойдет дорога лучше.

—Ну, хорошо, поедем шагом. И то сказать: спешить-то нечего, успеем приехать засветло.

—Как не приехать, лишь только бы помехи какой не было.

—Помехи?.. Какой помехи?

—А Господь знает!.. Коли правду говорили на постоялом дворе, так вот здесь, в этом-то самом захолустье и пошаливают. Вишь, глушь какая! По сторонам ни зги не видно... Э!.. Что это там!.. Постой-ка, батюшка, постой!.. Левшин остановился.

—Видишь, Дмитрий Афанасьевич?—шепнул Ферапонт.-^ Вон там впереди... налево... что за человек такой в белом балахоне?

—Человек!.. Где?

—Да вон там за кустом... подле самой дороги. Левшин засмеялся.

—Ну,—сказал он,—правду говорят, что у страха глаза велики!.. Да это березовый пень.

—Неужели!.. Ах он проклятый!.. В самом деле пенек!

—Разбойников-то я не боюсь,—прервал Левшин, продолжая ехать вперед,—лишь только бы нам не заплутаться... Да ты хорошо ли расспросил о дороге?

—Как же... Нам все надо держаться правой руки, пока не доедем до большой поляны, а там повернуть налево мимо пожарища...

—Какого пожарища?

—Да вот хозяин постоялого Двора мне сказывал, что на этой поляне, в большом скиту, жили еще прошлого года раскольники, и жили, говорят, смирно. Да пришел к ним какой-то старец Пафнутий, из Сибири—и учал их уговаривать: "Примите, дескать, православные, ради царствия небесного, венец мученический: окреститесь, братия, крещеньем огненным!" Они сдуру-то ему и поверили: заперлись кругом, подожгли свой скит, да вместе с ним и сгорели. Говорят, будто бы теперь на этом пожарище не раз слыхали по ночам проезжие, как стонут и воют души погоревших еретиков.

—А этот злодей, что их подучил, сгорел также с ними?

—Нет, он себе на уме!.. "Мне, дескать, братия, нельзя быть вместе с вами вольным мучеником: мне надо и другим проповедовать". Хозяин постоялого двора сказывал мне, что он и теперь еще спасается где-то здесь в лесу, на сосне.

—На сосне!

—Да, батюшка!.. Живет на ней, ни дать ни взять, как соловей-разбойник.

—А почем знать, может быть, он и в самом деле разбойничает?

84

–Видно, что нет, а то боярин Куродавлев давно бы спустил его с этой сосны, да только на веревке.

–А разве этому Куродавлеву указано разбойников ловить?

–Нет, Дмитрий Афанасьевич, он так–ради своей потехи ловит воров. Савельич рассказывал мне, что этот Куродавлев такая гроза на всех здешних разбойников, что и сказать нельзя! Дворня у него большая, народ все удалой. Как пройдет слух, что начали часто проезжих грабить, так он мигом, холопов своих на ноги, сам на коня и уж тут ему не попадайся!.. У него с разбойниками расправа короткая: попался живой–петля на шею да на первую сосну! А там мотайся себе, пока добрые люди снимут. Савельич мне рассказывал, что он этак однажды настиг в пустом ските целую шайку разбойников, человек до пятнадцати, отбил у них двух проезжих купцов, которых они захватили на большой дороге, а их всех до единого, кого из пищалей перебил, кого перевешал.

–Неужели всех?

–А что ж, батюшка... Иль по головке разбойников-то гладить?.. Ведь не даром пословица: "вора помиловать, доброго загубить".

–Да ведь и разбойник такой же человек.

–Кто и говорит! Вестимо, такой же. А те, которых он станет резать, коли я его как ни есть из рук выпущу, не люди, что ль?.. Нет, Дмитрий Афанасьевич, уличенного разбойника может помиловать Господь, а людям не сл "д его миловать.

–Что это, Ферапонт,–прервал Левшин,–смотри, как стало вдруг темнеть или тучки набежали?

–Какие тучки!–проговорил Ферапонт, взглянув кверху.–Эва, как заволокло!..

–Фу, батюшки, как душно!–прошептал Левшин, снимая шапку.

–Да, больно парит,–сказал Ферапонт.–Видно, перед грозою.

И подлинно, влажный, удушливый воздух стеснял дыхание; черные облака, медленно продвигаясь от запада, ложились густыми слоями на светлые небеса и устилали своей грозной тенью поля, дремучий бор, холмы и равнины. Ясный день начинал понемногу превращаться в сумрачный вечер. Мелкие пташечки перестали перепархивать с ветки на ветку, замолкли, приютились–и только одни стаи ворон и крикливых грачей кружились заботливо под облаками, да кой-где плавал над вершинами деревьев хищный коршун. Но вот и они рассыпались врозь–и эта зловещая, мертвая тишина распространилась по всему лесу.

Ну, барин,–сказал Ферапонт,–будет гроза!..

4v!.. Вот уж и гром стал постукивать!.. Ох, худо дело!.. Беда, коли нас захватит здесь эта непогодица!..

–Что ж делать: от грозы не уедешь.

–Вестимо, Дмитрий Афанасьевич, да не о том речь: нам бы только выбраться из этого захолустья. Мы и теперь дорогу-то здесь плохо видим, а как вовсе стемнеет, так придется ехать ощупью...

–Так поедем скорее.

–Куда скорее!.. Видишь, дорога-то–прах ее возьми!–хуже тропинки становится... Смотри, смотри, Дмитрий Афанасьевич... колода!.. Ах, ты Господи! вот трущоба-то проклятая!

Наши путешественники проехали еще кой-как версты две, наконец Левшин остановился и сказал:

–Посмотри, Ферапонт, тут и езды вовсе нет,–болото!..

–Постой-ка на минутку!–прервал Ферапонт, объезжая своего господина.–Ну, так и есть–трясина!

–Что ж это? Видно, мы заплутались?

–Видно, что так!.. А вот и гроза!–промолвил Ферапонт, снимая шапку и крестясь.

Раздался близкий удар грома, и крупные капли дождя зашумели по листьям деревьев, вершины которых начали уже сильно колебаться.

–Что ж мы будем теперь делать?–спросил Левшин.

–Да что, батюшка,–отвечал Ферапонт,–делать нечего: чем ехать Бог весть куда, лучше переждать на одном месте; а как прояснится, так вернемся назад, да поищем поворота–видно, мы его миновали.

–Переждать!.. Да этак нам, пожалуй, и ночевать здесь придется.

–Нет, Дмитрий Афанасьевич, большие грозы скоро проходят; а гроза-то, кажись, не на шутку!.. Господи помилуй!.. Фу, батюшки, так и палит!.. Ну молонья!..

Левшин и Ферапонт едва успели сойти с коней и стать под защиту огромной сосны, как вдруг завыл и промчался по лесу ужасный вихрь: все небеса вспыхнули; удары грома не следовали друг за другом, но слились в один беспрерывный гул, заглушаемый по временам тем отрывистым, пронзительным треском, который производит молния, падая в близком от нас расстоянии. Кого сильная громовая буря не заставала в дремучем лесу, тот не может представить себе, до какой степени великолепна и ужасна эта картина. В лесу молния не разливается свободно по небесам; вы ее не видите: она прокрадывается меж листьев и как будто бы осыпает искрами деревья, змеится по их ветвям и стелется огненной рекой по земле. Бурный вихрь, встречая на каждом шагу сопротивление, крутит в воздухе сухой валежник, рвет с корня столетние деревья и рядами кладет молодой лес. Эти тропические бури бывают у нас очень редко, но зато и кажутся для нас ужаснее. Ферапонт долго крепился, творил про себя молитву и молчал, но когда сильным порывом ветра погнуло сосну, под которой он стоял вместе со своим господином, и на них посыпались изломанные сучья–вся твердость его исчезла.

–Господи помилуй нас грешных!–вскричал он.–Ну! Видно, пришел наш последний час!

–И, полно, Ферапонт!–сказал Левшин.–Иль тебя гроза никогда в лесу не заставала?

–Да это какая гроза, Дмитрий Афанасьевич!.. Светопреставленье!.. Видал я грозы, а уж этакой... Господи помилуй! Господи помилуй!..

Ослепительная молния облила ярким светом все окружные предметы, в одно время с нею раздался страшный удар грома, и шагах в двадцати от путешественников высокая ель с треском повалилась на землю.

–Жив ли ты, батюшка?–спросил Ферапонт дрожащим голосом.

Левшин молчал.

–Ах, Господи!.. Да что ж ты не говоришь?..

–Ничего,–промолвил Левшин.–Меня немного оглушило.

–Как не оглушить!.. Посмотри-ка, батюшка, и кони-то наши дрожкой дрожат.

–Ну, если мы остались живы,–сказал, помолчав несколько времени, Левшин,–так, видно, Господь нас помилует. Вот уже становится и потише.

В самом деле, удары грома стали реже и слабее; ветер стих, и дождь, который в минуту самых сильных ударов, перестал было идти, полился рекою. Но этот отдых недолго продолжался: черные тучи, одна другой страшнее, нахлынули снова от полудня, слились вместе, налегли на лес, и вторая гроза, едва ли не сильнее первой, разразилась над головами наших путешественников. Несмотря на то, что они стояли под защитою густой сосны, дождь пробил их до костей. Вот наконец буря затихла, все громовые тучи прошли, но, покрытые сплошными облаками, небеса не очищались, и хотя в лесу стало немного посветлее прежнего, однако ж все еще было так темно, что едва можно было различать предметы.

–Ну,–сказал Левшин, садясь на коня,–теперь мешкать нечего: дело идет к вечеру. Поедем отыскивать поворот.

Ферапонт не отвечал ни слова и, казалось, прислушивался к чему-то с большим вниманием.

–Полно зевать по сторонам!–продолжал Левшин.–Садись!

Ферапонт не двигался с места.

–Да что ж ты, оглох, что ль?–вскричал с нетерпением Левшин.

–Нет, батюшка, слава Богу, слышу!–прошептал Ферапонт.–Чу!.. Так и есть–человеческие голоса!.. Вот и собака залаяла!.. Тут должно было близко жилье.

–Какое нам до этого дело.

–Как, Дмитрий Афанасьевич, какое?.. Ведь уж солнышко-то на закате; чай, скоро смеркаться станет.

–Ну, то-то и есть!.. Мешкать нечего.

–Да неужели ты, батюшка, думаешь, что мы сегодня доедем? Пока мы станем отыскивать поворот, пока что, ан глядишь—ночь-то нас и захватит. Ведь нам вплоть до самой вотчины боярина Куродавлева надобно ехать лесом, так мы опять собъемся с дороги, да еще, пожалуй, заедем в какой-нибудь овраг или трясину, так не лучше ли нам поискать ночлега?

—Да где ты его сыщешь?..

—А вот налево-то... Слышишь, опять залаяла собака?

—: Слышу: да тут должен быть какой-нибудь раскольничий скит.

—Так что ж? Ведь раскольники-то не звери какие. в этакую непогодицу и татарин не откажет дорожному человеку в приюте. Есть мы у них не попросим: у меня еще в кисе найдется чем закусить, а коням-то нашим неужели они сенца не дадут!.. Вот опять ветром стало наносить... Ну, точно человеческие голоса!

И, кажется, очень близко,—сказал Левшин.—Да только проедем ли мы целиком: видишь, лес-то какой частый?

—А вот постой, Дмитрий Афанасьевич, никак, тропинка, по которой мы ехали... Ну, да! вот она! заворачивает налево... Я, батюшка, поеду передом,—продолжал Ферапонт, садясь на лошадь,—а ты ступай позади: гуськом-то лучше проедем.

Наши путешественники пустились по этой, едва заметной, тропинке; она огибала болото, в которое чуть было не попал Левшин. Чем далее они ехали, тем яснее становились и лай собаки, и человеческие голоса.

—Что это они,—прошептал про себя Ферапонт,—песни, что ль, поют или перекликаются меж собою?..

Меж тем деревья стали редеть, и через несколько минут путешественники выехали на поляну. Теперь они ясно могли различить, что человеческие голоса доносились до них из небольшого здания, которое, без всякой усадьбы и двора, стояло посреди поляны. Но эти голоса вовсе не походили на песни. Удушливые рыдания, болезненный стон и по временам вопли, исполненные отчаяния и выражающие адскую муку, раздавались в этом уединенном жилье.

—Что это, батюшка?—вскричал Ферапонт, осадив свою лошадь.—С нами крестная сила!.. Да это никак пожарище?..

—О котором ты мне рассказывал?

—Да, Дмитрий Афанасьевич, это не люди, а души погоревших еретиков.

—И, полно, Ферапонт, какие души!

—Да ты вслушайся, батюшка!.. Ну, станут ли живые люди так выть?.. Чу!.. Слышишь?

—Нет, нет!—сказал Левшин.—Этот стон, эти вопли... О, это верно какие-нибудь несчастные, которых захватили разбойники!

—А что ты думаешь?—прервал Ферапонт, ободрясь.—Может статься, что и живые люди. Ведь разбойники-то иногда огоньком выпытывают, куда у проезжих деньги припрятаны.

–Так чего же мы дожидаемся?–вскричал Левшин.

–Постой, постой, батюшка!.. Нас только двое, а их, может быть...

–Что за дело!.. Иль ты не слышишь, как кричат эти несчастные?..

–Слышу, Дмитрий Афанасьевич, да все лучше...

–Что?.. Уж не мимо ли проехать?.. Эх, Ферапонт! Да разве мы не христиане?

–Ну, если так–так так!.. С Богом, батюшка, была не была!

Левшин выхватил свою саблю и шибкой рысью пустился прямо к жилью.

XII

Здание, к которому ехал Левшин со своим слугой, отличалось от обыкновенных бревенчатых сараев только тем, что у него по стенам сделаны были небольшие отдушины, а вместо ворот прорублена узкая дверь. Огромная дворовая собака, завидев наших путешественников, кинулась на них с громким лаем, и в то же время из шалаша, построенного подле самых дверей сарая, вышел человек высокого роста, с черной бородой, смуглый, как цыган, и необычайно безобразный собой; он держал в руке дубину, а за поясом у него висели четки.

–Ты что за человек такой?–спросил Левшин, подъехав к шалашу.

–А вы кто такие?–промолвил чернобородый, взглянув недоверчиво на наших путешественников.

–Мы проезжие.

–Так что ж вы здесь шатаетесь? Ступайте на большую дорогу.

–Кто у вас заперт в этом сарае?

–Не твое дело. Ступай, куда едешь!

–Ах, ты разбойник этакий!–вскричал Ферапонт.–Отвечай, когда тебя спрашивают!

–Разве ты разбойник,–прервал чернобородый,–а мы православные христиане. Говорят вам: ступайте вашей дорогой. Не мешайте Божьему делу.

В эту минуту снова послышались в сарае отчаянные вопли, плач, рыдание и раздались голоса: "Батюшки, спасите!.. Умираем голодной смертью... Хлеба, Бога ради, хлеба!.. Батюшки, умилосердитесь!.. Дайте хлебнуть водицы!.. Смерть моя!.. Умираю!"

Не дастся вам!—отвечал грубый голос из шалаша Не дастся—да не лишитеся светлых венцов мученических!

Возможно ли!—вскричал с ужасом Левшин.—Злодеи! За что вы их морите голодом?

Сами захотели,—отвечал чернобородый. Как сами!

—Ну, да!.. Ведь здесь сидят в затворе благочестивые запощеванцы, сиречь вольные мученики.

—Вольные!.. Да разве ты не слышишь, что они кричат?..

—Так что ж?.. Покричат, покричат да перестанут.

—Отыдите, нечестивые!—воскликнул громким голосом, выходя из шалаша, худощавый старик с растрепанными волосами, взъерошенной бородой и сверкающими, полоумными глазами.—Не дерзайте нарушать святыни!.. Грядите, убо, грядите!.. Да не како постигнет вас десница Господня! А вы, православные!—продолжал он, обращаясь к дверям сарая,—потерпите ради царствия небесного!.. Свершайте, братие, непреткновенно ваше поприще...

—Нет!—завопили в один голос все заключенные.—Не желаем!.. Отрекаемся!.. Спасите нас, добрые люди, спасите!

—Душегубцы проклятые!—вскричал Левшин.—Коли вы сей же час не выпустите этих затворников...

—Так что ж?—прервал чернобородый, подбирая к рукам свою дубину.

—А вот что!..—сказал Ферапонт, выхватив саблю.—Слушай ты, черномазое путало: или отворяй дверь, или я раскрою тебя надвое!

Чернобородый отскочил, поднял дубину, но, вероятно, рассудив, что бой будет неравный, опустил ее опять и сказал:

—Ну, коли заколочены.

—Ферапонт!—вскричал Левшин,—выломай их! Ферапонт соскочил с коня.

—Не дерзайте!—завопил неистовым голосом старик.—Господь укрепит мышцы мои, не попущу вам, окаянным святотатцам, губить души христианские!

—Да ты, дедушка, не ругайся!—сказал Ферапонт, подходя к старику, который заслонил собой дверь.—Ну, ты сам в толк возьми: доброе ли дело морить живых людей голодной смертью? И Господь этого не велел, и царь не указал. Пусти-ка, пусти!..

—Смерть вкушу на сем праге,—продолжал кричать старик,—предам душу Господу, но, доколе жив, не дам вам посрамить хвалу нашу, срацыне проклятые!

—Эх, полно, дедушка, не дури!—молвил Ферапонт, отталкивая старика.—Пусти, говорят тебе—зашибу!

Старик замолчал, но глаза его налились кровью, он заскрипел зубами, кинулся на своего противника, и его сухие, костистые пальцы, как когти дикого зверя, впились в грудь Ферапонта.

—Ах ты, старый хрыч!—шепнул Ферапонт, потеряв все уважение к седой бороде и постному лицу старика.—Так ты еще драться!..

Он схватил его могучей рукою за кушак, поднял, как двухлетнего ребенка, и отбросил шагов на десять. Чернобородый подбежал к старику и, пособляя ему встать, проговорил что-то шепотом.

—Да, чадо Федосей!—сказал старик,—грядем к братии, возвестим о презорстве сих нечестивцев!.. А вы, окаянные отступники православия, вяще поганых агарян, сыны погибели—да будете вы прокляты отныне и до века!

—Бранись, бранись, старый хрыч,—промолвил Ферапонт, глядя вслед уходящим старику и его товарищу.—Собака лает, ветер носит!.. Экий назойливый старикашка, подумаешь!—продолжал он, принимаясь выламывать дверь.—Кажись, такой испитой, в чем душа держится, а туда ж на драку лезет!

Несмотря на свою богатырскую мощь, Ферапонт не скоро выломал крепко заколоченную дверь; но вот наконец она соскочила с петель. Четверо мужчин и две женщины, одна старая, а другая молодая, давя друг друга, кинулись с такою поспешностию вон из сарая, что чуть было не сбили с ног Ферапонта. Страшно было взглянуть на эти человеческие остовы: их бледные, искаженные страданием лица, их помутившиеся, полоумные глаза были ужасны! "Хлеба, Бога ради, хлеба!"—кричали они, толпясь около Ферапонта. Молодая женщина, которая, по-видимому, казалась покрепче других, уцепилась за него и простонала едва слышным голосом:

—Воды—ради Христа, воды:

—Ах, сердечная!—сказал Ферапонт,—хлебца-то я вам найду, да воды-то где мне взять?

—Вот здесь близехонько есть ключ,—проговорил один из затворников,—кабы было чем зачерпнуть...

—Ключ?.. Где?

—Вон за кустами, в овражке.

—Побудь-ка, батюшка, с ними,—сказал Ферапонт,—я сбегаю да принесу в шапке водицы, а ты вынь из кисы початый хлеб; да смотри, Дмитрий Афанасьевич, не давай помногу—не годится!.. Коли они денька два ничего не ели...

—Нет,—прошептал один из затворников,—вот уж третьи сутки...

—Эвона!—прервал Ферапонт,—шутка вымолвить: третьи сутки без еды!.. Вот, дай им теперь хлеба вволю, так они все перемрут. Я помню, дядя мой Терентий попал однажды в волчью яму и не евши просидел в ней трое суток...

—Да провались ты со своим Терентием!—вскричал Левшин.—Видишь, они чуть живы!

Ферапонт побежал за водой, а Левшин слез с коня, привязал его к дереву и велел этим вольным мученикам сесть в кружок. Когда он вынул из кисы хлеб, они не усидели на своих местах и с радостным воплем кинулись, исключая молодой женщины, навстречу к Ле-вшину.

—Тише, братцы, тише!—сказал он, стараясь удержать хлеб, который они вырывали у него из рук.—Садитесь опять в кружок—всем достанется. Да садись же!..—повторил он строгим голосом.—А не то я вам ничего не дам!

Эта угроза подействовала: затворники уселись по-прежнему на землю, и Левшин, отламывая небольшие куски от хлеба, стал их оделять по очереди. Когда он подошел к молодой женщине, которая томилась жаждой, то она промолвила:

—Батюшка, и есть-то не могу!.. Дай мне пить... Ох, тошно!., смерть моя!

—Потерпи, любезная, потерпи!—сказал Левшин.—Ну вот, мой слуга и несет вам водицы!

Женщина вскочила и, несмотря на свою слабость, бросилась бегом навстречу к Ферапонту.

—На-ка, лебедка!—сказал он, подавая ей свою войлочную шапку.—Выкушай!.. Да тише, тише!.. Будет покамест.

—Батюшка, дай еще!

—Нет, голубка, погоди!.. Надо и другим горло промочить.

—Еще немножечко!..

—Да напьешься досыта, не торопись... Поешь теперь хлебца, а там, пожалуй, я тебе еще воды почерпну.

—Когда все эти несчастные затворники съели или, лучше сказать, проглотили по куску хлеба, то принялись снова таким жалобным и убедительным голосом просить пищи, что Левшин начал опять было их оделять, но Ферапонт остановил его.

—Что ты, батюшка!—сказал он.—Не слушай их!.. Дай прежде им водицы выпить. Ведь сухой хлеб на тощий живот—беда!.. Вот этак-то покойный мой дядя Терентий навалился с голодухи на хлеб, да в тот же самый день и помер.

—Так давай им скорее пить!

—Сейчас, батюшка, сейчас!.. А там можно еще по кусочку хлеба, да не худо будет и винца хлебнуть.

Пока Ферапонт поил их водою, а потом стал опять оделять хлебом и давать из своей дорожной фляги по глотку вина, Левшин рассматривал со вниманием молодую женщину, которая, выпив еще воды и съев кусок хлеба, совершенно успокоилась. Хоть лицо ее, вероятно, очень изменилось от продолжительного страдания, однако, несмотря на это, оно казалось ему знакомым. Он не мог только никак припомнить, где и когда

92

видел эту женщину. Меж тем товарищи ее, поутолив несколько свой голод, встали, и один из них, высокий старик лет шестидесяти, сказал: "Дай Бог тебе, господин честной, много лет здравствовать! Кабы не ты, умирать бы нам голодной смертью. Да воздаст Господь этому окаянному старцу!.. Прельстил нас, проклятый, прельстил!. Бра-тие!–продолжал он, обращаясь к другим затворникам,–кто из вас желает приступить к адамантовскому согласию, тот иди со мной в скит поморского старца Григория: он примет всех нас с любовью; а к этим филипповцам я ни за что теперь не пойду".

–И мы также!–закричали в один голос его товарищи.

–А ты пойдешь с нами?–продолжал старик, обращаясь к молодой женщине.

–Нет!–отвечала она.–Я как-нибудь добреду до нашего скита. Авось отец Андрей меня помилует. Не послушалась я его, окаянная!

–Ну, как хочешь. Пойдемте, братцы! До Григорьева скита версты три будет, а вот уж вечерняя заря тухнет. Как-то мы доплетемся?.. Прощай, Дарья!

–Дарья!–повторил Левшин.–Неужели это?.. О, нет, нет! быть не может!..

–Да!–шептала молодая женщина, глядя вслед своим прежним товарищам, которые, шатаясь, как пьяные, шли врассыпную по полю.–Да, пойду я к вашему старцу Григорию!.. Эка невидаль!.. Он у моего хозяина в Выгорецком скиту был пастухом... Старец Григорий!.. Больно скоро в старцы-то попал!

–Послушай-ка, голубка,–сказал Ферапонт,–ты хочешь идти в свой скит, а далеко ли это?

–Версты четыре будет.

–Да ведь в лесу-то теперь хоть глаз выколи. Как зке ты пойдешь одна?

–Что ж делать: пришлось идти одной, коли товарищей нет.

–Хочешь ли, мы тебя проводим?

–Как, батюшка, не хотеть.

–А ты, красавица, за эту службу и нас куда-нибудь приюти.

–Да вы кто такие?

–Дорожные люди.

–Ох, кормилец! хозяин-то наш такой строгий!.. Ну, да если он вас в скит не пустит, так вы в сторожке переночуете, а вашим лошадям я уж как-нибудь сенца-то вынесу.

–И на том спасибо!.. Вставай же, лебедка, пора. Хочешь–садись на мою лошадь, а я пешком пойду.

–Нет, батюшка, куда мне!.. Я сродясь на лошадях не езжала, а дайте-ка мне поотдохнуть немного, да еще водицы выпить, так я как-нибудь и пешком дотащусь.

–Ну, хорошо!.. Я схожу за водой, а ты... на-ка тебе, поешь еще хлебца.

–Послушай, любезная,–сказал Левшин, оставшись один с молодою женщиною,–мне все кажется, что я где-то тебя видел.

–Не знаю, молодец.

–И голос твой мне знаком... Да не была ли ты недавно в Москве?

–Как же, батюшка!.. Всего три недели, как оттуда. Я была там с моим хозяином и его дочкой.

–А вы жили в Зарядье, на Мещовском подворье?

–Да, на Мещовском подворье. А почему ты это знаешь?.. Постой-ка, постой!.. Ах, батюшки-светы!.. Да ты никак тот самый молодец, которого чуть было не убили стрельцы?.. Вот диво-то! Как это тебя Господь сюда занес?

–Еду в село Толстошеино,–недалеко отсюда. А ты как, Дарья, попала в затворницы?

–Ох, батюшка, не говори!.. Истинно Божеское попущенье!.. Вот изволишь видеть... так и быть! все тебе скажу, как на духу... Я прошлого года гадала па святках и видела во сне нашего батрака Архипку, а Архипка-то уж был женат; вот я и смекала: видно, он женится на мне, когда овдовеет. Как поехали мы в Москву, жена его захворала, а как воротились назад, так уже ее давным-давно и на погост снесли. Ну,– думаю я,–правду говорят: суженого конем не объедешь. Делать нечего: видно, мне на роду написано быть за вдовцом. Вот я Архипке-то и говорю: "Архипушка! ведь я видела тебя на святках: ты мой суженый". А он рыжий,–чтоб ему ни диа ни покрышки... озорник этакий!–и ну надо мной смеяться. "Видно, дескать, я тебе, Дарья, суженый, да не ряженый; ищи себе другого жениха, а я уже помолвлен на Дуняшке". Так меня, кормилец, словно ножом и зарезал! На Дуняшке... И добро бы человек, а то ведь так... девка-чернавка–взглянуть не на что... Зло такое меня взяло, что и сказать нельзя!.. Опротивел мне этот рыжий-- видеть его не могу!.. А как живешь вместе, так поневоле видишь. Потерпела я денек, друцой–нет! тоска меня вовсе одолела. Вот я и говорю хозяину: "Хочу, дескать, батюшка, идти в филипповщинское согласие затем, дескать, что у них строже,–скорей спасешься". А у самой, грешницы, не то на уме: как бы только уйти подальше от Архипки, да не видеть эту паскудную Дуняшку. Вот Андрей Яковлевич начал меня уговаривать: "Эй, Дарья, не ходи к филипповцам! У них наставником старец Пафнутий, а он вовсе полоумный: научит он тебя таким делам, что ты и животу не будешь рада". И дочка-то его со слезами упрашивала меня не ходить к филипповцам... Так нет!–никого не послушалась–пошла!.. Что ж, батюшка? не прошло недели, как я вовсе обезумела; только и слышу, что у них какой-то великий угодник, ради царствия небесного, велел похоронить себя живого; такая-то угодница сожглась в печи, такая-то запостилась. И в молитвах-то их поминают и чинят им поклонения. Стали мне рассказывать, чт. о будто бы видали их в светлых одеждах, в златых венцах... а я сдуру слушаю да верю. Вот пришел в скит старец Пафнутий. Он, батюшка, сам в скиту не живет, а, говорят, спасается где-то на сосне.

–Да не он ли караулил вас в этом шалаше?–спросил Левшин.

–Он, батюшка, он!.. Вот этот разбойник подговорил человек пять идти в запощеванцы, да начал и меня уговаривать: "Ты, дескать, сестра Дарья, не бойся; коли Богу будет угодно, так ты и сорок дней не евши проживешь, и останешься жива; а коли умрешь, так смерть твоя будет честна пред Господом, и ты причтешься к лику святых мучеников. Да с вами же и насилия никакого не будет. Кто снесет, тот неси, а кому придется невмоготу, так пусть себе отречется; а коли не пожелает променять временную жизнь на вечное блаженство-- так его воля". Что будешь делать, прельстил и меня лукавый старец... Вот, батюшка, как нас заперли в эту запощевальню, первые-то сутки мы смирно просидели, и другие кой-как промаялись, но уж зато на третьи... Господи, Боже мой!.. Ну, мука!.. Я первая закричала, что отрекаюсь–ответу нет. Закричали и другие. Слышим Пафнутий с кем-то пошептался, да и говорит нам: "Нет, братие! коли вы сами не радеете о душах ваших, так мы за вас порадеем. Нет вам отсюда выхода!.. Мужайтесь, братие, и когда Господь сподобит вас стяжать венцы мученические, так помолитесь и о нас грешных". Вот тут-то, батюшка, поднялся вопль и плач!.. Когда мы увидели, как прельстил и обманул нас этот душегубец, все мы стали, словно бешеные: кричим, воем, рвем на себе платье, кусаем руки, а он, злодей, только что и твердит: "Потерпите, братие, потерпите! Мзда ваша велика на небеси!" Я еще, батюшка, не очень отощала: у меня в кармане была просвирка; ее принесла мне из Киева одна странница, когда я жила еще у прежнего хозяина. На второй день я потихоньку ее съела; но уж зато пить мне так хотелось, что я дала бы себе отрезать любой палец за одну каплю воды... Ах! батюшка, как подумаешь: что бы с нами было, если б Господь не привел вас сюда!.. Подлинно правду говорят: голодная смерть–хуже всякой смерти.

–Так ты, Дарья, надеешься,–сказал Левшин,–что прежний хозяин примет тебя опять к себе в дом?

–Примет, батюшка, он человек добрый. Повалюсь ему в ноги, скажу: виновата, кормилец, согрешила!.. Да и дочка-то за меня заступится.

–А кто такой твой хозяин?

–Отец Андрей.

–Отец Андрей!.. Да разве у него нет никакого прозвания?

–Да как бы тебе сказать: в глаза его зовут отцом Андреем, а за глаза Андреем Поморянином.

–Да кто он такой? Дворянин, что ль, купец или из духовного звания?

—И этого не ведаю, батюшка; а знаю только, что в здешней стороне он у всех в большом почете, даже старец Пафнутий и тот его побаивается.

—Ну, что,—промолвил робко Левшин,—дочь его, Софья Андреевна, здорова?

—А ты имячко-то ее знаешь?.. Вот что!.. Здорова, батюшка, здорова... только все что-то кручинится да тоскует.

—Тоскует!—повторил вполголоса Левшин.

—Да, батюшка, говорит, что по Москве... Вишь, больно ей приглянулась. А я так думаю, что теперь и в Москве-то она стала бы тосковать.

—Отчего же?

—Отчего!.. Ну, уж это, молодец, сам смекай.

—На-ка, красавица, вот тебе и еще водицы,—сказал Ферапонт, подходя к Дарье и подавая ей свою шапку с водой.—Пей себе на здоровье!.. Да только поскорее в путь. Благо теперь облака-то поразошлись, все-таки кой-что видно будет, а неравно опять набегут тучи, так и ты, голубушка, заплутаешься.

Молодая женщина встала, а Левшин и Ферапонт пошли отвязывать своих коней. В эту самую минуту из-за угла сарая высунулась безобразная рожа чернобородого раскольника.

—Вот они!—заревел он, оборотясь назад, и человек пятнадцать вооруженных дубинами мужиков высыпало на поляну.

—Хватайте их, братие!.. Бейте этих проклятых святотатцев!—кричал чернобородый, бросаясь с поднятой дубиною на Левшина. Отскочив быстро в сторону, Левшин выхватил свою саблю, она свиснула, и чернобородый, как сноп, повалился на землю. Но Левшин не успел повторить удара: его сбили с ног, скрутили назад руки и потащили в лес. Разумеется, Ферапонт, который был шагах в двадцати от своего господина, кинулся к нему на помощь; к несчастью, он наткнулся на пенек и упал. Когда он приподнялся, человек пять раскольников, не дав ему оправиться, кинулись на него гурьбою, вырвали из рук саблю и ухватились за него со всех сторон. Но Ферапонт устоял на ногах. Он круто повернулся кругом, тряхнул своими богатырскими плечами, высвободил руки и пошел работать направо и налево: сломал, как медведь, двух противников, сшиб с ног ударом кулака третьего, подмял под себя четвертого, но пятый, отскочив назад, ударил его дубиною так сильно по голове, что у него, как после сам он рассказывал, искры из глаз посыпались, и в ушах загудело, как будто бы ударили в Мшенский колокол. Он пошатнулся, ступил несколько шагов вперед и упал без чувств на землю.

—Что? улегся, проклятый еретик!—сказал один из раскольников, помогая приподняться двум товарищам, которые более других поизмяты были в руках Ферапонта.–Ну, здоров, разбойник!., кулак, словно свинчатка!.. Как он хлыспул меня, так я думал, что голова с плеч слетит!

–Что ж вы, братцы?–сказал, подходя к ним, другой раскольник.–Мы того молодца уж спровадили, тащите и этого.

–Зачем?–молвил широкоплечий детина, тот самый, который ударил Ферапонта дубиною.

–Как зачем?.. Их надо обоих допросить. Отец Пафнутий говорит, что они подосланы от калужского архиерея.

–Не знаю, как тот, а этот уж вам ничего не ответит.

–Ой ли?

–Да уж небойсь!.. Кого я съезжу по маковке дубиной, тот не встанет.

–Так прибрать бы его к сторонке.

–И без нас приберут: волков-то здесь довольно. Ну, что кряхтите, ребята?–продолжал широкоплечий детина, обращаясь к своим товарищам.–Или ребер не досчитываетесь?.. Экий леший, проклятый, как он их исковеркал!.. Ну, пойдемте, братцы!

Через несколько минут на поляне не осталось никого. Изредка раздавались вдали голоса уходящих раскольников, и раза два лесной отголосок повторил имя Ферапонта; но верный слуга не слышал призывного голоса своего господина. Когда затихли и эти отдаленные голоса, послышался в кустах легкий шорох, и Дарья, робко озираясь кругом, вышла на поляну.

–Вот кто-то лежит!..–прошептала она, подходя к Ферапонту.–Ах, Господи!.. Неужели они убили... Нет! Я видела, его утащили в лес... Видно, это слуга... Ну, так и есть!.. Сердечный!–прошептала она, наклонясь над–Ферапонтом.–По милости твоей и твоего барина я жива, а ты... Да он никак дышит... Видит Бог, дышит!–вскричала с радостью Дарья.–Кабы только вспрыснуть его водицею... А! да вот и шапка!

Дарья схватила войлочную шапку Ферапонта, подняла мимоходом саблю, которая, шагах в десятъ от него, лежала на земле, почерпнула в роднике воды и, воз-вратясь назад, начала обливать ею голову и лицо Ферапонта. С полминуты он оставался в прежнем положении; но вот наконец вздохнул и пошевелился.

–Ну, слава тебе Господи, очнулся!–сказала Дарья.

–Фу, как шумит в голове!–прошептал Ферапонт.–Что это со мною было?

–Ничего. Тебя немного позашибли.

–Да где я?

–В лесу, на поляне... Чу! Слышишь, как воют волки?.. Ух, страшно!.. Вставай, молодец!

Ферапонт приподнялся до половины и начал ощупывать голову.

–Кажись, цела,–промолвил он.–Фу-ты, батюшки, как меня ошеломили!

97

—Вот твой тесак!—сказала Дарья.—Вставай, молодец, мешкать нечего.

—Да кто ты?—спросил Ферапонт.

—Я Дарья... ну, вот та затворница, которую ты поил водой. Я все сидела за кустом и видела, как с вами дрались филипповцы.

—С нами?

—Ну, да!.. С тобой и с твоим барином.

—С барином?—повторил Ферапонт и, как будто бы пробудясь от сна, быстро вскочил на ноги, схватил саблю и закричал:—А где ж мой барин? Дмитрий Афанасьевич!.. Дмитрий Афанасьевич!

—Да не кричи!—прервала Дарья.—Его здесь нет; его увезли с собой филипповцы.

—Господи!—завопил отчаянным голосом Ферапонт.—Убьют они его, злодеи!

—Небойсь!.. Коли здесь не убили, так не убьют.

—Куда они пошли?

—Вестимо куда: в свой скит.

—Так веди меня туда—скорей, скорей!

—Зачем?.. Чтобы тебя опять дубиной хватили?..

—Эх, что нужды? Умирать, так умирать вместе.

—Да что ты один сделаешь?.. Ведь их там человек до ста. Барина ты своего не выручишь, а полезешь на драку, так убьют тебя—вот и все!

—Да пусть себе убьют! Поделом!—прервал Ферапонт.—Коли я не умел сберечь моего барина, так туда мне и дорога!.. Пойдем!

—Полно, молодец, послушайся меня: пойдем лучше в скит к отцу Андрею. Он скоро выручит твоего барина.

—А кто этот отец Андрей?

—Мой прежний хозяин; его здесь все слушаются, и если он сам поедет к филипповцам...

—Да поедет ли он?

—Поедет!.. Уж я тебе говорю... Он выручит твоего барина, только мешкать нечего... Чу! Слышишь.

Вдруг раздался вблизи зловещий вой; он повторился в разных местах по лесу то ближе, то далее. Привязанные к деревьям кони начали храпеть и порываться.

—Чу!—продолжала Дарья робким голосом.—Слышишь, как перекликаются эти голодные волки?.. Ох, худо, молодец!.. Видно, они почуяли добычу!.. Ради Христа, поедем скорее!.. Уж, так и быть, и я как-нибудь сяду на коня.

Ферапонт отвязал коней, помог своей спутнице сесть на Донца, вскочил сам на Султана и, несмотря на темноту, пустился рысью по дорожке, которую ему указала Дарья. Они не успели еще проехать и полверсты, как на противоположной стороне поляны заблестели между деревьев огненные звездочки, захрустел валежник, и два огромных волка, ощетинясь и сверкая глазами, промчались вдоль опушки леса к тому месту, где за минуту до того стояли кони.

ЧАСТЬ ВТОРАЯ

I

В двух верстах от той поляны, на которой раскольники захватили Левшина и едва не убили его слугу, на берегу широкого оврага, в глубине которого лениво струилась, в топких берегах своих, речка Брынь, стояло несколько больших изб, соединенных меж собою крытыми переходами. Одна из этих изб была в два жилья; к ней примыкала низкая лачужка, которая, вероятно, служила кладовой; это можно было заключить из того, что она освещалась одним только, прорубленным под самою кровлей, волоковым окном и что ее толстые дубовые двери были окованы железом. Кругом этого главного жилья разбросаны были, без всякого порядка, отдельные избы, клети, сараи и амбары. Несколько поодаль от прочих строений стояла молельня: длинное и широкое здание с узкими окнами, в которых, вместо стекол, была вставлена слюда. На дощатой кровле этой молельни возвышался восьмиконечный деревянный крест. Вся эта группа строений, занимавших довольно большое пространство, обнесена была высоким бревенчатым тыном; в ограде было двое ворот: одними выезжали на дорогу, которая, круто спускаясь на дно оврага, вела к узкому мосту, перекинутому через речку Брынь; другая, находящаяся в противоположной стороне ограды, обращена была к расчищенному месту. На этой искусственной поляне разбросаны были огороды и несколько пчельников, обнесенных плетневыми заборами. Над первыми воротами, под навесом из листового железа, стояла большая икона Спаса Нерукотворенного, перед которой теплилась лампада. Внизу, с одной стороны ворот, устроена была низенькая сторожка, с другой—висели огромная оловянная умывальница и чистый ручник, или полотенце из белого холста. На воротах, под самым образом, было написано крупным полууставом: "Аще кто, входяй во святыя врата сии, не отречется от мира и вся скверны его, тот да будет нам яко же мытарь и язычник".

Этот раскольничий скит принадлежал филипповцам.

Пользуясь правом рассказчика, для которого нет запертых дверей, я попрошу вас, любезные читатели, заглянуть вместе со мною во внутренность этой кладовой, которая примыкала к избе о двух жильях. В ней стояло несколько сундуков, окованных железом, и сидел на скамье, со связанными назад руками, Левшин. Разумеется, в этой кладовой, в которую и днем едва проникал слабый свет, было темно, как в подземелье. Вот уже прошло более часу, как нашего путешественника втолкнули и заперли в эту лачужку. Конечно, положение его было не очень завидное: Левшин мог всего ожидать от этих неистовых изуверов, в глазах которых он был не только еретиком, но даже святотатцем и явным врагом православия; но, несмотря на это, он вовсе не раскаивался в своем поступке: он спас от мучительной смерти шесть человек и в том числе женщину, по милости которой знает теперь, где живет его незнакомка. О себе самом Левшин беспокоился несравненно менее, чем о верном своем слуге, который, вероятно, не спрятался за куст, когда на них напали раскольники. Отбиться одному от целой толпы невозможно, но Левшин знал также, что Ферапонта одолеть не легко, что он не дастся живой в руки и, без всякого сомнения, перестанет драться только тогда, когда его или вовсе изувечат, или убьют до смерти. Последнее было даже гораздо правдоподобнее: и на кулачной потехе бывают убитые, а этот бой вовсе не походил на потешный: все раскольники были вооружены дубинами и, вероятно, ожесточенные упорным сопротивлением Ферапонта, дрались с ним не на живот, а на смерть.

Несколько раз Левшин обходил кругом свою каморку. Он давно бы обшарил все и попытался узнать, нет ли для него какого-нибудь средства к побегу, но что он мог сделать со связанными руками?.. В один из этих обходов Левшин зацепил локтем за гвоздь, вколоченный в стену. Мысль, что он может как-нибудь перетереть на этом гвозде веревку, которой его руки были скручены назад, мелькнула в его голове. И вот он, оборотясь спиною к стене, приложил к гвоздю свои связанные руки и принялся за работу. С четверть часа трудился он без отдыха, измучился, исцарапал себе в кровь пальцы, но перепилил наконец кое-как веревку и стряхнул ее на пол. Когда его одеревеневшие руки поотдохнули, он принялся ощупывать стены своей тюрьмы. Добравшись до дверей, Левшин попытался упереться в них плечом, но тотчас же увидел, что этих дверей он не мог бы выломать и при помощи своего могучего богатыря Ферапонта. Продолжая обшаривать все углы, он ощупал в одном из них приставленную к стене лестницу.

Хотя Левшин был уверен, что лестница упирается одним концом в потолок и не ведет никуда, однако ж решился влезть по ней вверх; поднявшись ступеней на семь от земли, он почувствовал, что на него пахнуло свежим воздухом из отверстия сделанного в потолке. Левшин стал подниматься еще выше и очутился на чердаке, подле открытого слухового окна. В первую минуту ему представилась какая-то возможность к спасению, но эта надежда недолго продолжалась: слуховое окно было так мало, что он не мог даже просунуть в него голову и посмотреть, что делается на дворе. Подышав несколько времени прохладным ночным воздухом у открытого окна, Левшин стал искать, нет ли на этом чердаке какого-нибудь отверстия поболее этого слухового окна. Он не успел сделать трех шагов, как вдруг остановился и стал прислушиваться. Я думаю, вы не забыли, любезные читатели, что кладовая, которая служила для Левшина тюрьмою, пристроена была к высокой избе о двух жильях, следовательно, чердак ее примыкал к стене второго жилья—и за этой-то стеною послышался Левшину, хотя невнятный, но довольно звучный людской говор.

Левшин подошел к стене, повел по ней рукой и нащупал небольшие, но плотные двери с железными пробами, которые, однако ж, от легкого прикосновения, тихо отворились внутрь. Притаив дыхание и медленно подвигаясь вперед, Левшин вошел в просторный чулан, в котором по стенам развешаны были платья. Этот чулан отделялся от покоя, где раздавались громкие голоса разговаривающих, толстой бревенчатой стеной и дверью, которая, по-видимому, была заперта снаружи; в ней было прорубленное небольшое окошечко, вероятно, служившее для освещения чулана. Конечно, Левшину не трудно было бы отгадать, что это сообщение между его тюрьмой и жилыми покоями сделано было для того, чтобы хозяин избы о двух жильях мог во всякое время и не выходя на двор заглянуть в свою кладовую; но Левшин думал вовсе не об этом.

Притаясь у прорубленного в дверях окна, он мог и слышать и видеть все, что происходило в соседнем покое, или, верней сказать, большой избе, потому что в ней были и полати, и печь с горнушкой, и шестак,—одним словом, все то, что мы видим и теперь в крестьянских избах; разница была только в том, что над самым устьем печи были сделаны небольшие круглые отверстия; они служили для того, чтоб во время молитвы хозяина благодать проникала в печь, свободно входила в горшки, в которых варилась пища. Большая часть этой обширной избы была в тени, но весь передний угол ярко освещался тремя лампадами и восковыми свечами, которые горели перед иконами. В этом почетном углу за столом сидело шесть человек. Первое место, то есть под самими образами, занимал худощавый старик лет шестидесяти; из-под седых нависших бровей его сверкали серые, блестящие глаза. Во всех чертах лица его отражались внутренняя духовная гордость, жестокосердие и дикая, ничем не преклонная воля; а этот, исполненный мрачного огня, быстрый и беспокойный взгляд изобличал, если не совершенное безумие, то, по крайней мере, какое-то исступленное состояние, близкое к сумасшествию. На нем был черный подрясник и кантырь, или

101

раскольничий клобук, который отличался от обыкновенных монашеских клобуков только тем, что тулья его имела форму жидовской ермолки и обшивалась мехом; в правой руке держал он костыль, похожий на игуменский посох, на левой висели у него длинные лестовки, т. е. кожаные четки. Левшину не трудно было узнать в этом чернеце полоумного раскольника, которого называли старцем Пафнутием. Подле него сидел человек пожилых лет в белом суконном балахоне; он вовсе не походил на своего соседа: его приглаженные волосы и небольшая опрятная бородка представляли разительную противоположность с косматой и нечесаной бородой старика. С первого взгляда Левшин подумал, что видит перед собою воплощенную доброту, кротость и смирение. Этот раскольник, которого называли отцом Филиппом, говорил так тихо, таким мягким благозвучным голосом, что, казалось, из уст его могли исходить только одни слова любви и милосердия; но Левшину стоило только посмотреть на его прищуренные, лукавые глаза, чтоб увериться в противном. В них выражалось такое коварное двуличие, такая искусственная кротость и притворное смирение, что, конечно, всякий предпочел бы иметь дело с его полоумным соседом, чем с ним. Тот походил на злую цепную собаку, а этот сладкоговорящий лицемер—на дикую кошку, которая прикидывается смиренницей для того, чтоб верней поймать и задушить свою добычу. Рядом с ним сидел небольшого роста старик, в сером зипуне, опоясанном веревкою. На огромной и вдавленной в широкие плечи голове его не было ни одного волоска; но зато необычайно длинная борода его, которая, покрывая всю грудь, опускалась ниже пояса, была предметом явного уважения и тайной зависти всех раскольников Брынского леса. Ученик знаменитого наставника черноболцев, Антипа Коровьи ножки, он сам был известен во всех скитах под именем Волосатого старца. Его прямой и узкий лоб, его бездушные, оловянные глаза, бессмысленные взгляды и совершенное отсутствие выражения в этих пошлых чертах лица, безжизненного в высочайшей степени,—все носило на себе отпечаток и природной глупости, и совершенного невежества. Если б борода этого лысого старика была не длиннее обыкновенных бород, то, вероятно, он прожил бы незаметно свой век в толпе безграмотных рядовых раскольников, которые повинуются своим наставникам из-за того, что они люди начитанные, и слепо верят им потому, что они говорят с ними языком, похожим на церковный язык, которым писаны все наши духовные книги.

Казалось, случай как будто бы нарочно свел вместе этих трех раскольников, чтобы олицетворить перед глазами Левшина три главных начала почти всякого раскола: безумный фанатизм, фарисейское лицемерие и глубокое, закоснелое невежество. Остальные три раскольника, сидевшие за столом, не отличались ничем от обыкновенных зажиточных мужиков и, по-видимому, не принимали никакого деятельного участия в беседе своих старшин.

–Оле бедствие!.. Оле скорбь неусладимая!..–говорил старец Пафнутий.–Православные призывают еретиков, отрекаются от своего обета!.. Да потребит же Господь от земли память сих окаянных отступников!.. Да воспомянутся беззакония отцев их пред Господом, да приидет на главу их...

–Эх, полно, отец Пафнутий, не кляни!–прервал Филипп.–Или ты не ведаешь, что от изрекающих проклятия отвращается Господь, ибо гортань их, яко гроб отверстый. Прежде бывшие братья и сестры наши не до конца свершили свой подвиг,–так что ж?.. Коли было начало благое, так будет и конец благой; а что они призвали на помощь еретиков и те их выручили, так в этом мы сами виноваты; коли они волей пошли в запо-щеванцы, так мы бы могли им и здесь в скиту местечко найти, здесь бы их никто не выручил. Вот, погоди, они вернутся к нам со своими пожитками.

–Да не дерзают!–закричал Пафнутий.–И како возмогут сии нечестивые грехолюбцы и плотоугодники внити во святые врата обители нашей.

–Ну, коли не во святые, так мы проведем их и задними. Я приму их с любовью, яко заблудших овец...

–Недостойное глаголеши, брате Филиппе!–прервал Пафнутий.–ЭДюбе тьме смешатися со светом, чем единому из братии наших иметь общение и любовь с ними, отступниками от православной веры...

–Эх, отец Пафнутий! Да ведь человек слаб: протекая свое поприще, он 'претыкается, а претыкающийся падает–потщимся же восставить его. Ты станешь их увещевать, я тебе пособлю, и, может быть, они опять пойдут охотно в запощеванцы...

–А не захотят охотою, так можно и поневолить,–проговорил долгобородый.

–Ни, ни!–завопил Пафнутий.–Не достойны бо стяжать светлые венцы мученические. Пусть гибнут окаянные во грехе своем.

–И впрямь,–промолвил долгобородый,–пусть гибнут во грехе!

–Ну, как хотите!.. Так мы их в скит не пустим, а пожитки их оставим у себя.

–Нет, брате Филиппе!–прервал Пафнутий.–Все их доброе, сиречь, пожитки, яко еретикам принадлежащие, да предадутся огню.

–Огню!–повторил Филипп.–Что ты, отец Пафнутий!.. Как станем этак все предавать огню, так нам и перекусить нечего будет.

–Да, братие!–продолжал Пафнутий.–Да! И пепел оных развейте по ветру, да не како прикасаясь к достоянию нечестивых, осквернимся и мы, православные.

Кошачьи глаза Филиппа завертелись во все стороны, он приподнялся, хотел что-то сказать, но вдруг остановился и начал молча перебирать свои четки.

—Истинно так!—промолвил долгобородый.—И покойный наставник мой Антипий увещевал братию сохранять себя от осквернения; он часто говаривал, что коли где погребен еретик, и на могиле его вырастет трава, и той травы пощиплет корова, и от этой коровы кто из братии выпьет молочка, то отлучить такового на шесть месяцев от церкви и троекратно читать над ним молитву от осквернения.

—Эх, братие, братие!—заговорил опять Филипп кротким и тихим голосом.—Да ведь и скверное, проходя чрез руки православных, освящается. Мало ли из наших и продают, и покупают, и деньги на торгу берут, а из каких они идут рук?

—Деньги!—прервал Пафнутий.—Берегитесь, братие, сей прелести сатанинской!.. Деньги бо суть печать антихристова.

—Деньги печать антихристова!—повторил Филипп, вовсе уж не кротким голосом.—Нет, отец Пафнутий, не безумствуй!.. Деньги дар Божий.

—Дар Божий!.. О людие крепковыйные и с окаменелым сердцем!.. Да разве ты не читал, Филипп, о звере и драконе антихриста?

—Читал.

—А что же мнится изображенным на сих еретичных деньгах—не дракон ли? Как же они не суть печать антихристова?

—Эх, Пафнутий! Да на них изображен Георгий Победоносец, поражающий дракона, сиречь сатану.

—Толкуй по-своему, толкуй!.. Нет, брате Филиппе, нечиста твоя вера. Се бо плоды кичливой мудрости бывшего твоего наставника—Андрея Поморянина. Берегись, возлюбленный Филиппе, берегись внимать льстивым речам сего прелестника!.. Не пастырь бо есть овец, а наемник... Что глаголю—наемник!.. Волк бо есть, пожирающий стадо!

—Ну, хоть и не волк,—прервал с приметным удовольствием Филипп,—а нечего греха таить: отец Андрей не великий ревнитель православия—осуетился, обмирщился!.. Да все-таки каков ни есть, а ведь другой заступы у нас нет... Кабы не он, так давно бы нам от прежнего Мещовского воеводы житья здесь не было. Вы все ведаете, что благочестивая наша царевна Софья Алексеевна в своей царской милости его содержит, и не токмо жалует, но даже грамотки к нему пишет: так поди-ка—обличи его!

—Обличу нещадно сего мироугодника!—воскликнул Пафнутий.—Не убоюсь ни льва, ни скимна...

—Ну, хорошо, хорошо!—прервал Филипп.—Да речь теперь не о том. Послушайте, братие: мы захватили одного из проезжих еретиков, посягнувших на свободу служения нашего..._

—Да, да!—сказал Пафнутий.—Святые угодники невидимо поборали с нами, и сей буйный нечестивец взят и ввержен в узилище...

—Сиречь заперт в моей кладовой. Да что ж мы станем, православные, с ним делать?

—Вестимо что, отец Филипп,—сказал один рыжий раскольник из числа тех, которые не принимали еще участия в беседе.—Не отпустить же его с поклоном домой!.. Ведь он, проклятый, разнес тесаком, почитай, надвое голову брату Федосею. Бог весть, будет ли жив?

—Так что ж, торговаться с этим еретиком?—подхватил долгобородый.—Петлю ему на шею...

—А мы с братией вот как думаем,—продолжал рыжий,—держать его взаперти, да не давать хлеба: пусть себе умирает своей смертью.

—Яко благочестивый запощеванец?—прервал Пафнутий,—Нет, братие, да не будет! Пусть гибнет сей еретик по закону, сказано бо есть: подъявший меч, от меча да погибнет!

—Оно так!—промолвил вполголоса Филипп,—да чтоб оглядок не было. Ведь он был не один.

—Да тот в донос не пойдет,—сказал рыжий.—Гаврила так хватил его по маковке дубиною, что он и не пикнул.

—Полно, так ли?

—Да уж не бойся, отец Филипп, не встанет!

Во всякое другое время Левшин пришел бы в отчаяние от этих слов: он истинно любил верного своего слугу, но на этот раз его собственное положение было так ужасно, что ему некогда было пожалеть о бедном Фера-понте.

—Ну, это дело другое!—сказал, помолчав несколько времени, Филипп.—Коли того убили, так этого нельзя помиловать: живая улика! Да что это у вас за обычай такой?.. Одного уходят, а другого нет. Иль вы не знаете пословицы: семь бед, один ответ?

—Да вот отец Пафнутий указал нам захватить их живьем; их, дескать, допросить надобно: они подосланы от врага нашего, калужского архиерея.

—Истинно так!—подхватил Пафнутий.—Не странники бо суть мимоидущие, но лукавые соглядатаи.

—Сиречь, языки?—сказал Филипп.—Нет, отец Пафнутий! Коли бы они были языки, так не полезли бы с нашими в драку: все бы втихомолку высмотрели, а там подали бы изветь калужскому архиерею или Мещовскому воеводе. Да это все равно: подослан ли он или нет, а коли отпустим его живого, так он докажет на нас, что мы убили его товарища. Ну делать нечего, жаль молодца, да своя рубашка ближе к телу... Чу!.. Что это? Кто-то въехал к нам на двор... Что больно поздно?.. Кому бы кажется?..

—Отец Филипп,—сказал молодой детина, входя поспешно в избу.—Андрей Поморянин приехал.

—Андрей Поморянин!.. Зачем?..

—А вот как скажу, так узнаете!—раздался в дверях громкий голос.

–Отец Андрей!–вскричал Филипп, вставая. Все собеседники его также встали, исключая Пафнутия, который, однако ж, поотодвинулся, чтоб очистить место для приезжего гостя. В избу вошел человек пожилых лет. Мы не станем описывать его наружность, потому что она известна нашим читателям. Левшин с первого взгляда узнал в нем проезжего раскольника, с которым повстречался на постоялом дворе.

II

Когда этот проезжий, которого называли Андреем Поморянином, помолился перед иконами, Филипп сказал ему с низким поклоном:

–Милости просим, батюшка!.. Радуюсь твоему посещению и творю земной поклон!..

–Дозволь, отец Андрей, и мне,–промолвил почтительно рыжий раскольник,–приветствовать тебя с нижайшим поклоном.

Все остальные раскольники отвесили также по низкому поклону, исключая Пафнутия, который сидел, не трогаясь, на своем месте.

–И я бы вас приветствовал,–сказал приезжий, окинув строгим взглядом всех присутствующих,–и я сказал бы: мир вам, братие! Да язык не повернется. Нет мира для вводящих богопротивные ереси; нет мира для вас, окаянных душегубцев, всуе призывающих имя Господне!

Эти неожиданные слова совершенно смутили Филиппа и всех прочих раскольников; один Пафнутий вскочил со своего места и хотел что-то сказать, но приезжий не дал выговорить ему ни слова и продолжал своим громовым голосом.

–Безумные! что вы это опять затеяли?.. Морить людей голодной смертью! Тому ли я учил тебя, Филипп, когда ты жил в поморье и был моим келейником?.. Ты человек грамотный, сам испытывал писания, так говори же при всех: со времен апостольских бывали ли когда вольные мученики, по вашему запощеванцы?.. Святые отцы наши, ради того, чтоб победить земные страсти, постились, умерщвляли плоть свою; кто уморил себя гладом?.. Мученики!.. Да мученик тот, кого враги православия предают страдальческой смерти, и кто, несмотря на все истязания, остается верен своему Господу. Вот если бы тебе, Филипп, должно было избрать казнь или отречение от православной веры отцов наших; когда бы тебе сказал судия неправедный: "Филипп! прими нашу новую никонианскую веру или гряди на место казни". О! Тогда иди смело на все мучения, иди, раб Божий, с радостью и веселием; ибо чело твое украсится нетленным венцом мученика. Если даже ты, дабы не осквернить себя, вкушая пищу из одной чаши с еретиком, погибнешь от глада, то и тогда страдальческая смерть твоя вменится тебе в добрый подвиг. Но тот, кого никто не вынуждает отступить от веры православной, кто может вкушать от трапезы братьев своих и просто, по собственному своему изволению, уморить себя гладом, сожжет огнем или предаст иной какой лютой смерти–тот не мученик, а самоубийца, а наставники его–душегубцы, ибо навеки погубили его душу... Ты ведал все это Филипп, для чего же ты дозволил?..

–Согрешил, батюшка!–сказал Филипп, смиренно преклонив голову.– Обезумел!.. Вот старец Пафнутий прельстил нас!..

–Да, да!–повторили вслед за Филиппом и другие раскольники,–старец Пафнутий прельстил нас!

Пафнутий вскочил со своего места, глаза его сверкали, как у дикого зверя, посиневшие губы дрожали, вместо слов вылетали из уст его невнятные звуки–и вот наконец он завопил неистовым голосом:

–О, маловеры окаянные!.. Ученицы непотребные! Рабы неключимые!.. Тако ли посеянное мною в сердцах ваших семя, не возникнув, погибло от хульных речей сего нечестивого Поморянина?.. Бегите убо, предатели, да не како пожрет вас огнь небесный!.. А ты, проклятый миролюбец, волк хищный, облеченный в одежду пастыря, внимай своему обличению...

–Умолкни, окаянный!–прервал Андрей.–Давно ли ты сгубил всю братию в Фаддеевском скиту, уговоря их креститься по-твоему, каким-то крещеньем огненным... Теперь опять за то же?.. Ступай на свою сосну, спасайся на ней, как умеешь, но с нами нет тебе части!.. Послушайте, братие!–продолжал он, обращаясь к другим раскольникам,–я не стану препираться с этим полоумным о вере, и коли вы желаете со мною примириться, так извергните его, не медля, из среды вашей и дайте мне клятвенное обещание, отныне и навсегда, не иметь никакого общения с этим звероподобным старцем.

–Ну, что же, братие?–сказал Пафнутий, окинув быстрым взглядом всех учеников своих.–Что медлите?.. Изгоняйте вашего наставника!

–Да не гневайся, отец Пафнутий,–промолвил Филипп,–Мы батюшку нашего, отца Андрея, на тебя не променяем.

–О, мерзость запустения!–возопил Пафнутий.–Приемлется наемник злочестивый, изгоняется пастырь добрый!..

–Да что, Пафнутий,–сказал один из раскольников, который еще не говорил ни слова,–коли доподлинно никто из святых отцов не был запощеванцем, так чему же ты нас учил?

–Истинно так!–похватил долгобородый.–Коли и угодники Божия вкушали пищу, так какой след нам грешным?..

—Соблазнил ты нас, старец Пафнутий!—прервал рыжий раскольник.—Бог тебе судья!

—Ступай-ка, добро, ступай!—промолвил долгобородый.—Чай, на твоей сосне грачи-то уж гнезд навили.

—С Богом, Пафнутий, с Богом!—сказал Филипп, указывая рукою на дверь.

Пафнутий подошел молча к дверям, схватил с полки глиняный горшок, ударил его оземь и, указывая не черепки, воскликнул:

—Тако да сокрушит Господь главы ваши, Иуде подобные отступники и предатели!.. Да постигнет вас скорбь земная и гибель вечная!.. Да приложит Господь беззакония к беззакониям ва. шим!.. Да будет ваш пост пресыщением, молитва грехом и хвалебная песня хулою!.. Се отрясаю на вас и прах, прилипший к ногам моим!.. Да будет тако, да будет!

—О, Господи!—прошептал рыжий, глядя вслед уходящему Пафнутию,—как он клянет!

—Эх, не ладно!—сказал долгобородый, почесывая затылок.—Чтоб худо не было!.. Вы слышали, православные, что он нам сулит?

—Слышали!—отвечали вполголоса все раскольники, поглядывая друг на друга с приметным ужасом.

—Что вы это, братие, чего испугались?—спросил Андрей.

"-- Да как же, батюшка!—промолвил долгобородый.—Разве ты не слышал?.. Старец Пафнутий проклял нас!

—Так что ж?.. Проклятия, изрекаемые нечестивым, падают на главу его.

—Вестимо!—подхватил Филипп.—Ну, чего вы испугались?.. Да пусть себе лается, над ним бы и тряслось,—разбойник этакий!.. Все горшки у меня перебил!

—Я давно бы спровадил его из наших мест,—сказал Андрей, садясь в передний угол,—да боюсь, чтоб этот шальной и вас всех не оговорил: и так идут о вас дурные слухи... Эх, братие, братие! губите вы вашими делами нашу правую веру!.. Да что ж вы стоите?.. Садитесь! Мне надобно еще о другом побеседовать с вами.

Когда все поместились кругом стола, Андрей, обращаясь к Филиппу, сказал:

—У вас сегодня в сумерки была в лесу драка с проезжими?

—Была, батюшка!—отвечал Филипп.

—За то, что они помешали Пафнутию довершить его беззаконное дело?

—Да мы еще тогда, отец Андрей, думали, что дело то наше законное.

—Лжешь, Филипп! Ты и тогда этого не думал.

—Покарай меня, Господи!..

—Полно, Филипп, не клянись, не прилагай греха к греху!.. Ну, пусть другие это думали* а ты себе на уме!.. Эх, Филипп, заела тебя корысть!.. Ну, да речь не о том. Вы захватили одного из проезжих.

—Не я, отец Андрей!.. Я не указывал никого брать. Все это старец Пафнутий переполошил всю братию. Это, дескать, языки калужского архиерея–их надо допросить.

—Я не о том тебя спрашиваю. Один из этих проезжих у вас ли теперь в скиту?.. Ну, что же ты молчишь?.. Уж не опоздал ли я?.. Избави Господи!.. Да отвечайте же мне, жив ли этот проезжий?

—Живехонек, батюшка,–сказал долгобородый.–Он сидит теперь в кладовой отца Филиппа.

—Ну, слава тебе, Господи!–промолвил Андрей, перекрестясь.–Отлегло от сердца!.. Да знаете ли вы, глупые, кто этот проезжий?.. Ведь он человек не простой: он из начальных людей стрелецкого войска, и прислан сюда не от калужского архиерея, а едет из Москвы с грамотой к боярину Куродавлеву.

—К боярину Куродавлеву!–повторили с робостью все раскольники. Филипп побледнел.

—Да, к боярину Куродавлеву,–продолжал Андрей.–Дело то не шуточное. Его надо немедленно освободить.

—Освободить?–сказал Филипп.–Нет, отец Андрей, это легко вымолвить... Ведь он одного из наших вовсе изувечил... полно, будет ли жив.

—А что ж ему было делать?.. Не шею же протянуть, когда на него напали!

—Да это бы уж так и быть! А вот что худо, батюшка: коли мы его отпустим, так нам всем беды не миновать... А все этот озорник Пафнутий!.. Сидел бы да сидел на своей сосне–сыч этакий!

—Да чего же ты опасаешься?

—Как чего?.. Ты нас, батюшка, не выдашь? Ну, был грех, что делать! Улики бы только не было, так и все концы в воду!.. А коли мы этого проезжего выпустим, да он донесет, что мы товарища его убили...

—Вот то-то и дело, что Господь вас помиловал. Вы его не убили: он теперь у меня в скиту.

—Как так?–вскричал Филипп.–Как же ты мне сказал, Ефрем...

—Сам видел, отец Филипп!–прервал рыжий.–Экое диво, подумаешь!.. Так Гаврила его только что оглушил?.. Ах, Господи!.. Ну, видно, у него лоб-то чугунный!

—Этот слуга стрелецкого сотника,–продолжал Андрей,–рассказал мне обо всем. Коли вы сегодня не отпустите его господина, так он завтра отправится к Куродавлеву; а вы знаете этого боярина: он шутить не любит. Как нагрянет к нам со своими холопами, так вы от него и места не найдете.

—Сохрани Господи!–вскричал Филипп.

—Да, да!—сказал долгобородый.—Коли дадим ему отпор, так он и скит то наш по бревешку размечет.

—А коли покоримся,—промолвил рыжий,—так, чего доброго, он всех начальных людей в скиту, сиречь нас, отдерет нещадно батогами.

—Так мешкать то нечего,—молвил Андрей, вставая.—Я возьму этого проезжего с собою, пусть он переночует в моем скиту... Пойдем, Филипп!

Если вам случилось видеть во сне, что вы приговорены к смерти, или—что еще ужаснее—что ваша земная подруга, которую вы любите более своей жизни, лежит в гробу, что вы не можете ни плакать, ни вздыхать, и с чувством, которому нет названия, с этим чувством вечной, безнадежной скорби, смотрите на ее безжизненное лицо, покрытое смертною бледностью... и вдруг вы пробуждаетесь, и первый взгляд ваш встречает приветливую улыбку той, которая за минуту до того казалась вам бездушным трупом; если вы испытали на себе и весь ужас этого тяжкого сна и все блаженство этого радостного пробуждения, то вы можете иметь некоторое понятие о том, что чувствовал Левшин. Казалось, что могло быть отчаяннее его положения? Ферапонт погиб, он сам под ножом убийц, для которых смерть его необходима,—и вот верный слуга его жив, а он свободен и, может быть, проведет остаток этой ночи под одной кровлей с той, которую и в мечтах своих он не надеялся уж встретить в здешнем мире!.. О, конечно, такие быстрые переходы от совершенного отчаяния к неизъяснимой радости бывают редко наяву.

Когда Андрей Поморянин вслед за Филиппом вышел из избы, Левшин отправился также назад в свою кладовую. Он только что успел спуститься с лестницы, как послышался снаружи звук ключей, и тяжелая дубовая дверь со скрипом отворилась. Филипп вошел первый; он держал в руке фонарь.

—Здравствуй, господин честной,—сказал он.—Я пришел освободить тебя. Не погневайся, батюшка! теперь только узнал... Ах, Господи, Господи!.. Этот безумный старец Пафнутий переполошил всю братию, да каких было дел наделали!.. Вот твой тесак, батюшка,—целехонек!.. Да пожалуй-ка,—продолжал он, поставив свой фонарь на один из сундуков,—пожалуй, я тебе ручки то развяжу!.. Ахти! Да что ж это?.. У тебя руки не связаны!

—Нет, любезный!

—Ах они дурачье, дурачье!.. Посадить человека в кладовую...

—Не бойся!—прервал Левшин.—Все твои пожитки целы.

—Да твоя милость дело другое: вестимо, ты ничего не украдешь, а ведь они сглупа то, не связавши руки, посадят всякого ко мне в кладовую. Ну, случись кто-нибудь другой—так долго ли до греха?.. Здесь всего довольно... Экий глупый народ!

—Пожалуй со мною, молодец,—сказал Андрей,—я отвезу тебя в мой скит. Твой слуга, кони и пожитки, все там.

—Да не обождать ли вам, как начнет светать?—промолвил Филипп, посматривая заботливо на свод сундуки.

—И теперь доедем,—сказал Андрей.—Дорога-то знакомая.

Они вышли на двор. У крыльца большой избы стояла телега, запряженная парой пегих лошадей. На передке сидел тот самый рослый детина, которого Левшин видел на постоялом дворе.

—Ну, садись, молодец!—сказал Андрей Поморянин Левшину.—Поедем!.. Тебе, я чаю, пора отдохнуть: понатерпелся ты сегодня... Ступай, Егор,—продолжал он,—теперь шажком, а как спустимся в овраг, да переедем за Брын, так рысью. Ну, с Богом!

Когда они въехали на противоположный берег оврага и повернули направо лесом по торной и довольно широкой дороге, Левшин сказал своему спутнику:

—Ведь мы, кажется, любезный, не в первый раз с тобою видимся?

—Да,—отвечал Андрей,—мы сегодня кормили вместе с тобою на постоялом дворе... Ну вот, господин сотник, ты все добивался, чтобы я сказал тебе, куда еду. Видишь ли, что мы и сами не знаем, куда нас приведет Господь? Думаешь ехать в одно место, а попадешь в другое.

—Истинно так, Андрей... А дозволь узнать, как по батюшке?

—Зови меня просто Андреем. Ведь при крещенье-то двух имен не дают.

—Мне еще надо много благодарить тебя,—сказал Левшин, помолчав несколько времени.—Если бы ты меня не выручил...

—Так ты бы просидел" взаперти всю ночь—вот и все!

Левшин хотел было сказать, что слышал весь разговор раскольников, но побоялся огорчить этим своего избавителя. Хотя Андрей осуждал и сам поступки своих единоверцев, однако ж, по всему было заметно, вовсе не желал, чтоб посторонние знали, до какой степени дела их преступны и беззаконны.

—Нет, молодец,—продолжал Андрей,—не тебе меня, а мне тебя надо благодарить: ты помешал этому безумному Пафнутию совершить злодеяние, которое покрыло бы стыдом и посрамлением все наше братство. Поди-ка, после уверяй, что мы все, соблюдавшие старую веру, непричастны к такому богопротивному делу.

Да, я слышал,—сказал Левшин,—что это: в первый раз; говорят, в прошлом году здесь сожглеть. добровольно в одном скиту...

—Не верь, молодец!—прервал с живостию Андрей—Эти слухи распускают враги наши. Фаддеевскай

скит действительно сгорел прошлого года, да его не нарочно подожгли, и коли сгорели в нем старушки две или три да человек с пяток хворых, так это потому, что они не успели выскочить. Вот то-то наша и беда: однажды кто-нибудь напроказит, и пошла навсегда слава!.. Ну, кто говорит, в семье не без урода!.. Есть и у нас отщепенцы, которые заводят свои толки да согласия. Мы хотим держаться неизменно веры отцов наших, а они свое выдумывают. Противники наши говорят: "Как, дескать, вере вашей быть истинной верою, коли у вас повсюду разделение?" Да когда же этого не бывало? И при апостолах были уже ереси, а в первые времена христианские мало ли было отступников, вводящих всякие нелепые толки; да разве от этого правая вера сделалась неправою? Говорят также: "Коли паства без пастыря—так овцы все врозь разбредутся,—и диво ли, что тогда одни в лесу заплутаются, а другие в болоте увязнут?" Паства без пастыря—так!.. Да полно, лучше ли, когда пастырем-то стада будет волк?.. Скажи-ка, молодец,—продолжал Андрей, заметив, что Левшин слушает его с большим вниманием,—ведь в ваших стрелецких полках, кажись, много есть таких, которые придерживаются старой веры?

—Да, много.

—А ты как?

—Я держусь того, что заповедал мне покойный батюшка.

—Сиречь, ты исповедуешь никонианскую веру?

—По-вашему, видно, так.

—А по-твоему как, молодец?

—По-моему, я принадлежу к православной соборной восточной церкви.

—Право?.. А дозволь спросить тебя: слуга твой мне сказывал, что тебя зовут Дмитрием Афанасьевичем Левшиным?

—Да-

—Матушка твоя чья родом?

—Денисова.

—Не сестрица ли Андрею Яковлевичу Денисову?

—Родная сестра.

—Вот что!.. Так ты, верно, слыхал от нее, что твой дядя, Андрей Яковлевич, человек умный, начитанный и не из простых людей, а крепко держится старой нашей веры?

—Да, слыхал.

—Ну вот, если бы он стал говорить тебе: "Неужели ты думаешь, племянник, что я ни с того, ни с другого, а просто так, очертя голову, пристал к старообрядцам?" Нет, Дмитрий Афанасьевич, поверь мне: ваша никонианская вера вовсе не правая вера. Желаешь ли, племянник, чтоб я открыл твои душевные очи и наставил тебя на путь истинный?.. Да не бойся!.. Захочу ли я зла тебе—сыну любимой сестры моей, одному, которого я еще могу назвать кровным и родным!

Эти последние слова были сказаны таким ласковым и даже нежным голосом, что Левшину показалось, будто бы с ним в самом деле говорит его дядя. Разумеется, он не мог и полминуты оставаться в этом заблуждении: дядя его никогда не был женат, а у этого Андрея Поморянина была дочь-невеста; при том же, по всем известиям, Денисов давно уже переселился в Стародуб, и если еще не умер, то, без всякого сомнения, не переехал бы под старость на житье в Брынский лес.

–Ну, что же ты молчишь, Дмитрий Афанасьевич?–продолжал Андрей.–Скажи, что бы ты ответил своему дяде?

–Что об этом толковать, любезный!–сказал Лев-шин.–Ты верь по-своему, а я стану верить, как мне указано от отца и матери.

–Да ты сам-то как думаешь?

–Ну, если хочешь знать, изволь–скажу!.. Вот что бы я ответил Андрею Яковлевичу: дядюшка! не за свое дело ты берешься! У нас есть наставники и пастыри духовные, которые имеют на себе рукоположение, идущее от самих апостолов; а тебя кто рукоположил в наставники и пастыри духовного стада?.. Ведь ты такой же мирянин, как и я. Да из чего ты хлопочешь?.. Ты, дядюшка, читаешь: "Верую во единого Бога Отца Вседержителя" по-старому, и я также по-старому; так мы оба исповедуем с тобою одинаковую святую веру. А если в каких-нибудь обрядах или в другом чем неважном и сделаны изменения, так неужели из этого я перестану ходить в церковь Божию и лишу себя святого причастия?.. Избави, Господи!..

–Да ты этого не понимаешь, Дмитрий Афанасьевич,–прервал Андрей.–Ведь грех то не на тебе, а на тех, которые заставили тебя отделиться от церкви; на тех, которые исказили книги духовные.

А может статься, не исказили, а исправили?.. Эх, любезный, про то лучше нас с тобою знают те, которых Для сего осветила и помазала сама церковь.

–Нет, дядюшка!–сказал бы я.–этом я с тобой и говорить то не

–Лучше знают!–повторил с досадой Андрей.–Да если ваши пастыри духовные в этом не правы?

–Так они в ответе. А если я сам начну мудрить, да собьюсь с толку и сделаюсь еретиком–так чем же я тогда оправдаюсь?

О чем другом, а об хочу".

–Да вряд ли бы и он стал после этого говорить с тобою,–промолвил вполголоса Андрей.

Разговор прекратился. Левшину не трудно было заметить, что его спутник был очень недоволен своей неудачной попыткой; он сидел, отворотясь от Левши-на, и, казалось, вовсе не был расположен возобновить свою беседу. С полчаса продолжалось это молчание, наконец Левшин решился заговорить опять с угрюмым товарищем и спросил, далеко ли еще осталось до его скита.

–Не знаю!–промолвил нехотя Андрей.–Ведь здесь версты то не мерные.

–А что, любезный,–продолжал Левшин,–ты говорил о моем дяде Андрее Яковлевиче.–Что ты знавал, что ль, его?

–Нет!.. Слыхать о нем слыхал, а никогда не видывал.

–Не знаешь ли, где он живет?

–Напредь сего жил в Стародубе.

–А теперь где?..

–Теперь?.. Да Бог весть!.. Может статься, на том свете; говорят, что он помер.

–А верных известий об этом нет?

–Не знаю. Я на похоронах у него не был.

–Ну не ты, так кто ни есть из ваших.

–Да что тебе за дело, жив ли он или умер. Тебе, чай, покойный батюшка заказал с ним и знаться?

–Нет, батюшка никогда мне этого не заказывал.

–А матушка?

–А матушка и подавно. Кабы ты знал, как она горевала о том, что родной брат, который прежде жил с нею душа в душу, вовсе забыл ее, покинул!..

–Неужели в самом деле горевала?..–прошептал Андрей.–Так она помнила своего брата?

–Как же!.. Матушка, бывало, всегда говорила о нем со слезами.

–Со слезами!.. Что ж она, о чем плакала?

–Я уж тебе сказал о чем.

–Да полно, о том ли? Чай, думала: "Как мне не плакать! Я, благодаря Господа, православная, а бедный брат мой раскольник! я уж наверное спасусь, а он что?.. Черту баран!"

–Нет, Андрей, этого она никогда не говорила.

–Видно, не случалось... Да что об этом!.. Ну, погоняй, Егор: теперь дорога то пойдет все ровная.

Разговор снова прекратился. Вот прошло еще с полчаса. Густой лес, по которому ехали наши путешественники, становился все чаще и темнее. Вдруг послышался вблизи громкий лай.

–Ну, вот и приехали!–промолвил Андрей.

–Приехали!–повторил Левшин.–Да где же твоя усадьба?

–Вот прямо-то, за этим березняком.

–Я ничего не вижу.

–Как ближе подъедешь, так^увидишь.

Дорожка повернула направо, и через несколько минут они подъехали к воротам обширной усадьбы, которая была со всех сторон окружена крупным березовым лесом. Эта усадьба была обнесена так же, как и скит филипповцев, бревенчатым тыном. Сторож растворил широкие дубовые ворота, и Левшин, при свете утренней зари, которая начинала уже заниматься, увидел перед собою просторный двор, обставленный с двух сторон высокими избами. Посреди двора подымались, по-тогдашнему, довольно обширные хоромы; к ним с правой стороны пристроена была

114

вышка, или терем, с тремя красными окнами, а с левой огромное крыльцо с рундуком и широким дощатым навесом.

Когда Левшин подъехал к этим хоромам, спрыгнул с телеги, к нему подбежал человек, у которого голова была обвязана белым платком.

–Батюшка!–вскричал он!–Ты жив!.. Ну, слава тебе, Господи!

–Здравствуй, Ферапонт!–сказал Левшин, обнимая своего верного слугу.–Ну что, бедняжка, тебя больно зашибли?

–Ничего, батюшка!.. Мы здесь примочили винцом, так теперь как рукой сняло. Правда, шишка порядочная, с кулак будет–да это что!., до свадьбы заживет.

–У Дмитрий Афанасьевич,–сказал Андрей,–нам обоим пора отдохнуть. Твой служитель покажет тебе светлицу, которая для тебя приготовлена... Да не хочешь ли покушать?

–Нет, благодарю покорно!

–Да ты не опасайся, Дмитрий Афанасьевич,–продолжал Андрей.–Ведь у нашей братии, раскольников, всегда есть про вас, господа православные, особая посуда; небойсь–не осквернишься.

–Я этого не боюсь, любезный!–сказал Левшин,–и готов есть с тобой одной ложкой и пить из одного стакана, да я вовсе не голоден.

–Ну, воля твоя! Насильно угощать не стану... Прощай, молодец!–промолвил Андрей, уходя в дом.–Коли есть не хочешь, так ступай отдохни!.. Ты, чай, умаялся.

–Пойдем, Дмитрий Афанасьевич,–сказал Ферапонт.–Нам отвели ночлег вот здесь, в этой клети. Знатная светлица!.. Теперь в покоях то, чай, жарко, а в ней такая прохлада, что и сказать нельзя!.. Пожалуй, батюшка, пожалуй!

III

Левшин, вслед за своим слугой, вошел в небольшую избушку, в которой не было ни печи, ни полатей; в ней горел ночник, и стояла кровать с затрапезным пологом. В одном углу лежали их пожитки, оружие и вся конская сбруя, в другом–на широкой скамье был постлан войлок для Ферапонта.

–Ложись-ка, батюшка, скорей,–сказал Фера-понт,–да сосни хоть немножко. Вишь, какой выдался денек! И мне и тебе ломки-то было... Господи Боже мой!

–Мне вовсе спать не хочется,–отвечал Левшин,–а вот разве прилягу только да отдохну.

—Ну, ладно!–промолвил Ферапонт, зевая,–меня так больно сон клонит.

—Так чего же ты дожидаешься? Ложись да спи.

—Успею выспаться, Дмитрий Афанасьевич, а благо ты почивать не хочешь, так расскажи-ка мне лучше, что с тобой было?

Левшин скинул с себя верхнее платье, прилег сам на кровать, а Ферапонту велел сесть на скамью и стал ему рассказывать о том, что известно уже нашим читателям. Несмотря на то, что Ферапонта сильно одолевала дремота, он слушал с большим вниманием своего барина.

—Так они хотели уходить тебя?–вскричал он, когда Левшин кончил свой рассказ.–Ах, они проклятые!.. Ну, дай Бог здоровья здешнему хозяину!.. Кабы он тебя не выручил, то беды бы не миновать!

—А ты как сюда попал, Ферапонт?–спросил Левшин.

—А вот как, батюшка: меня эти разбойники оставили замертво на поляне, и если бы Дарья–вот девка-то, что была с другими запощеванцами,–не попрыскала меня водицей, так я не скоро бы очнулся, а, может статься, меня и волки бы заели. Вот как я очнулся и узнал, что эти душегубы увели тебя с собой, так хотел было бежать в их скит, да Дарья-то меня отговорила. "Ты, дескать, один ничего не сделаешь; поедем лучше к прежнему моему хозяину: он уж наверное выручит твоего барина". Вот мы поехали. Этот Андрей принял нас сначала не больно ласково, да как я рассказал ему, за что мы поссорились с филипповцами и как они меня чуть не убили, а барина моего, стрелецкого сотника Дмитрия Афанасьевича Левшина, захватили живьем, так он–батюшки-светы!.. заторопился так, что и Господи! Кричит: "Запрягай лошадей!., проворней!., живо!.." Меня сдал на руки Дарье, а сам в телегу, да и покатил со двора. Дарья накормила меня, примочила голову вином, поразболталась со мной, да такие стала речи говорить, что я рот разинул. "Я, дескать, твоего барина-то знаю!"–"Как так?"–"Ну да, я видела его в Москве; и дочка-то моего хозяина его знает. Он, дескать, ей очень приглянулся!"–"Как не приглянуться- сказал я.–Ведь барин-то мой молодец!"–"А она-то пришла ли ему по сердцу?"–спросила Дарья. Виноват, батюшка! стыдно было вымолвить, что я ничего не знаю. "Как же!–сказал я,–и очень пришла по сердцу. Ведь она пригожа собою?"–"У! батюшки!– закричала Дарья, что твое красное солнышко!.. Вот, Ферапонт, кабы твой барин... Ведь он не женат?"–"Нет, мол, не женат". "То-то была бы парочка!" Вишь, с чем подъехала! подумал я. "Нет, лебедка! Барин-то мой не вашего поля ягода!.. Коли он задумается жениться, так не пойдет искать невесты в раскольничьем скиту!.. Такого молодца и богатого помещика не токмо где-нибудь в городе, да и в самой-то Москве белокаменной с руками оторвут!"

Нет, Ферапонт,–прервал Левшин,–ты напрасно это думаешь. Я точно люблю дочь здешнего хозяина и если не женюсь на ней, так навсегда останусь холостым.

—Вот тебе раз!—прошептал Ферапонт.—Ах, батюшки! Думал солгать, а сказал правду!.. Так она, в самом деле, Дмитрий Афанасьевич, пришла тебе по сердцу?

—Да так-то пришла, Ферапонт, что без нее и жизнь не красна, и молодость не в утеху, и богатство хуже нищеты!

—Ну, это иная речь!.. Коли она тебе люба, так делать нечего,—женись, батюшка!

—Ах, Ферапонт, я боюсь: согласится ли ее отец...

—Что ты, Дмитрий Афанасьевич!—вскричал Ферапонт с таким негодованием, что, казалось, на эту минуту сон прошел.—Да в своем ли ты уме?.. Чтоб этот бала-хонник, у которого и прозвища-то нет, забраковал тебя, родословного человека, такого молодца и красавца!.. Да смеет ли он это и подумать?

—Ты, видно, забыл, что он старообрядец?

—Так что ж?.. А мы то, православные, татары, что ль, или немцы какие?.. Кажись, мы в одного Христа веруем!.. Нет, батюшка, за этим дело не станет. Да вот, примером сказать, хоть Дарья,—продолжал Ферапонт, зевая,—ведь она старообрядка, а знаешь ли что она мне говорила? "Я, дескать, Ферапонт, что гляжу на тебя, то больше дивлюсь. Как я гадала в прошлом году на святках, так видела во сне вовсе не Архипку рыжего, а тебя—точно тебя!.. Видно, ты мой суженый..." Вот оно, батюшка, и выходит... коли она... сиречь, Дарья...

—А что, Ферапонт,—сказал Левшин, не замечая, что слуга его заснул,—взял ли бы ты за себя Дарью?.. Ферапонт!..

—фу-ты пропасть!., вздремнул!.. Что, батюшка Дмитрий Афанасьевич?

—Женился ли бы ты на Дарье?

—На Дарье?.. А почему же нет?—пробормотал Ферапонт, покачиваясь на своей скамье.—Девка знатная... дородная... Ух, батюшки!., как на заре-то марит человека!., так глаза и слипаются!.. Оно конечно, Дмитрий Афанасьевич... почему бы... я уж в летах, и Дарья... не то чтобы... однако ж все-таки... и тово...

Ферапонт прошептал еще слова два или три, голова его помоталась несколько времени то направо, то налево, потом опустилась на грудь, и он заснул тем богатырским сном, о котором так часто говорят в русских сказках, то есть, по словам наших древних рассказчиков, которые любили красное словцо отпустить: "Захрапел так, что сыр-бор застонал и кругом вся земля ходуном пошла".

Несмотря на соблазнительный пример своего слуги, Левшин не мог заснуть. Тысячи различных мыслей и радостных и грустных волновали его душу. За несколько часов до этого он не мог даже надеяться, что останется жив, а и того менее, что может быть мужем той, которая пришлась ему по сердцу. Он любил и знал, что его любили... Но кто она, эта краса-девица, которая с первого взгляда сделалась для него милее всего на свете?.. Где живет? Как зовут ее отца?.. Все это было для него загадкой. Левшии, конечно, не мог ожидать, что случай сведет их опять вместе и если не переставал думать о своей незнакомке, если мечтал иногда о каком-то несбыточном счастье, так это потому, что ему все-таки отраднее было обманывать себя этой утешительной мечтою, чем вовсе от нее отказаться,–и что ж?.. Вот Левшин не только знает теперь, кто эта незнакомка, но может сказать отцу ее: "Я люблю твою дочь, она также меня любит, и коли ты не хочешь сгубить навеки и ее и меня, так благослови нас"... "Боже мой!–думал Левшин,–неужели в самом деле Софья может быть моею женой?.. О! мне кажется, я не переживу этой радости!.. Но если Андрей не захочет назвать меня сыном... если он... избави Господи!., вот тогда-то я буду несчастлив!.. Гы встретился опять с тою, которая была уже для тебя как умершая... Вот она!., жива, любит тебя, может быть твоей женою... Ну, что ж?.. Полюбуйся на нее, посмотри, как она прекрасна–и простись с нею навсегда!.. Навсегда!.." От этой ужасной мысли сердце леденело в груди бедного Левшина; он приходил в отчаяние, а потом опять надежда оживала понемногу в душе его. "Нет!–думал он, Андрей вовсе не походит на этого безумного Пафнутия... Ферапонт правду говорил: он старообрядец так что ж?.. А я-то разве татарин или немец?.. Он молится по старым, а я по новым книгам, а все-таки мы оба молимся тому же Христу... По он так крепко стоит за свою старую веру... Почему знать, может быть, я в глазах его хуже некрещеного... О, Боже мой, Боже мой!–шептал Левшин, чувствуя, что кровь снова застывает

В его жилах.–Скоро ли придет утро?.. Уж один бы конец!"

Левшин успел несколько раз повторить это желание режде, чем оно исполнилось. Когда первый солнечный луч, прорвавшись сквозь густые березы, заискрился на тусклом стекле единственного окна светлицы, Левшин вскочил с постели и накинул на себя верхнее платье; в эту самую минуту постучались в дверь.

–Кто тут?–спросил Левшин.

–Я, батюшка, Дарья. Можно войти?

–Ступай.

–Не прогневайся, господин честной!–сказала Дарья, входя в светлицу.– Я, может статься, помешала тебе почивать?

–Нет, голубушка, ты видишь, я уж одет.

–Вижу, батюшка!.. А твой слуга, кажись, вовсе не ложился... Ах, сердечный, спит сидя!..

–Не тронь его, пусть себе спит.

118

–Я, батюшка, покамест у нас никто еще не вставал, хотела с тобой повидаться и еще разочек поблагодарить тебя за твою великую милость. Кабы не ты, Дмитрий Афанасьевич, умирать бы мне голодной смертью!..

–Что об этом говорить, Дарья. И мне бы также худо пришлось, если б ты не проводила Ферапонта к твоему хозяину. Скажи-ка лучше мне...– промолвил, запинаясь, Левшин.

–Что, батюшка? Знает ли Софья Андреевна, что ты здесь?.. Как же!.. Ну, Дмитрий Афанасьевич... хотя бы мне вовсе не след об этом говорить, да уж так и быть–скажу!.. Заполонил ты ее совсем!.. Вот, подумаешь, что на роду написано, так того никак не минуешь. И то уж диво, что вы друг с другом в Москве повстречались, а теперь опять сошлись в Брынских лесах!.. Ах, Дмитрий Афанасьевич, кабы ты знал, как она обрадовалась!.. Всю ночь напролет не почивала: и плачет, и смеется, и Богу молится!.. Теперь пошла на огород поливать свои любимые цветочки... Да не хочешь ли ты, батюшка, туда прогуляться?.. А есть чего посмотреть: огород у нас такой знатный!.. Сколько яблонь, вишен!.. Коли хочешь, я тебя провожу...

Левшин не мог отвечать ни слова: вся кровь прилила к его сердцу. Мысль, что через минуту он увидит Софью и станет говорить с ней, возбудила в душе его такую радость, такой восторг–и в то же время такой болезненный, неизъяснимый трепет, такое чувство боязни, что он не знал на что решиться, и в первую минуту почти готов был отказаться от этого счастья. Кто истинно любил, тот поймет это чувство и, вероятно, не станет смеяться над Левшиным и дивиться, как дивилась Дарья, которая не могла понять, чего он дожидается.

–Ну, что ж, молодец?–сказала она.–Иль ты не хочешь полюбоваться нашим огородом?.. Ведь, как все подымутся,–промолвила Дарья вполголоса,–так Софья-то Андреевна уйдет опять в свой терем.

–Ну, пожалуй,–прошептал наконец Левшин, с трудом переводя дыхание.–Пойдем!..

–Пожалуй!–повторяла про себя Дарья, идя двором и поглядывая на Левшина, который шел вслед за ней

–Пожалуй!.. Что ж это?.. Уж полно, любит ли он ее?.. Смотри, как нехотя идет!.. Словно его насильно тащут... Ну, если и он так же, как Архипка рыжий, скажет: "Я твой суженый, да не ряженый!.." Чего доброго!.. Может статься, и этот пострел помолвлен на какой-нибудь Дуняшке!..

Левшин и его проводница дошли, не встретив никого, до высокого частокола, которым отделялся от двора и всех строений обширный фруктовый сад, или, по-тогдашнему, огород.

–Пожалуй сюда, Дмитрий Афанасьевич,–сказала Дарья, отворяя калитку.–Вот тут, за этим вишняком, растут у нас подсолнечники, да еще какие, батюшка: выше тебя ростом. Бывало я ухаживала за ними вместе с

Софьей Андреевной; а с той поры, как батюшка ее вывез из Москвы два кустика махровых розанов, так она на подсолнечники и смотреть не хочет... Сюда, батюшка, сюда, по этой тропинке... Ну, вот и Софья Андреевна...

Я не берусь описать вам то, что почувствовал Левшин, когда увидел перед собой Софью. Она стояла, наклонясь над кустом розанов; одна рука ее была плотно прижата к сердцу, другой она обрывала с куста сухие листья. Длинные черные ресницы ее опущенных глаз резко выделялись от помертвевшего лица, бледного как белый мрамор, но все еще прекрасного и исполненного необычайной прелести. Несмотря на ее положение, нетрудно было отгадать, что в эту минуту она вовсе не думала о розанах, на которые смотрела. Рука ее дрожала, высокая белоснежная грудь сильно волновалась. Она не подымала глаз: ее девственный, стыдливый взгляд не повстречался еще с пламенным взором влюбленного Юноши, но сердце в ней чувствовало близость того, чей милый образ не покидал ее ни днем, ни ночью, кто был единственным предметом всех тайных дум ее, надежд и робких ожиданий.

—Софья Андреевна!—сказала Дарья.—Ты хотела сама поблагодарить за меня Дмитрия Афанасьевича... Ну, вот он!

Бледное лицо красавицы вспыхнуло; она приподнялась, хотела что-то сказать, но слова замерли на устах ее. Левшин также не мог вымолвить ни слова. И до речей ли тому, кто чувствует себя вполне счастливым; а в эту минуту Левшин был совершенно счастлив. Жадные взоры его насыщались наконец давно желанным благом; в них переселилась вся душа его; он смотрел с восторгом на Софью и молча наслаждался этим неожиданным блаженством.

—Ну, что ж ты, матушка Софья Андреевна,—сказала Дарья,—промолви хоть словечко!

Вот розовые губки стыдливой красавицы зашевелились, и она прошептала едва слышным голосом:

—Дай Бог тебе здоровья, Дмитрий Афанасьевич!.. Коли Дарья смотрит теперь на свет Божий, так это по твоей милости...

—А я то, Софья Андреевна,—прервал Левшин,—разве не по ее милости вижу тебя и разговариваю с тобою?

—Вот это дело настать!—молвила про себя Дарья,—а то сошлись, да ни словечка!.. Ну, что ж вы стоите?—продолжала она.—Присядьте на этой скамеечке рядком да поговорите ладком, а я меж тем цветочки полью.

Левшин и Софья сели на скамью, которая стояла посреди небольшой куртины мелких вишневых деревьев.

—Я слышала от Дарьи,—сказала Софья,—что тебя чуть не убили, Дмитрий Афанасьевич...

120

–Небольшая беда, если б меня и убили,–промолвил с грустью Левшин.–Ведь я сирота: обо мне пожалеть некому.

–Некому!–повторила с живостию Софья.–Некому!.. И ты можешь это думать?

Эти слова были сказаны таким нежным голосом, что Левшин совершенно обезумел от радости.

–Так ты стала бы жалеть обо мне?–спросил он робким голосом.–Так ты любишь меня?

Вместо ответа Софья потупила опять свои ясные очи и закраснелась, как маков цвет.

–О! Скажи мне, Софья!–шептал Левшин.–Скажи, что ты меня любишь!

–Да разве ты этого не видишь?–промолвила Софья и подумала:

"Может быть, мы никогда уже не встретимся друг с другом> и я в разлуке с тобой зачахну с горя–так все-таки сердцу будет полегче, когда, умирая, подумаю: "Он знает, как я люблю его!.."

–Да, Дмитрий Афанасьевич!–продолжала она, устремив на Левшина взор, исполненный неизъяснимой любви.–Да! Я люблю тебя более всего на свете–ты милее для меня отца и матери...

–А я, Софья,–прервал Левшин,–я не найду и речей, чтобы высказать тебе все, что у меня на сердце. Кабы ты знала, как я тосковал о тебе!.. Весь Божий мир мне опостылел, для других было и ведро красное и светлые летние денечки, а для меня все непогодица и осень темная!.. Мне казалось, что и солнышко меня не греет, что и светит-то оно не для меня!.. Только и бывало радости, как увижу тебя во сне, моя ненаглядная!.. Да и тут беда: во сне-то я радуюсь, а как проснусь, так мне пуще Божий свет не взмилится, вот так бы и лег живой в могилу!.. И мог ли я думать, что увижусь с тобою здесь?.. О, поверь мне: сам Господь Бог благословляет любовь нашу!.. Не будь вчера грозы, не заплутайся я в лесу, не поссорься с филипповцами, и мне бы ввек не узнать, что ты живешь в этих Брынских лесах,–так как же не сам Господь привел меня опять увидаться с тобой?

–Да надолго ли мы свиделись?–промолвила Софья.–Ах, чует мое сердце: скоро мы опять расстанемся и, может статься, эта разлука будет уже вечной разлукой!

–Вечной разлукой?–вскричал Левшин.–О, нет, Софья, теперь уж я не расстанусь с тобой!.. Да не плачь, мой милый друг!.. Бог милостив!.. Я богат, у меня нет ни отца, ни матери, мне не у кого спрашиваться... Я откроюсь во всем твоему батюшке, скажу ему, что ты меня любишь...

Ах, Дмитрий Афанасьевич, не знаешь ты его!.. Ноли ты не придешься ему по нраву, не посмотрит он на мои слезы!..

Да разве он тебя не любит?

Говорят, что любит, да, видно, по-своему. Он ничего для меня не жалеет, у меня всего довольно, да зато, коли он чего не захочет, так Боже сохрани сказать ему словечко вопреки. Ты сирота, Дмитрий Афанасьевич, да ведь и я также сирота. Батюшка так редко бывает со мной ласков, порадует иногда, приголубит... да как будто бы сам этого испугается; ну, словно я ему вовсе чужая. А покойную матушку я даже и не помню. Хотелось бы иногда поговорить о ней с батюшкой, да не смею: он этого не любит. Ах, Дмитрий Афанасьевич, кабы ты знал, что подчас приходит мне в голову!.. Страшно вымолвить!..

–А что такое, Софья?..

–Мне кажется иногда...

–Ну, молодец!–раздался в кустах резкий голос,–видно, ты встал вместе с солнышком!

Левшин и Софья вскочили: позади их стоял Андрей.

–Не больно же ты умаялся, Дмитрий Афанасьевич,–продолжал Андрей.–Вот твой слуга, так его насилу добудились... Да и ты что-то, Софья, поднялась сегодня ни свет ни заря.

–Я, батюшка, пришла сюда...–промолвила Софья.

–Добро, добро!–прервал Андрей.–Нечего отвечать, коли тебя не спрашивают!.. Утренняя роса вредна для девушек. Ступай-ка, голубушка, в свою светлицу. А тебе, молодец,–промолвил он, провожая глазами уходящую Софью,–пора в дорогу: кони ваши оседланы... С Богом!..

–Позволь мне прежде,–сказал Левшин,–переговорить с тобой.

–Со мной!.. О чем? Уж не о том ли, что ты зашел ко мне в огород нечаянно, что вовсе не думал и не гадал повстречаться здесь с молодой девушкой?..

–Нет, Андрей, я пришел сюда нарочно.

–Нарочно?..

–Я хотел повидаться с твоей дочерью.

–Вот что!.. Спасибо, молодец!..

–Выслушай меня. Я люблю Софью Андреевну...

–Что, что?.. Ты любишь Софью?.. Да что ж ты прежде-то во сне, что ль, ее видел?..

–Я видел ее в Москве.

–В Москве?.. Что ты, молодец!.. Да в Москве-то она и на крылечко никогда не выходила.

–Я жил вместе с вами на Мещовском подворье, в небольшом покойчике, рядом...

–С светлицей моей дочери?–прервал с живостью Андрей.–И хозяйка пустила тебя?.. Проклятая старуха!.. Уж я ли ей не заказывал...

–Не гневайся, Андрей!.. Мне в Москве не удалось даже и поговорить с Софьей Андреевной, но теперь, когда я знаю, что она меня любит...

–А ты уж успел это узнать?.. Ну, молодец, проворен ты!

–Ах, Андрей!–сказал Левшин,–будь милостив!..

Не губи навеки и меня, горемычного сироту, и твоей родной дочери!.. Благослови нас...

Андрей не отвечал ни слова, но только угрюмый взор его сделался еще мрачнее.

–Я сам себе господин,–продолжал Левшин,–у меня хорошее поместье; ты знаешь, что я человек родовой и служу сотником в стрелецком войске...

Андрей взглянул с такой презрительной и насмешливой улыбкой на Левшина, что он совершенно смутился и не мог продолжать начатой речи. С полминуты продолжалось молчание.

–Ну, что ж, Дмитрий Афанасьевич,–молвил наконец Андрей,–ты родовой человек, стрелецкий сотник, богатый помещик... Нет ли еще чего-нибудь?.. Уж ты разом все высказывай, а там я повалюсь тебе в ноги и завоплю: батюшка! чем заслужил я такую милость, что ты, знатный господин, желаешь породниться со мной, недостойным раскольником и безымянным человеком?.. Да стоит ли моя Сонька того, чтоб ты изволил ее назвать своею супругой?.. Нет, Дмитрий Афанасьевич, велика честь, а принять ее не смею. Где нам, простым людям, набиваться в такое знаменитое родство!

–Да я не ради хвастовства говорил об этом,–прервал Левшин,–а для того, чтобы ты знал, что дочь твоя будет жить во всяком довольстве.

–Так, Дмитрий Афанасьевич, так! А ведь она у меня, сердечная, живет в нужде.

–Я не говорю этого.

–Конечно, ты бы и меня тогда пристроил к местечку: на первых порах взял бы к себе в приказчики, а там, глядишь, я и в дядьки бы попал к своим внучатам.

–Ты напрасно это говоришь, Андрей!.. Я стал бы тебя любить и почитать как отца родного.

И, что ты, господин честной!.. Ну, пригоже ли простому балахоннику называть сыном родового человека и такого знаменитого сановника!

О, ради Бога!–вскричал Левшин почти с отчаянием, коли ты не хочешь выдать за меня твоей дочери, так не глумись надо мной, а скажи прямо!

Ты желаешь этого?.. Так слушай, Дмитрий Афанасьевич!.. Если бы ты был из наших, то и тогда я не ударил бы с тобою по рукам, не узнав тебя хорошенько, как в голову тебе пришло, что я отдам мою дочь за первого проезжего молодца?.. Богатством ты меня не удивишь, а чином своим и подавно; да это все ничего!.. Будь ты, в самом деле, знаменитым сановником, воеводой, думным боярином,–чем хочешь, а все-таки моей дочери не бывать за тобою... Я воспитал ее в правой вере, так отдам ли в руки никонианца, который совратит с истинного пути и погубит навеки ее душу.

—Да разве, Андрей, я не такой же христианин, как ты?

—И немцы говорят то же. Спроси у любого лотаря, какой он веры, так и тот ответит, что он христианин... Да что толковать об этом!.. Вот тебе мой ответ, Дмитрий Афанасьевич: если б мне сказали, что дочь моя умрет сегодня же, коли я не выдам ее за того, кто исповедует никонианскую веру, так я бы пошел и сам сколотил ей гроб. Прощай, молодец.

Хотя Левшин и должен был ожидать этого решения, но оно поразило его как внезапный громовой удар. Как бы ни был уверен подсудимый, что для него нет никакой пощады, но он все еще чего-то надеется и его, конечно, не столько поразит прощение, которого он не мог ожидать, чем строгий приговор, к которому он был уж приготовлен. Прошло несколько минут, а Левшин все еще не мог опомниться: он стоял неподвижно на прежнем месте. В голове его не было ни одной мысли; он смотрел и ничего не видел, повторял последние слова Андрея и не понимал их; но на груди его лежала свинцовая гора, и он, хотя смутно, как во сне, однако ж чувствовал, что с ним случилось что-то ужасное. Может быть, Левшин пробыл бы еще долго в этом полусознательном состоянии, если б не послышался ему в двух шагах голос верного его слуги.

—Пожалуй, Дмитрий Афанасьевич!—сказал Ферапонт.—Все готово.—Теперь-то настоящая и езда: по холодку ехать и коням легче и нам привольнее. Да нас же,—продолжал он вполголоса,—только что не в шею отсюда гонят!.. Поедем, батюшка!

Левшин молча пошел вслед за Ферапонтом; они сели на коней, и когда выехали за ворота скита, из сторожки выглянула Дарья и сказала шепотом Ферапонту: "Смотри же, голубчик, не забудь: Аксинья Никитишна".

—Небойсь, лебедка, не забуду!—промолвил также шепотом Ферапонт.

—Ну, прощай, добрый молодец!

—Прощай, мое солнышко весеннее!—сказал Ферапонт, подмигнув Дарье и надевая набекрень свою войлочную шапку.

IV

Когда наши путешественники отъехали с полверсты от скита, Ферапонт сказал своему барину:

—Ну, батюшка, какого мы дали крюка!.. Я все расспросил порядком. От постоялого двора, где мы вчера кормили, до села Толстошеина считают с

124

небольшим двадцать верст; а теперь нам придется ехать верст шесть до одного раскольничьего скита: в нем живут какие-то федосеевцы, с которыми Андрей Поморянин и знаться не хочет. От этого скита до полсела Куклина без малого Пятнадцать верст, а от Куклина до Толстошеина, почитай, тоже, ан и выходит гораздо за тридцать. Да это бы еще ничего, а вот что худо, Дмитрий Афанасьевич: лошадки наган сенца пощипали, а овса-то не успели перехватить. И на водопой их не водили... Да что это хозяин наш так заторопился?.. Как разбудили меня, я вскочил-глядь: а уж кони оседланы!.. Вот они раскольники-то, батюшка!.. Нет, мы, православные, не так гостей принимаем: кушай вдоволь, спи себе до полудня, прохлаждайся, а пришла пора ехать, так мы и ворота на запор!.. А это что? "Просим, дескать, милости!.. Рады гостю дорогому... Только не засиживайся, а не то в шею!.." Ну, что, батюшка, успел ли ты намекнуть Андрею о своем дельце?..

—Он все знает,—сказал Левшин.

—Ну, что ж?

—Что, Ферапонт!.. Не судил мне Господь быть счастливым!

—Как так?.. Да неужели он не выдает за тебя своей Дочери?

—И слышать не хочет!

—Нет!.. Да что ж он—рехнулся, что ль! Коли ты ему не зять, так за кого же он хочет выдать свою дочь?.. Ах, он, балахонник проклятый!.. Уж не прочит 'ли он свою дочку за какого-нибудь знаменитого воеводу? лишь, боярин какой!.. Сермяжник этакий!.. Да ты, батюшка, не кручинься,—продолжал Ферапонт, посматривая с участием на своего барина.—Это еще дело поправное.

А как ты его поправишь?—сказал Левшин.—Уж ее думаешь ли ты, что я забуду Софью... полюблю Другую?..

—И это бывает, Дмитрий Афанасьевич...

—О нет, Ферапонт!.. Я уж тебе говорил, что без нее и жизнь мне не красна... Мне и прежде было тяжело, а теперь... о, теперь... я, верно, зачахну с горя!.. Да не качай головой: вот как тоска сведет меня в могилу, так поневоле поверишь!..

—Эх, батюшка барин!.. Да почему ж ты говоришь, что тебе стало теперь еще тяжелее? А прежь сего знал ли ты, где живет твоя красавица?

—Нет. Я не знал даже, кто ее отец и как его зовут.

—Ну, видишь ли!.. Вот тогда было от чего кручиниться-- поди-ка, отыщи на святой Руси того, кого не знаешь по имени!.. А теперь то ли дело: ты знаешь, где она живет, да и мы-то стапсм жить близсхонько: от села Толстошеина до Андреева скита рукой подать... Мало ли что может случиться? Верней всего, что сам Андрей спохватится. Ведь он это так, сдуру тебя ошеломил!.. А не то хотел почваниться да поломаться над тобой. Погоди, батюшка, перемелется рожь—будет мукой!.. Дочка станет к нему приставать, а ты меж тем весточки от нее получать будешь.

—Весточки!.. Да через кого же?

—Ну уж, так и быть, все тебе скажу!.. Ведь Дарья-то стоит в том, что она моя суженая; коли правду сказать, так и я не прочь—девка такая здоровенная, знатной будет работницей!.. Вот она мне и сказала: "Есть, дескать, у меня знакомая старушка, Аксинья Никитична; живет она в скиту федосеевского согласия; вы мимо его поедете. Поклонись ей и скажи, чтоб она ждала меня к себе в будущее воскресенье; а ты" и сам, молодец, приезжай из села Толстошеина, так и со мной повидаешься, и барину твоему привезешь весточку от Софьи Андреевны".

—Ну что ж, Ферапонт, ты, верно, обещал?

—Вестимо, батюшка!.. Коли девица красная зовет на свиданьице, так молодцу непригоже отнекиваться. Ну, Дмитрий Афанасьевич! правду ли я тебе говорил, что дело-то поправное?.. Андрей поупрямится, да как увидит, что с дочкой-то делать нечего...

—Нет!—прервал Левшин,—он не сжалится над ее слезами. Андрей сказал мне, что ему легче видеть свою дочь в гробу, чем женою того, кто исповедует никонианскую веру.

—Так вот что?.. Ну, коли этот шальной станет все играться, так что ж?.. Или доброму молодцу в нареканье оставаться?.. Что, в самом деле: была бы только ее воля, а ведь она не за тремя каменными стенами живет!. Подъехал вечерком на лихой тройке, притаился на задах, да и жди урочного часу. Ей долго ли,—шмыг в калитку, а мы и тут!.. Под белы руки, в телегу—да и катай!.. <

—И ты думаешь, она согласится?

—И, батюшка, коли любит, так на все пойдет... Кто и говорит: с отцовским благословеньем лучше, да коли отец-то этакой упрямый леший!.. А знаешь ли что, Дмитрий Афанасьевич: может статься, он и радехонек будет, коли ты дочку-то его сманишь?

—Почему ты это думаешь?

—Да как же, батюшка: она выйдет за богатого помещика, а он перед своей братьей, старообрядцами, прав останется: "моей, дескать, воли не было, братцы: девка-то, не спросясь меня, под венец пошла. А уж коли их повенчали, так делать нечего, развенчивать не станут".

Несмотря на то, что все эти предположения и надежды казались Левшину не очень сбыточными, он слушал с жадностью утешительные речи Ферапонта. Левшин выехал из Андреева скита с отчаянием в сердце, а теперь хотя и не смел ни на что надеяться, но уж и то было для него большой отрадой, что Софья может, хотя изредка, давать ему о себе весточку. Мало-помалу на сердце у него стало полегче. "Бог весть,—думал он,—когда я увижу опять Софью?.. Но, по крайней мере, буду знать, что с ней делается; может быть, Андрей и, в самом деле, сжалится над своей дочерью; а коли не сжалится да еще вздумает выдать ее насильно замуж, так я узнаю об этом–и тогда... о! только бы Софья-то захотела, а уж я выручу ее!"

Наши путешественники проехали версты четыре, не говоря ни слова. Дорожка, по которой они с трудом пробирались, была проложена по сыпучим пескам; кругом не видно было ни травки, ни цветочка. Одной отрадой для глаз были сучковатые ели, высокие сосны со своей мертвой зеленью и кой-где небольшие лужайки, поросшие, вместо травы, желтоватым мхом и мелкими кустами можжевельника.

Эх, батюшка!–промолвил наконец Ферапонт,–пора бы нам коней напоить: вишь, как у них пахи-то подвело!.. Они, сердечные, со вчерашнего дня капли воды не видали... Да и места-то здесь какие!.. Вот уж я давно посматриваю, нет ли где травки или проточной водицы,–нет как нет!.. Дождевые водопромоины пополам с песком, да сухие еловые шишки–кушай и пей себе на здоровье!..

–А вот мы, чай, скоро доедем до этого скита, где живет Дарьина знакомая.

–Кажись, бы надо скоро доехать. Да шут их знает: скажут шесть верст, а глядишь–все десять!.. Постой-ка, Дмитрий Афанасьевич! Видишь, вон там избушка какая-то?.. Может статься и колодец есть... Поедем-ка, батюшка, поскорее.

Путешественники подъехали к небольшой пзбе, у которой тесовая кровля была окаймлена со всех четырех сторон широким желобком; на углах были сделаны деревянные отливы, а от них проведены другие желобы в огромной величины плетушку, обмазанную снаружи и изнутри глиной; эта плетеная посудина походила на большой продолговатый чан и была почти вся наполнена водой.

–Вот знатный водопой!–сказал Ферапонт, остановив свою лошадь.– Смотри, Дмитрий Афанасьевич, как ухитрились!.. Простая плетушка, а вода-то в ней стоит как в чану!.. Сойдем-ка, батюшка, с коней, так я их обоих разом напою.

–Что вы, что вы?–вскричал, выходя из избы, небольшого роста мужик с калмыковатым лицом, косматой головою и жиденькой светло-русой бородкой.–Не смейте поить здесь лошадей!.. Пе оскверпяйте воды небесной!

–Воды небесной?–повторил Ферапонт.–А! вот что!.. Это у тебя дождевая водица... Так что ж, дядя: и по лужам-то везде дождевая вода... Чем она лучше другой?

–То по лужам, а разве ты не видишь, что это купель?

–Купель?.. Что ты, перекрестись!.. Какая это купель!

—Полно, Ферапонт,—прервал Левшпн.—Не наше дело. Послушай-ка, любезный: коли здесь нельзя, так укажи, где нам напоить коней.

—Да вот недалеко отсюда речка; ступайте прямо: там можно поить лошадей; уж что осквернено, того не осквернишь.

—Поедем, Ферапонт.

—Постойте-ка, постойте!—сказал хозяин избы.—Вы люди, кажись, добрые: хотите ли, братцы, омыть грехи ваши и окреститься крещеньем истинным?

—Ах, ты полоумный этакий!—вскричал Ферапонт—Вот еще что вздумал!.. Да разве мы люди не крещеные?..

—Нет, братцы!.. Или вы не знаете, что наступили времена антихристовы и ничего уже нет чистого на земле?.. Нет ни рек, ни озер, ни источников, ни колодцев, ни студенцов, которые не были бы осквернены прикосновением окаянных слуг антихристовых. А коли неоскверненной воды не обретается на всем лице земли, так не подобает ли нам креститься воединой воде, иже с небес исходит?

—Сиречь дождевой?—сказал Левшин.—Да уж мы, дядя, в ней вчера покупались—нитки живой на теле не осталось.

—Поедем, батюшка,—прервал с приметной досадою Ферапонт.—Что слушать этого шального!.. Вишь, он как с перепоя и сам не знает, что говорит.

—Послушайтесь, братцы!—кричал им вслед хозяин избы.—Эй, говорю вам, примите крещение в воде небесной, да не помянутся грехи ваши!.. Не губите ваших душ—послушайтесь меня!

—Дери горло-то, дери!—шепнул про себя Ферапонт.—Вот напустил на себя какую дурь—уродина этакий!.. Ну, батюшка Дмитрий Афанасьевич, народец живет в здешней стороне!.. Что это такое?.. С виду люди как люди, а с любым заговори,—понесет такую околесицу, что уши вянут!.. Ну, где видано, чтобы крещеных людей перекрещивали?.. И добро бы еще он был чернец или церковник какой, а то простой сермяжник!.. Да ему, лапотнику, и мордвина не след крестить... Кто его в попы-то ставил—чучело этакое!

—Эх, Ферапонт, охота тебе сердиться!—сказал Левшин.

—Да как же, Дмитрий Афанасьевич,—обидно!.. Уж эти раскольники хотят нас, православных, перекрещивать!.. Скопил в плетюшку дождевой водицы, да и кричит: "Креститесь, братцы, крещеньем истинным!" Эх, батюшка, будь я без тебя, так я бы этого перекрещеванца окрестил по-своему!.. Перестал бы он у меня свою плетюшку, купелью называть!.. Кабы ребра два не дощу-пался, так заказал бы и другу и недругу перекрещивать православных христиан.

Ну, вот еще!—прервал Левшин.—Вчера было нам за что драться с раскольниками, а теперь из чего мы станем с ними ссориться?

—Так, батюшка, так! Да зло берет!.. Что ж, в самом деле, мы их зовем только раскольниками, а они уж нас крестить хотят!.. Словно мы жиды какие.

В продолжение этого разговора наши путешественники подъехали к небольшому холму, у подошвы которого струился широкий ручей. По всему скату холма и по берегу ручья разбросаны были в живописном беспорядке высокие избы и низкие лачужки. Этот скит, совершенно похожий на обыкновенные деревни, не был обнесен изгородью, и только по одной молельне, на кровле которой водружен был восьмиконечный крест, можно было догадаться, что тут жили раскольники. Над ручьем, против самой молельни, стоял деревянный шатер, над которым также возвышался восьмиконечный крест.

—Послушай-ка, любезный!—сказал Ферапонт одному молодому парню, который ехал порожняком в телеге навстречу нашим путешественникам.— Ведь это скит федосеевского согласия?

—Ну, да!—отвечал парень, взглянув с любопытством на проезжих.

—Укажи-ка нам, молодец, где живет здесь Аксинья Никитична.

—Бабушка Аксинья—портниха?.. А вот с краю-то третья изба—против самой иордани.

—Сиречь, вот этого шатра, что на реке-то?

—Шатра?.. Какого шатра?.. Тебе говорят: против иордани... Разве шатры с крестами-то бывают?

Ферапонт и Левшин, подъехав к низенькой избушке, сошли с коней; под окном на завалинке сидела пожилая баба, лет шестидесяти; на ней, сверх синего сарафана, который отличался покроем от нынешних только тем, что был вовсе без грудной выемки, надета была серая суконная телогрея с красной оторочкой. На голове ее была бисерная повязка и большая фата из пестрой бумажной материи. Наружность этой старухи была весьма приятная: ее умные голубые глаза одушевлялись веселостью, а правильные черты лица и некоторые остатки прежней красоты доказывали, что некогда она была очень хороша собой.

—Не ты ли, бабушка, Аксинья Никитична?—спросил Ферапонт.

—Я, кормилец,—отвечала старуха.—Что тебе надобно?

—Мы были в скиту Андрея Поморянина, и меня Дарья просила отвезти тебе поклон.

—Спасибо, молодец, спасибо!.. Ну, что она, по добру ли, по здорову?

—Все слава Богу!.. Собирается к тебе в гости.

—Милости просим! Давно пора...

—Жди ее, бабушка, к себе в будущее воскресенье.

—Будем ждать, мой отец, будем!

—Да уж и я, Аксинья Никитична, твой гость.

—Ты, батюшка?.. А ты зачем ко мне пожалуешь?

—Да ведь Дарья-то моя суженая.

—Вот что?.. Ну, батюшка, милости просим!.. Аи Дарьюшка! исполать ей!.. Какого она себе женишка вымолила... Да как это вас Господь свел?.. Что вы приглянулись, что ль, друг другу?

—Видно, что так, бабушка!

—Что ж ты, молодец, очень ее любишь?

—Да так-то люблю, что коли скажу, так не поверишь.

—Как не поверить, батюшка!.. Дело бывалое: ведь и я не всегда была старухою; было и мое времечко, и про меня говорили: "сухота, дескать, сердцу молодецкому!.." Э, да что это я?.. Тьфу! Старуха старая, а какие речи говорю! Ох, я многогрешная, многогрешная!—продолжала Аксинья, вытаскивая из-за пояса четки.—Ну вот, не успею покаяться, и опять за то же!.. И что за радость вспоминать про прежние годочки?.. Ведь они уж не вернутся!

—Дмитрий Афанасьевич!—сказал Ферапонт,—побудь покамест здесь, а я напою коней. Ведь в речке-то можно, бабушка?

—Пожалуй себе!.. Только вон туда, вниз, подальше.

—Скажи мне, Аксинья Никитична,—спросил Лев-шин, оставшись один со старухою,—что ж это за человек такой живет недалеко отсюда, у самой дороги,—что, из ваших, что ль?

—Наш, батюшка, наш!.. Так, убогий человек, юродивый-- Павел, по прозванию Калмык. Он, верно, хотел вас крестить в дождевой воде?

—Да, бабушка!.. Я так и думал, что он безумный.

—Нет, не безумный—и старец усердный, большой постник, да, видно, у него ум за разум зашел... Мало ли и нам возни-то с ним было! Он на прошлой неделе сбирал собор.

—Собор!.. Какой собор?

—Как же!.. Ивана Ерша, Илью Степанова, всех наших учителей и наставников собрал.

—Что ж они, о чем с ним толковали?

—Что, батюшка, грех, да и только!.. Зачали за здравие, а свели за упокой!.. Собрались о вере толковать, а покончили смехом.

—Смехом?

—Да, батюшка. Павел начал говорить об антихристе, стал уговаривать братию, чтоб все крестились в дождевой воде,—другой, дескать, неоскверненной воды на всей земле нет. Вот отец Илья и говорит ему: "Мы тебе, Павел, без знаменья не поверим. Святые проповедники чудеса великие творили: болящих исцеляли, мертвых воскрешали; а ты, Павел, во уверение наше хотя единого жука или муху оживотворь!"—"Нет, братие,— сказал Павел,—я вам другое покажу знамение: дайте мне какую хотите отраву, при вас же выпью и невредим останусь". Илья хотел было попотчивать купоросным маслицем, да Иван Ерш отговорил, и вместо отравы поднес ему стакан доброго вина, а Павел отродясь его не отведывал... Вот, батюшка, как он увидел, что ему от этого зелья никакой болезни не приключилось, так загорланил пуще прежнего: "Что, дескать, окаянные! Видите ли, что ваша отрава меня не берет?.. Будете ли теперь меня слушаться?.. А коли вам этого мало, так давайте еще стакан". Как у него в головушке-то позашумело, так он перестал и о вере говорить. Только что кричит: "Подавайте вашей отравы!" Отец Алексей велел поднести ему третий стакан, да и говорит: "Слушай, Павел, коли после этого ты будешь сидеть прямо, так вера твоя права, а коли покривишься, так и вера твоя кривая". Как Павел хватил третий стакан, так его вовсе разобрало; он не успел и двух слов вымолвить, свалился под лавку, да тут и заснул.

—Ну, что ж, как он выспался?

—И, батюшки!.. Начал нас всех позорить на чем свет стоит!.. "Я, дескать, вас, окаянных неслухов, призывал к истинному крещению, да вы не хотели—так нет же вам чести со мною! Пойду на перепутье и стану всех проезжих крестить".

—Хорошо, что вы не послушались этого шального; где видано, чтоб крещеные люди перекрещивались?

—Нет, батюшка, и паши все перекрещиваются.

—Что ты, бабушка?

—Да, молодец!.. Только не в дождевой воде, а вот здесь в речке... Вот видишь, прямо-то—иордань!

—Так и ты, Аксинья Никитична, перекрещивалась?

—Мне зачем, кормилец! Я уж человек не молодой:

меня крестили по-старинному, когда православная вера не была еще в растлении. Вот Дарье так надобно креститься. Я давно уговариваю, а ее все этот пострел Андрей Поморянин сбивает.

—Ну, батюшка,—сказал Ферапонт, подводя Султана,—садись-ка, пора в путь!.. Мне сказали, что отсюда все прямая дорога вплоть до полсела Куклина, а там нам укажут... Послушай, бабушка: коли Дарья придет к тебе прежде, чем я приеду, так скажи ей, что я безотменно буду.

—Скажу, батюшка!.. Ну, прощайте, добрые молодцы! Не поминайте лихом.

—Счастливо оставаться, Аксинья Никитична! Смотри, припасай пирогов к воскресенью; да коли бражки выставишь, так мы тебе челом; а коли винца—так и подавно!

V

Солнце было уже высоко, когда Левшин и Ферапонт, проехав полсело Куклино, стали приближаться к цели своего путешествия. Версты за две до вотчины боярина Куродавлева проселок, по которому они ехали, вывел их на большую Мещовскую дорогу. Миновав боярский хутор с обширной винокурней, на которую Ферапонт поглядел очень умильно, путешественники повернули в широкую просеку. Она оканчивалась на берегу небольшого, но весьма красивого озера. Когда они выехали из леса, перед ними раскрылся очаровательный вид. Сверху от них, прямо через озеро, на гористом берегу возвышались огромные хоромы, которые, со своими службами и всей усадьбой, походили на небольшой городок. С первого взгляда Левшин заметил, что боярин Куродавлев хотел выстроить себе дом, похожий–разумеется в малом виде–на знаменитый Коломенский дворец... Средину его составляло большое двухэтажное здание с высокой выгнутой кровлей, у которой выпуклые бока суживались книзу. С правой стороны к этому зданию была пристроена вышка; она, по своей двойной кровле и остроконечному верху, походила на небольшие безыменные башни Московского кремля. С левой стороны крытым переходом соединялся с главным зданием красивый терем о трех жильях с большими уступами. К этому терему примыкала особая палата с куполом или главою, которой не доставало только креста, чтоб совершенно походить на церковную главу. Левшин узнал впоследствии, что в этой палате была образная боярина Куродавлева. Все это огромное здание, не исключая самой вышки, было построено из толстых сосновых брусьев. Направо от господского дома, который со своими принадлежностями, двором и огородом занимал несколько десятин земли, начинался длинный порядок красивых изб; в них жила отдельными семьями многолюдная дворня боярина. На левой стороне на большом пространстве разбросаны были конюшни, скотные дворы и обширная псарня с высокой светлицей для боярских соколов и кречетов. Вся описанная мною усадьба занимала почти весь берег, противоположный тому, на котором в эту минуту находился Левшин. Полюбовавшись несколько минут этим прекрасным видом, Левшин повернул налево и поехал берегом озера вдоль длинного порядка крестьянских изб.

–Ну, батюшка!–сказал Ферапонт,–как здесь мужички-то пообстроились!.. Одна изба лучше другой!.. И то сказать: лесу-то им не занимать-стать!.. Да, видно, и барин у них милостивый и добрый.

–А что?

–Как же, Дмитрий Афанасьевич!.. Посмотришь, в иной деревне

народишко такой чахлый, испитой, взглянуть не на что!.. А здесь, погляди-ка, батюшка, какие все ребята дородные—молодец к молодцу!.. А бабы-то!.. Вон сидит на завалинке—печь печью! Вон и другая... видишь, батюшка?

—Вижу, так что ж?

—А то, Дмитрий Афанасьевич, что, видно, житье-то их не плохое: с горя люди не жиреют.

Миновав село, наши путешественники переехали через плотину и повернули направо по широкой дороге, которая вела прямо к господской усадьбе. Подъехав к воротам, Левшин, из уважения к высокому сану хозяина, не въехал на двор: он отдал своего коня Ферапонту и пошел пешком. На крыльце боярского дома стояло человек пять служителей, а посреди двора, крутом высокого столба, который оканчивался лежачим колесом, похаживал на цепи ручной медведь. Когда Левшин стал приближаться к дому, двое слуг сошли вниз навстречу к гостю, поклонились ему в пояс и ввели под руки на крыльцо. В сенях дворецкий боярина, встретив Левшина обыкновенным приветствием: "Добро пожаловать, батюшка, милости просим!", вошел вслед за ним в огромную прихожую. В ней сидело на скамьях до тридцати слуг, просто, но очень опрятно одетых. Вдоль одной из стен прихожей развешаны были длинные пищали, винтовки, ручницы, сабли, ножи, чеканы, кольчуги и железные шапки-ерихонки. На другой висела богатая конская сбруя, охотничьи рога и шкуры затравленных волков и лисиц, а у дверей, ведущих в соседний покой, стояли: с одной стороны чучело огромного медведя, убитого самим хозяином, а с другой—большая клетка, в которой сидел ученый ворон. Когда Левшин вошел в прихожую, все слуги встали и поклонились ему очень вежливо.

—Как прикажешь о себе доложить боярину?—спросил дворецкий.

—Доложи Юрию Максимовичу, что стрелецкий сотник Левшин приехал к нему из Москвы с письмом от боярина Кириллы Андреевича Буйносова.

—От Кириллы Андреевича?.. Ну, батюшка, порадуешь ты нашего боярина! Пожалуй сюда,—вот в этот покой. Я пойду, доложу о тебе.

Левшин вошел в соседний покой; в нем вся домашняя утварь состояла, так же, как и в прихожей, из одних лавок, да сверх того стоял дубовый стол, покрытый узорчатой скатертью, на которой вытканы были изображения тарелок со всем столовым прибором и блюда с жареным павлином, поросенком, пирогами и разным другим кушаньем. Вместо нынешних люстр опускались с потолка на тоненьких бечевках красивые клетки с певчими птицами; и у одного из окон в круглом коробе, с нитяным плетеным верхом, бился и вавакал неугомонный перепел...

Минут через пять вошли из прихожей двое слуг: один с лоханью и умывальником, другой с подносом, па котором стояла серебряная кружка. Левшин вымыл руки, обтер мокрым полотенцем запыленное лицо и выпил с большим удовольствием кружку холодного меда, который показался ему очень вкусным. Вскоре затем явился опять дворецкий и сказал, что боярин дожидается с нетерпением своего гостя. Левшин, идя вслед за ним, заметил, что почти все комнаты были тесны, без всякого убранства и по большей части обезображены огромными и неуклюжими печами. Пройдя крытым переходом, они стали подыматься в верхнее жилье терема. Дворецкий остановился у дверей, подле которых сидели два мальчика, одетые в красные терлики. Один из них отворил дверь, и Левшин вошел в обширную, обитую малиновым сукном, светлицу; по стенам ее висели турецкие ятаганы и пистолеты в серебряной оправе, дорогие казылбашские сабли, стальные зерцалы, то есть латы с золотой и серебряной насечкой; на широких полках расставлены были серебряные кружки, братины и китайские фарфоровые сули, а в особом ставце за стеклом стояли жалованные кубки, высокая горлатная шапка боярская и лежал серебряный шестопер, или булава, богато украшенная бирюзой и драгоценными каменьями. В переднем углу, то есть под образами, сидел боярин Юрий Максимович, перед ним, на небольшом столике, лежала раскрытая книга в бархатном переплете. На боярине был шелковый турецкий кафтан, то есть длинное платье без козыря и петлиц, похожее своим покроем на бухарский халат. Хотя темно-русая, окладистая борода Куродавлева была уже с проседью, но он мог еще, по своему росту, осанке и бодрому виду, называться молодцом. Во всех чертах его красивого и мужественного лица выражались веселость, привет и эта русская удаль, для которой, при случае, все трын-трава. В его улыбке было много радушия; но если б Левшин был хорошим физиономистом, то без труда бы заметил по взгляду и особенному выражению в голосе, что Куродавлев, несмотря на свою веселость и добродушие, вовсе не чужд этой боярской спеси, которая была некогда любимым грехом всех русских сановников.

—Добро пожаловать, господин сотник!—сказал Куродавлев, не вставая сам и не приглашая Левшина садиться.—Полно, так ли доложил о тебе мой дворецкий?.. Ведь ты прозываешься Левшиным?

—Да, Юрий Максимович.

—Левшины бывали в старину люди родословные—да ведь нынче не разберешь!.. Не прогневайся, если я тебя спрошу,—продолжал боярин, заглянув в раскрытую книгу,—как называли твоего дедушку?

—Дмитрием Степановичем.

—Вот, по разрядной книге, не он ли был при царе Михаиле Федоровиче...

–Стольником и суздальским воеводой,–прервал Левшин.

–Так!.. А начальный человек вашего рода прозывался Суволь-Левша–так ли, молодец?

–Так, боярин.

–Садись, любезный!

–Позволь мне прежде вручить тебе письмо от боярина Кириллы Андреевича,–сказал Левшин, подавая свиток.

–Пожалуй, пожалуй!.. Что-то он, дружище, ко мне пишет? Левшин,–продолжал вполголоса Куродавлев, поглядывая на своего гостя,–внук суздальского воевода–стрелецким сотником!.. Эки времена!.. Да что, твой батюшка здравствует?

–Нет, боярин. Он давно уж помер.

–Так вот что!.. Тебе, чай, молодец, приглянулся кафтан с петлицами да шапка ухарская?.. Разум молодой, а воля-то своя...

–Покойный мой батюшка,–прервал Левшин почтительным, но твердым голосом,–был сам стрелецким сотником.

–Право?.. Так батюшка твой был стрелецким головою?.. И уж, верно, по царскому указу?.. Вот и у меня приятель, Никита Данилович Глебов, взят в нынешнем году поневоле в полковники к стремянному стрелецкому полку. Да он челобитную подавал: "Цари, дескать, и государи великие князья, пожалуйте меня, холопа своего, за крови и за смерти, и за многия службы сродников моих, и за мои, холопа вашего, служьбишки, велите челобитье мое записать, чтоб, государи, нынешняя моя полковничья служба мне, холопу вашему, и детишкам моим и сродникам, от иных родов была не в упрек и не в укоризну, и с моею равною братиею не в случай". Так на эту челобитную и дан указ, чтобы службу в стрелецком войске ему, Никите Глебову, и детям, и всем сродникам, и всему роду в упрек и укоризну не ставить, и его, Глебова, тем чином не сметь никому бесчестить... А твой батюшка подавал ли челобитную?

–Нет, боярин. Он пошел в стрелецкие головы охотою.

–Охотою.'.. Ну, это иная речь!.. Уж коли он сам своей чести поруху сделал, так пенять не на кого!.. Да садись, молодец, а я меж тем посмотрю, что пишет ко мне Кирилла Андреевич.

Левшин сел на стул подле окна, а Куродавлев развернул свиток и прочел вслух: "Государю моему и другу сердечному Юрию Максимовичу!.. Здравствуй, друг мой Юрий Максимович, на многие впредь будущие лета!.. Пишешь ты ко мне, друг сердечный"... Тут Куродавлев начал читать про себя, а Левшин, окинув любопытным взглядом боярский покой, полюбовался развешанным по стенам оружием и подивился огромным серебряным братинам, из которых многие были величиною с ведро. Но когда он взглянул в открытое окно, подле которого сидел, то едва мог удержаться от невольного восклицания при виде

135

великолепной картины, которая представилась его взору. И подлинно, вид из терема на все противоположные окрестности озера был в высочайшей степени живописен. Прямо, за господским двором, начинался покрытый пушистой зеленью луг; он опускался пологим скатом до самого озера, которого спокойные воды, блестящие и прозрачные, как чистый хрусталь, разливались версты на две кругом. Налево, по берегу, а потом вдоль речки Брыни, росло густое чернолесье; направо тянулось выстроенное в один порядок большое село с каменной церковью; еще правее, за селом, виднелась высокая плотина, которую заслонял по местам ветвистый и раскидистый ветлянник, а за нею расстилались обширные поля и синели вдали, как подернутое туманом море, сплошной и бесконечный бор.

–Эх, брат Кирилла!–промолвил вполголоса Куродавлев, остановясь читать письмо,–жаль мне тебя, горемычного!.. Ты, чай, любезный, знаешь,–продолжал он, обращаясь к Левшину,–что у Кириллы Андреевича тому лет пятнадцать назад, в здешних Брынских лесах пропала, вместе с своей нянюшкой, родная дочка, а моя крестная дочь-дитя лет четырех... Вот недавно прошел слух, что^эта нянюшка, по имени Татьяна живет здесь в одном раскольничьем скиту; я написал об этом Кирилл Андреевичу, а сам поехал в скит, чтоб допытаться от этой беглой девки, куда девала она свою барышню. Что ж ты думаешь? Я застал Татьяну на смертном одре, без языка–при мне и душу Богу отдала. От других в скиту я не мог ничего добиться и с чем приехал, с тем уехал назад. А Кирилла Андреевич пишет ко мне, что зашиб ногу, и оттого не может сам ко мне приехать; но лишь только сможет, так не мешкая отправится в дорогу. Великая для меня радость повидаться с другом сердечным, да жаль, что его-то мне нечем будет порадовать!.. Посмотрим, что он еще пишет,–продолжал Куродавлев, принимаясь опять за письмо.–Что это!–вскричал он, прочтя несколько строк.–Владыка живота моего!.. Так это правда?.. Ах они богоотступники!.. Воры проклятые!.. Да как их, окаянных, земля носит!.. Неужели, в самом деле, эти крамольные стрельцы...

–Да, боярин, все правда, что пишет тебе Кирилла Андреевич.

__ Не может быть!–прервал Куродавлев.–Ну, пусть они извели своих начальных воевод, князей Долгоруких, убили Нарышкиных и Ромодановского, подняли на копья боярина Матвеева–от этих разбойников все станется; но чтоб они посягнули на власть помазанников Божьих... Нет, нет! Это сказки–я этому и верить не хочу!

–Вот то-то и есть, боярин, что все это, попущением Господним, истинная правда.

–Истинная правда!–повторил Куродавлев.–Да что Москва-то, деревня, что ль?.. Или в ней, кроме одних стрельцов, и народу не стало?.. Господи

Боже мой! Злодеи дерзнули ворваться силой в царские палаты, вломились в терем нашей матушки царицы Натальи Кирилловны, и вся Москва не поднялась разом, не заслонила грудью своих царей православных, не закидала шапками эту поганую сволочь!

—Все это, Юрий Максимович, случилось так внезапно.

—И зачинщики этих смут еще живы!—продолжал с возрастающим жаром Куродавлев.—И эти крестоизменники стрельцы похваляются своим удальством!.. И их позорным именем не клеймят еще всякого мошенника и негодяя!..

—Нет, боярин!.. Всем стрельцам дана похвальная грамота и велено их, ради почета, называть не стрельцами, а надворной пехотой.

Лицо боярина покрылось смертной бледностью, он сжал в кулак письмо Буйносова и замолчал; но это нахмуренное чело, этот пылающий гневом взор сильнее всяких слов выражали то, что происходило в душе его.

—Вот до чего мы дожили!—промолвил наконец Куродавлев.—Эх, Москва православная, что с тобою сталось!.. Или все эти заморские выходцы вовсе тебя обасурманили, нашу матушку?.. Слава тебе, Господи, что я уехал на житье в Брынские леса. Здесь воры и мошенники меня боятся, а там бы мне пришлось кланяться им в пояс!.. И эту весть о сраме московском,—продолжал боярин, устремив свой гневный взор на Левшина,—эту весть о неслыханном злодействе стрельцов прислал ко мне Кирилла Андреевич с тобой—стрелецким сотником. Я, боярин, ни делом, ни словом не участвовал в этом мятеже стрельцов; меня тогда и в Москве не было.

—Еще бы участвовать!.. Будет и того, что у тебя на плечах-то этот опозоренный кафтан!.. Ну, голубчик, кабы я все это знал да ведал, так не бывать бы тебе моим гостем!

Левшин вспыхнул.

—Коли прикажешь, Юрий Максимович,—сказал он вставая,—так я сейчас же уйду.

—Ну, полно, любезный, не сердись!—прервал Ку-родавлев ласковым голосом.—Я это так... сгоряча сказал. Вестимо, правый за виноватого не ответчик; да дело-то, видишь, такое, что надо вовсе быть бабой, чтобы кровь во всем тебе, как в котле, не закипела!.. А моя-то еще покамест бурлива: вот так и боюсь опять за письмо приняться... сердце замирает!.. Ну, что еще он пишет?.. А!.. Это никак о тебе... Вручитель сей грамотки стрелецкий сотник, Дмитрий Афанасьевич Левшин..."

—Как!.. Так стрельцы-то и тебя, своего товарища, хотели уходить?

—Хотели, боярин.

—За то, что ты... ах, молодец!.., ты сказал про стрельцов, что они бунтовщики и разбойники?

—Что ж делать, Юрий Максимович, не вытерпел.

—И ты сказал это не тайком?

—То-то и есть, что не тайком, но на Красной площади.

—Аи да молодец!.. Ну, что ж они?

—Вестимо дело! Хотели меня убить.

—Как же это тебя Бог помиловал?

—Да приятель нашел мне укромное местечко на одном подворье...

—Так ты до твоего отъезда из Москвы и глаз на улицу не показывал?

—Нет, Юрий Максимович. Когда был собор против еретика Никиты Пустосвята и все изменники опять поднялись, так я ходил в Грановитую палату...

—В Грановитую палату!.. Да она, чай, битком была набита стрельцами?

—Как же!.. Все мои злодеи там были.

—И ты, не глядя на это?

—А что ж, боярин?.. Да неужели мне было прятаться и сидеть взаперти, когда в государевых палатах толпились сотнями изменники, а верных-то слуг царских было наперечет?.. Нет, Юрий Максимович, не тому учил меня покойный батюшка. "Умереть что!—говорил он,—лишь бы только привел Господь сложить голову за веру, да за царя православного".

—Так, молодец, так!—прервал Куродавлев.—Ну, Дмитрий Афанасьевич,—продолжал он, едва скрывая свой восторг,—так стрельцы-то тебя не захватили?

—Как же, боярин!.. И захватили и убить хотели.

—Ну что ж, как они собрались тебя убить, ты не попятился?

—Нет, Юрий Максимович.—Не просил у них милости?

—Милости?.. У этих изменников?.. Сохрани Господи!.. При мне была сабля, боярин, а с ней я милости ни у кого не прошу!

—Вот что!—промолвил Куродавлев, вставая с кресел.—Так ты вот каков!.. Ну-ка, брат, поди сюда—поди поцелуемся!.. Ах ты, сокол мой ясный!.. Молодец ты мой!.. Голубчик!..

—Да что ж я такое сделал, Юрий Максимович?—сказал скромный юноша, удивленный этой неожиданной выходкой боярина.

—Что сделал?—вскричал Куродавлев.—Ты сказал в глаза стрельцам, что они разбойники, не побоялся явиться перед ними и стать грудью за веру и царей православных; попался к ним в руки, а не попятился, не вымаливал себе пощады, не кланялся этим окаянным душегубам!.. Молодец из молодцов!.. А я было совсем тебя разобидел!..

—Ничего, боярин.

—Как ничего!.. Прости меня, Бога ради!.. А все этот проклятый служильный наряд!.. Эх, Дмитрий Афанасьевич! да потешь меня, сбрось ты этот опозоренный кафтан!.. Ну, вот, как Бог свят, видеть его пе могу!

—Да у меня другого платья нет,—сказал Левшин.

138

—За платьем не станет, Дмитрий Афанасьевич: бери любое из моих... Да вот мы как раз это дело уладим.

Боярин свистнул и сказал мальчику, который вошел в покой:

Позови сюда Кондратия–да живо! Мы с тобой, почитай, одного роста,– продолжал он, обращаясь к Ле-вшину.–Я только подороднее и поплечистее тебя–да это не беда! Ведь здесь московских красавиц нет, Дмитрии Афанасьевич, так тебе рядиться не для кого. Да и сказать: что бы ты ни надел, а все будешь молодцом. Эх,–промолвил Куродавлев, глядя почти с отцовским участием на Левшина,–подумаешь: этакой удалой детина, красавец, родовой человек сгублен ни за что ни про что... ну, жаль!

—Да Бог милостив,–сказал Левшин,–может статься, я скоро вернусь снова в Москву. За меня похлопочет князь Хованский, Кирилла Андреевич замолвит словечко...

—И, любезный!–прервал боярин,–не о том речь!.. То дело поправимое, а вот уж службишка-то окаянная твоя–так это дело поправки!.. Не токма себе, да и всякому роду-то вашему бесчестье на веки веков.

—Дозволь слово молвить, боярин,–сказал Левшин.–Да разве есть служба бесчестная, коли я служу царю-государю и служу верой и правдой!.. Воля твоя, Юрий Максимович, а я в толк не возьму, почему родословному человеку не зазорно писаться в жильцах и даже в детях боярских, а бесчестно служить начальным человеком в стрелецком войске?

—Что ж делать, любезный, уж так искони ведется.

—Так, видно, боярин, приятель твой, Кирилла Андреевич Буйносов, не так мыслит. Хотя покойный мой батюшка и был стрелецким головой, однако ж Кирилла Андреевич не брезговал нашим хлебом и солью и называл батюшку своим другом задушевным.

—Да это что, Дмитрий Афанасьевич?.. Пбчему не быть приятелем с добрым человеком, хотя бы кто из роду его или даже он сам служил в стрелецком войске?.. А вот породниться с ним–ну нет, любезный, это речь другая! Дружба дружбой, а родство родством. Да вот хоть, примером, ты, Дмитрий Афанасьевич, верный царский слуга, удалой молодец, красавец, внук суздальского воеводы–кажись, кому бы ты не жених?.. Ан, нет!.. Дедушка у тебя был воеводою, да батюшка-то пошел охотою в стрелецкие головы, и сам ты служишь в стрельцах, так не прогневайся–никакой родословный человек, хотя бы вовсе беспоместный, так и тот не выдаст за тебя своей дочери. Тебя-то самого и я бы не забраковал, любезный,– продолжал боярин приветливым голосом,–ты мне крепко пришелся по сердцу!.. Давай нам этакого роденьку! Милости просим! Для такого жениха ворота настежь!.. Только вот беда: ты сам, Дмитрий Афанасьевич, в наши боярские ворота пройдешь, да твой чин-то вместе с тобой не пролезет!

—Что изволишь приказать, батюшка Юрий Максимович?—спросил дворецкий, войдя в комнату.

—А вот что, Кондратий,—сказал Куродавлев.—Видишь ты этого молодца?.. Это дорогой мой гость, Дмитрий Афанасьевич Левшин.

—Знаю, батюшка.

—Пока он станет у меня гостить, у вас будет два барина,—понимаешь?

—Понимаю, Юрий Максимович.

—Что он прикажет, то я приказал,—слышишь?

—Слышу, батюшка.

—Служитель его твой гость, Кондратий; смотри, чтоб он был всем доволен. Коней отдай на руки Тереш-ке,—скажи, чтоб он их холил и берег пуще своего глаза!.. Да вели баню натопить—слышишь?

—Слышу, батюшка.

—Теперь проводи Дмитрия Афанасьевича в его покои и принеси к нему мой скарлатньга ходильный зипун, голубой камчатный терлик да дымчатый опашень из зуфи. А ты, Дмитрий Афанасьевич,—промолвил Куродавлев, обращаясь к Левшину,—носи их на здоровье!.. Да уговор лучше денег: коли хочешь потешить хозяина, так смотри, молодец, не гости, а живи у меня, как в своем доме, запросто, нараспашку!.. Ну., прощай покамест, любезный, ступай, отдохни немного. Чай, у тебя с дороги-то все косточки побаливают; а вот погоди: как выпаришься хорошенько в бане, так будешь завтра как встрепанный.

VI

Спустясь вниз по лестнице до нижнего жилья терема, Левшин вошел вслед за дворецким в чистую и веселую светлицу, в которой стояли: кровать с белым пологом, стол и несколько стульев, обитых казанской юфтью. За этой светлицей была небольшая каморка для слути, сени и выход на задний двор, который отделялся от боярского огорода решетчатым забором.

—Ну, что, Дмитрий Афанасьевич,—спросил Кондратий,—любы ли тебе эти покойчики?

Чего ж мне лучше?—отвечал Левшин.—И вид отсюда такой веселый.

—. Да? батюшка, и озеро наше и село—все на глазах. Да не угодно ли тебе, Дмитрий Афанасьевич, выкушать чарку доброй настоечки и закусить чем-нибудь? Ведь боярин изволит кушать не ранее полудня, так до обеда-то еще не близко.

–Нет, любезный, не надо. Я разденусь, да отдохну немного.

–Ну, как изволишь, а я сейчас принесу тебе платье с боярского плеча. Коли не вовсе будет впору, так не осуди, Дмитрий Афанасьевич,–не по тебе делано.

Когда дворецкий вышел из светлицы, Левшин скинул верхнее платье и сел возле открытого окна. Он смотрел с любопытством на обширный господский двор, который представлял живую картину этого привольного житья наших старинных богатых помещиков и беззаботного разгульного быта их многочисленных челядинцев. Разумеется, эта роскошь старинных бояр не значила ничего перед нынешнею утонченною европейскою роскошью; она почти всегда заключалась только в различных охотах, неисчерпаемом изобилии первых потребностей и забавах, не слишком разборчивых, но которые, однако ж, имели достоинство, весьма редкое в наше время. Эти забавы, ' несмотря на то, что доставались очень дешево, всегда достигали своей цели, то есть забавляли; и если верить преданьям старины, так наши предки никогда не разорялись для того, чтобы умирать от скуки. Впрочем, так и быть должно: ребенка тешит и копеечная игрушка, а мы уж люди взрослые, "и если подчас тратим также деньги на игрушки, то, по крайней мере, платим за них очень дорого и вовсе ими не забавляемся.

Ясная и теплая погода выманила на двор всех боярских челядинцев. В одном углу молодые ребята играли в городки, подле них человек пять тешилось в свайку. Там дворовые женщины кормили русских кур и заморских цесарок; тут мальчики дразнили задорного козла, который, гоняясь за ними, делал предиковинные скачки; с полдюжины пав чинно прогуливались по двору, а два павлина, распустив колесом свои радужные хвосты, сидели на заборе, вдоль которого, как важный боярин, медленно и гордо похаживал долгоногий журавль; кругом высокого столба с лежачим колесом толпилось человек двадцать холопов. Сначала Левшин не мог рассмотреть, чем забавлялась эта господская челядь. Он слышал только время от времени смех и громкие восклицания; но вот толпа расступилась, и он увидел потеху, от которой в первую минуту сердце его замерло от ужаса: широкоплечий, приземистый детина боролся в обхватку с медведем. Крепко прижав этого смельчака к мохнатой груди своей, медведь ревел ужасным образом и силился подмять его под себя. Но, видно, этот борец был сам медвежьей породы: он стоял крепко на ногах и, казалось, не старался даже воспользоваться неповоротливостью своего соперника, а хотел взять просто на силу. После нескольких неудачных попыток, ему удалось как-то сломить медведя и повалить его на спину; разумеется, они упали вместе.

–Аи да молодец!–закричали холопы.–Что, брат, Мишка, видно, нашел по себе!.. Ну, любезный, смотри! Он теперь от тебя не отвяжется.

И подлинно, обиженный Мишка не вдруг расстался со своим победителем. С полминуты валялись они оба, и медведь и человек, в грязной луже, которая после проливного дождя не совсем еще высохла. Наконец медведь выбился из сил, а человек, высвободясь из его объятия, встал и начал оправляться.

–Что это?–молвил про себя Левшин.–Да это никак Ферапонт?.. Ну так и есть!.. Эй, Ферапонт!–закричал он, высунясь в окно.

Через минуту явился перед ним не лаврами увенчанный, но запачканный грязью победитель медведя.

–Что это, Ферапонт, в уме ли ты?–сказал Левшин.–Вот нашел забаву–бороться с медведем!.. Ну, долго ли до греха?

–Ничего, батюшка, ничего!–отвечал Ферапонт, обтирая рукавом свое покрытое потом и разгоревшееся лицо.–Медведь ручной, с ним вся здешняя дворня борется.

–Посмотри-ка на себя: как черт из болота вылез–весь в грязи! Стыдно, Ферапонт!.. Мы люди приезжие...

–Да так, Дмитрий Афанасьевич, за спором дело стало. Вот как ты, батюшка, пошел к боярину, у меня тотчас отобрали коней, а самого повели в застольную, начали завтраком угощать, винца поднесли...

–То-то и есть! Я вижу, ты уж хлебнул.

–Что, батюшка!.. Ну, выпил стаканчик, закусил пирогом, а там на пирог еще хватил чарочку–вот и все... 1ы бы посмотрел, как пьют здешние холопы!., идин при мне тяпнул такой стаканище–право, с полосьмухи будет, а ни в одном глазу: словно бражки выпил, то сказать–втянулись, батюшка: вино-то не покупное–пей сколько хочешь!.. Говорят, и боярин-то сам диво ли, что его челядинцы стаканчика придерживаются!.. Не даром ведется пословица: "игуменья за чарку, а сестры за ковши".

–Ну, пригожее ли дело, Ферапонт; нас здесь приняли как родных, а ты такие речи говоришь?

–Да я ведь, батюшка, не то говорю, чтоб здешний боярин или холопы его были пьяницы–сохрани Господи!.. Что за беда, коли человек пьет вино? Лишь бы разум не терял! Ведь кто пьян да умен, два угодья в нем, батюшка Дмитрий Афанасьевич!

–Полно вздор-то говорить!

–Слушаю, батюшка, слушаю!.. Ну вот, изволишь видеть: как я позавтракал да познакомился с здешними холопьями, так мы от безделья начали силку пытать. Выставили против меня трех молодцов, выше тебя ростом; я грохнул оземь одного, другого, а третьему-то никак и ногу вывихнул. Вот любимый боярский шут, Тришка, по прозванью Пузырь–такой уродина, что и сказать нельзя!.. А рожа-то какая!.. Ну, поверишь ли, батюшка, я этакой образины отродясь не видывал; а как начнет говорить–голос-то у него с хрипом, да с присвистом– ну так и умрешь со смеху!.. Вот

Тришка-то Пузырь и молвил мне: "Поди-ка, брат, да побори нашего медведя, так уж будешь молодцом". К нему пристали другие, а пуще всех старший боярский конюх–Терентием зовут–так меня и подзадоривает... "Ни за что, дескать, не поборешь–наш Мишка тебя в грязь втопчет". Фу, досадно стало!.. А мне ведь, батюшка, не впервые; у покойного твоего батюшки был также ручной медведь–такой задорный бороться; бывало не отвяжешься. Слово за слово заспорили. Я пошел, схватился с Мишкою, да и сломал его. Только он, проклятый, помял меня порядком, такая здоровая скотина.

–Вот, батюшка Дмитрий Афанасьевич,–сказал дворецкий Кондратий, входя в светлицу,–боярин прислал к тебе свой скарлатный зипун. Он и трех разов не изволил его надевать... А этот камчатный терлик, кажись, еще не обновлен, опашень также вовсе новехонек. Просим, батюшка, принять и носить на здоровье. Да пожалуй в столовую палату: боярин, чай, уж вышел.

Когда дворецкий ушел, Левшин надел на себя скарлатный зипун.

–Вот одежа-то знатная!–сказал Ферапонт, любуясь своим барином.–Ну, уж подлино боярский наряд!.. Маленько не по тебе... да пошире-то лучше, Дмитрий Афанасьевич!.. То ли дело, как одежа с запасцем: похудеешь–ничего; раздобреешь–также не беда: все впору!

Левшин нашел в столовой комнате, той самой, в которой он любовался узорчатой скатертью, боярина, приходского священника и человек десять очередных холопов, из которых каждый смотрел в глаза Юрию Максимовичу, ожидая его приказаний. В одном углу, на низенькой скамеечке, сидел безобразный мужик, небольшого роста, толстый, неуклюжий, с короткими кривыми ногами и огромной головою. Перед ним стояла на полу большая деревянная чашка, а рядом с ней другая поменьше, подле которой лежала огромная борзая собака, любимый волкодав боярина. Толстый безобразный мужик был тот самый шут Тришка Пузырь, о котором Ферапонт говорил уже Левшину. В старину редкий боярин не держал при себе несколько шутов: одни из них были просто дураки или полоумные, а другие занимались этим ремеслом по собственной охоте или, лучше сказать, по расчету. С ними шутили иногда бесчеловечным образом: их дразнили, мучили и, ради господской потехи, стравливали меж собой, как собак; но зато сытно кормили, поили вином и не заставляли ничего делать. Были еще и другие боярские смехотворы, которые хотя ничем не отличались от прочих слуг, однако ж балагурили, подшучивали и умели рассказывать сказки с разными прибаутками, не всегда остроумными; да ведь наши предки, не так, как мы, за умом не очень гонялись. К этому последнему разряду можно отнести и неутомимых плясунов, которые по целым часам расстилались вприсядку, гудочников, балалаечников, удалых запевал и разных других доморощенных гаеров и скоморохов, которыми в старину набиты были дома всех богатых людей.

—Милости просим!—сказал Куродавлев, встречая ласковой улыбкою своего гостя.—Коли пьешь водочку, так прошу покорно!

Один из слуг подал Левшину на серебряном подносе золотую чарку, другой налил в нее из штофа водки, и оба низко поклонились гостю. Левшин отказался.

Ну, коли не пьешь водки, молодец,—сказал боярин, так мы почнем с тобой заветный боченочек фряжского. Мне прислал его прошлого месяца Кирилла Андреевич. Больно хвалит: оно, дескать, идет из Угорской земли, и сладенько, а забористо, и нашим ржаным хлебцем попахивает. Ну, отец Егор, благослови трапезу!..

Священник прочел молитву. Боярин сел за стол и посадил подле себя с правой стороны Левшина, а с левой отца Егора. Первое самое блюдо был огромный студень; потом начали подавать похлебки, а там блюдо пирожков подовых на торговое дело, сырники и пирог рассольный. Сначала боярин Куродавлев вовсе не походил на радушного хозяина, который славился хлебосольством и веселым обычаем. Он сидел, насупив брови, ел очень мало и не посылал подачек ни шуту Тишке, ни любимой своей борзой собаке, которые, как голодные волки, посматривали исподлобья на сытный стол своего боярина. Изредка только Куродавлев потчевал своих гостей и приглашал их допивать стаканы, в которые беспрестанно подливали шипучий мед. Вот уж дело доходило до жарких, а боярин все не начинал беседы и хмурился час от часу более.

—Нет!—промолвил он наконец,—и еда на ум нейдет. Ну, Дмитрий Афанасьевич, привез ты мне весточку! Подумаешь, когда это было, чтоб за воровское измен-ничье дело по голове гладили?... Да этак всем ворам и крамольникам такую дашь повадку, что и житья-то в Москве не будет! Кто и говорит: государь Петр Алексеевич еще молоденек, где ему справиться с этими разбойниками, да бояре-то чего смотрели?.. Иль они опять принялись за прежнее, как при царе Василии Иоан-новиче,—заводить всякие смуты, измены и предательства, да под шумок в мутной воде рыбу удить!.. Эх, кабы воля да воля, так я бы сегодня же покатил в Москву!

—Да разве ты, Юрий Максимович, не волен ехать в Москву?—спросил Левшин.

—Волен то волен: я ведь не опальный какой, а все-таки без царского указу не поеду.

—Не прогневайся, боярин, коли я тебя спрошу: зачем же тебе царский указ, коли ты не под опалой и волен ехать, куда хочешь?

—Затем, Дмитрий Афанасьевич, чтоб не попятиться. Коли я при царе Федоре Алексеевиче был обижен, так что за след ехать теперь без царского указа в Москву? Пожалуй, еще скажут: "Вот-де приехал боярин Куродавлев с повинною головою!"

–А дозволь спросить, Юрий Максимович, что ж это за случай такой был?

–Да такой-то случай, что не приведи Господи!–прервал Куродавлев, и глаза его заблестели.–Хотели учинить смертную обиду, поруху всему роду нашему, бесчестие и позор на веки веков! Да вот я тебе все перескажу, Дмитрий Афанасьевич,–продолжал боярин, махнув рукою, чтоб ему не подавали жареного гуся.–В первый год царствования государя Федора Алексеевича, накануне Вербного воскресенья, прислали ко мне от разряда поддьяков Ваську Мясникова да Ваську Буслаева, со сказкою: "быть, дескать, боярину Юрию Куродавлеву на Вербное воскресенье вверху у царского стола, а стол-де будет без мест. А за столом-де будет князь Дмитрий Трубецкой, Федор Бутурлин, князь Григорий Пронский и ты, боярин Юрий Куродавлев". Как так?..–подумал я.–Неужели я в последних?.. Да ведь мне вовсе не приходится сидеть под князем Григорьем Пронским... Мы, Куродавлевы, также ведем свой род от князя Святослава, что сидел на Проне. У князя Юрия Пронского было четыре сына: князь Федор Рыба, да князь Иван Баранья Голова, да князь Юрий Куродав, да меньшой князь Дмитрий без прозвища; от князя Юрия пошли Куродавлевы, а от князя Дмитрия, теперешние Пронские–так я не токма по службе деда и прадеда, да и по роду то старше его... Вот я с теми же поддьяками и ударил челом Федору Алексеевичу: что мне князя Григория Пронского меньше быть неуместно. "А мы, дескать, государь, холопи твои Куродавлевы, кому в верству, тому в верству, а кто нас меньше, тот меньше, и ни в каком случае нельзя тому быть больше нас". Гляжу, этак часика через два–шасть ко мне на двор разрядный дьяк Иван Уланов... Милости просим!.. "Указ, дескать, тебе боярину Юрию Куродавлеву, от великого государя идти заутра безотменно вверх и местами не считаться. Велено быть без мест, так и порухи большим родом твоему отечеству в том не будет. А ты бы государя не кручинил и садился бы за стол под князем Григорьем Пронским". Вот я опять ударил челом: "Лучше бы, дескать, государь, ты меня, холопа своего, велел казнить смертию, а меньше князя Григория быть не велел... Да мне же, дескать, государь, за хворостию и недугом ни в каком случае в город ехать нельзя". Жду, пожду–ответа нет. Ну, думаю, видно, царь-государь взмиловался- На другой день, после ранней обедни, приехал ко мне Кирилла Андреевич Буйносов и говорит: "Велено, брат, я? коли ты станешь упорствовать и отговариваться хворостью, привести неволею к Красному крыльцу в простой телеге, на одной лошади"... "Так что ж?–сказал я–в этом никакой порухи роду моему не будет: не я поеду, а меня повезут".–"Послушай, Юрий,–начал опять говорить Кирилла Андреевич,–не гневи государя!.. Не ровен час!.. Смотри,

145

чтобы тебе не быть разорену и сослану!"–"В разоренье и ссылке волен Бог да Государь,–молвил я,–а уж меньше Гришки Пронского мне не бывать!"–"Эй, полно, Юрий Максимович!.. Ну, коли грехом Государь прогневается не путем, да за твое непослушание укажет тебя высечь в подклети батогами?"–"Так что ж? Власть его царская: что хочет, то и делает, а уж я своей волею ниже Гришки Пронского ни за что не сяду!" Вот этак, около полуден, приехал ко мне разрядный дьяк Кобяков, а с ним двое поддьяков. Как я сказал, i так и сделал: сам не пошел из дома, а вывели меня под руки, посадили в телегу и привезли к Красному крыльцу. Как меня вынули из телеги, я тут же на первой ступеньке лег, да и лежу: отнялись, дескать, вовсе ноги–нейдут! Делать-то нечего! Кликнули народу, внесли меня на крыльцо, а там в столовую палату и посадили неволею за стол рука об руку с Пронским. Лишь только меня покинули, я тотчас со скамьи, да и бряк оземь!.. Пускай же лежу под лавкою, а не похваляться вору Гришке, что я сидел за царским столом ниже его!.. Велено меня поднять, посадить опять силою на скамью и во весь стол держать под руки двум разрядным дьякам... Пожалуй себе!.. Это воля царская, лишь только бы моей-то воли не было!.. После стола приказано мне идти домой... Ну вот, думаю, отделался!.. Так нет!.. Мошенник Гришка ударил па меня в бесчестье челом царю-государю!.. Этак дня через два, в обеденную пору, пожаловал ко мне опять разрядный дьяк Иван кланов и с ним два пристава. Дьяк объявил мне государев указ, что велено меня выдать головою князю Григорию Про-нскому... Что будешь делать,–воля царская!.. Повели меня, доброго молодца, пешечком, через весь Китай-город на Лубянку, Где у Пронского свой домишко; народ останавливается, все смотрят, как ведут меня под руки, словно колодника–за караулом!.. Пришли!.. Ввели меня на двор, поставили на нижнее крылечко и послали доложить хозяину. Пронский поломался, повыдержал меня с полчасика на крыльце, гляжу–идет!.. Такой радостный, ухмыляется! "Погоди, мошенник Гришка!–думаю я про себя,–будет и тебе тошно!.." Дьяк Уланов начал ему речь говорить: "Великий-де государь указал и бояре приговорили боярина Юрия Куродавлева за то, что он не хотел быть вместе с тобою у царского стола, выдать тебе за такое боярское бесчестье его, Куродавлева, головою". Пока дьяк Уланов объявлял царский указ, я стоял, как вкопанный, ни словечка!., а как он свою речь кончил, так я молвил про себя: "Слава тебе, Господи–вытерпел!.. Ну, теперь, Гришка, держись!.." А он перед дьяком так и рассыпается!.. "Я, дескать, на царском жалованье бью челом и земно кланяюсь за его государев великий оборон. А тебя, Юрий Максимович,–промолвил он,–прошу отведать моего хлеба-соли".

–Спасибо на твоем хлебе! Пусть им давится, кто хочет!–сказал я, да и пошел его позорить!.. Уж маял, маял!.. Всю подноготную высказал: как

146

прадедушка его был в Зарайске губным старостой, как его высекли плетьми и сослали в Березов за то, что он мирволил ворам и разбойникам; как дедушка при царе Федоре Иоанновиче наушничал и был на побегушках у думного дьяка Щелкалова, а дядюшка, князь Петр, при царе Михаиле Федоровиче, изменил под Вязьмой, и как его за эту измену били кнутом... Все вычел дотла!.. А там надел шапку, да и со двора. В тот же самый день я ударил челом государю, чтоб он дозволил мне, по хворости и ради моих домашних делишек, ехать на житье в Мещовскую вотчину, а государь изволил сказать: "Пусть, дескать, едет, куда хочет". Вот я приехал сюда и живу себе,—не то что под опалою, не то что в милости, а так, ни то ни се!.. Ну, Дмитрий Афанасьевич, видишь ли теперь, что мне вовсе не след ехать в Москву без царского указа?

—Вестимо, Юрий Максимович,—сказал Левшин,—коли не хочешь, так зачем ехать. А дозволь мне спросить тебя,—продолжал он,—я что-то в толк не возьму: как мог ты позорить князя Пронского? Ведь не он тебе, а ты ему был выдан головою.

—В том-то и дело, любезный!.. Иль ты не знаешь, что тот боярин волен того боярина, которому он выдан головою, лаять и бесчестить всякою бранью, а тот ему, за его злые слова, ничего чинить не смеет; а кто бы над таким выданным человеком за его брань учинил какое убойство или бесчестие, тому бы самому указ был против того вдвое за тем, что он бесчестит не того, кто выдан ему головою, а того, кто прислал его, сиречь самого царя.

—Вот что!.. Ну, этого я не знал, Юрий Максимович.

—Да мало ли вы чего не знаете?.. И где безродным стрельцам знать наши боярские родословные дела. Ведь разрядные-то книги не про них записаны. У вас какие места?.. Посмотришь, у иного стрелецкого головы батюшка был поддьяком, а дедушка земским ярыжкой; а кто был его прадед, так он и сам этого не знает... Да что об этом толковать!.. Выпьем-ка лучше угорского, что ржаным-то хлебцем попахивает!.. Тебя, отец Егор,—промолвил Куродавлев шутя,—я им потчевать не стану: идет оно из еретичной земли, а ты особа духовная, так тебе не след его пить, выкушай лучше вишневки; я и сам пью это заморское вино—так, ради прихоти. То ли дело наша православная наливочка!.. Эй, подавайте кубки!

Хозяину и гостям подали небольшие серебряные кубки, немного поболее нынешних хрустальных бокалов. Куродавлеву и Левшину налили в них венгерского, а отцу Егору вишневки. Хозяин встал; гости, разумеется, последовали его примеру. Держа в руке кубок, боярин отошел на средину комнаты и сказал:

—За здравие и благополучное царствие великого государя...

—Великих государей наших!—прошептал священник.

–Ох, не могу привыкнуть!–сказал боярин.–Ну, делать нечего: за здравие великих государей наших: Петра Алексеевича...

–Иоанна Алексеевича!–прервал опять священник.

–Эх, полно, отец Егор!–вскричал с нетерпением Куродавлев.–Ведь это не ектенья!.. Ну, ин просте: за здравие великих наших государей и всего царского рода!.. Да дай, Господи, батюшке нашему, Петру Алексеевичу, скорей подрасти и прибрать к рукам всех крамольников, зачинщиков всяких смут; да и тех,–промолвил вполголоса боярин,–которые исподтишка им мирволят!

Когда хозяин и гости осушили до дна свои кубки, Куродавлев приказал, их снова наполнить и предложил выпить за здравие святейшего патриарха, потом за благоденствие всего царства русского, а там за здравие Кириллы Андреевича Буйносова. Один заздравный кубок сменялся другим, и вот к концу стола–грешно сказать, чтоб хозяин подгулял, однако ж порядком раскраснелся, и гости стали также поразговорчивее и веселее.

–Эге!–молвил боярин.–Да я никак Тришку и Буяна вовсе забыл. Что, Пузырь, хочешь есть?

Тришка покосился исподлобья на своего барина и прохрипел:

–Нет, не хочу. Зачем мне есть? Я ведь и так проживу.

–А что и в самом деле,–прервал Куродавлев,–на что тебе, Тришка, есть? Жил бы себе так–не евши!.. Сбирайте со стола!

–Постой, постой! Что вы?–закричал шут.–Ах ты, глупая голова! да что ж я делать-то буду, коли есть не стану?

–Правда, правда! Эй! Отнесите им этого поросенка!.. Да смотри, Пузырь, не задели Буяна.

Вероятно и голодная собака опасалась того же, потому что, не дожидаясь раздела, схватила на лету жареного поросенка, когда его подали Тришке, и кинулась вон из комнаты.

–Аи да Буян!–промолвил с громким хохотом Куродавлев.–Что, брат Тришка, прозевал?.. А поросенок то был какой!

–Ну, что ты зубы-то скалишь, жид этакий,–заревел Тришка.–Тебе хорошо: вишь, разъелся, как бык,–раздуло бы тебя горой!.. Уродина этакий!..

–Ну, ну, не гневайся!–прервал боярин, умирая со смеху.–Дайте ему вот эту утку с груздями... Да смотри, Пузырь, коли ты всю ее не съешь, так я тебя двое суток кормить не велю.

–Небось, Максимыч!–закричал Тришка, схватив с жадностью утку.–Небось! Я тебе да Буяну одни косточки оставлю.

Шут принялся убирать утку, ворча и передразнивая все приемы голодной собаки, которая гложет кость; а боярин, помолчав несколько времени, обратился к священнику и сказал:

148

–Знаешь ли, батька, какие слухи идут о новом мещовском воеводе?.. Говорят, будто бы он раскольник.

–И я слышал об этом, Юрий Максимович,–отвечал отец Егор.–Мне рассказывал мещовский соборный псаломщик, что их новый воевода хотя и бывает по праздникам в соборе, да во всю службу ни разу лба не перекрестит, к святым иконам не прикладывается, и лишь только иерей возгласит: "Благословение Господне на вас",–так он тотчас и вон из церкви. Видно, затем, чтоб к кресту не подходить.

Ах, он еретик проклятый!.. Да прах его возьми!.. Ну-ка, Дмитрий Афанасьевич,–выпьем еще по последнему!.. За чье бы здоровье?.. Э!.. Да ведь ты человек молодой–жил всегда в Москве, а там красавиц-то не перечтешь,–что звезд на небе!.. Уж, верно, и у тебя, добрый молодец, есть зазнобушка... Да полно, Дмитрий Афанасьевич, не красней! Ты человек холостой, в годах, так как же тебе не смышлять о невесте?.. Ну, выпьем за ее здоровье!.. А как бишь ее зовут?.. Что, брат, молчишь!.. Ну, коли не хочешь сказать, так выпьем просто за здравие твоей суженой!..

Опорожнив последний кубок, боярин оборотил его вверх дном и поставил к себе на голову, в доказательство того, что в нем не осталось ни капельки. Все поднялись из-за стола. Священник прочел опять молитву; потом, поблагодарив хозяина за хлеб за соль и благословя его и Левшина, отправился домой. Куродавлев, по тогдашнему русскому обычаю, собрался отдохнуть, а Левшин пошел в свою светлицу и хотя не имел привычки спать каждый день после обеда, но, утомясь от скорой езды и проведенной без сна ночи, последовал охотно примеру своего хозяина.

VII

Левшин проспал бы до самого вечера, если б его не разбудил Ферапонт.

–Пора вставать, Дмитрий Афанасьевич,–сказал он, толкнув под бок своего барина.–Посмотри-ка в окно: уж солнышко-то на закате.

–Неужели в самом деле?–промолвил Левшин, вскочив с постели и протирая глаза.

–Право слово так!.. Ну, батюшка,–продолжал Ферапонт, надевая на Левшина зипун, в котором он был за обедом: коли тебя так же угостили, как меня, так я тебе скажу!.. Вот уж, подлинно, разливное море!.. По стакану вина, по ковшу браги, щи богатые, каша с маслом, пироги с мясной начинкой... Эко житье, подумаешь, здешним холопам!.. Дела, почитай, никакого, пей себе вволю, ешь до отвала и спи, сколько хочешь!.. Да уж зато, Дмитрий Афанасьевич, и они все до единого лягут головами за своего боярина. Зыкни только он, батюшка, так каждый на рогатину полезет!.. Ну, дай Господи, нам подольше здесь погостить!.. Так отъедимся, Дмитрий Афанасьевич!..

—Эх, полно, Ферапонт! Ты только об еде и думаешь.

—А что ж, батюшка?.. Еда дело доброе. По милости твоей я всем доволен: служба моя льготная, жены и детей нет, так о чем же думать?.. Коли тебя и в будни кормят пирогами, так и ешь себе на здоровье пироги, а об завтрашнем дне не загадывай!.. Придет нужда, сама скажется. По мне вот как, Дмитрий Афанасьевич: привел Бог пожить в довольстве, так ешь, пей и гуляй себе, добрый молодец; пришла нужда—не горюй, воля Божья!.. Русский человек всегда так: коли есть что в печи, все на стол мечи! а коли нет, так и на том спасибо! Выпил водицы, закусил сухариком, да и слава тебе, Господи!

—Не прогневайся, господин честной,—сказал дворецкий Кондратий, входя в комнату,—что осмелился к тебе прийти за моим собственным делом!

—Милости просим!—отвечал Левшин.—Что тебе надобно, любезный?

—А вот что, Дмитрий Афанасьевич! Мы ведь здесь в глуши ничего не знаем, что делается в престольном граде, в нашей матушке, богоспасаемой Москве... Вот мы здесь недавно целовали крест одному царю-государю Петру Алексеевичу, а там наслали указ, чтоб целовать крест и братцу его, Иоанну Алексеевичу. Да еще же поговаривают, что вряд ли мы не будем целовать креста и старшей их сестрице, царевне Софье Алексеевне. Что ж это такое, батюшка!.. Я пришел ударить челом твоей милости, чтобы ты рассказал мне, что у вас в Москве-то понаделалось. Говорят, будто бы стрелецкое войско вовсе вышло из послушания и были великие смуты и мятежи. Правда ли все это?

Левшин рассказал в коротких словах Кондратию о всех злодействах мятежных стрельцов, об их измене, неслыханном буйстве и посрамлении святыни в лице первых сановников церковных и самого святейшего патриарха. Когда Левшин кончил свой рассказ, старик дворецкий, человек грамотный и усердный поборник православия, принялся так же, как боярин Куродавлев, осыпать ругательствами сослуживцев Левшина, с тою только разницей, что тот вовсе не церемонился и позорил их всех, не думая о том, что его слушает стрелецкий сотник. Кондратий, напротив, при каждом новом ругательстве низко кланялся, говоря: "Не погневайся, батюшка!.. Не осуди меня, старика, за правду!.. Не при тебе будь слово сказано!" Более всего Кондратий досадовал на стрельцов за то, что они почти все были преданны расколу. "Чего ждать путного от этих еретиков!—говорил он.—Вот и здесь, Дмитрий Афанасьевич, того и гляди, что будет беда. Засело их в здешних лесах видимо-невидимо! Еще хорошо, что у них завелись разные толки и нет согласия меж собою, а то бы они всю здешнюю сторону заполонили. У них же есть и коновод, какой-то книжный человек, Андрей Поморянин, о котором и, Бог весть, что рассказывают. Кто он таков, никто не знает, а такую силу взял над своей братьей, раскольниками, что и сказать нельзя!.. Прежний Мещовский воевода хотел было унять здешних еретиков: перепись начал им делать, беглых ловить, да зато не долго и усидел на воеводстве. Теперь в Мещовске воеводою Федор Степанович Токмачев–такой же еретик, как и Андрей Поморянин, с которым он живет душа в душу. Поговаривают также, что будто бы этот Поморянин выдает за нового-то мещовского воеводу свою родную дочь".

Левшин побледнел.

–Мне это сказывал,–продолжал дворецкий,–мой кум, Тихой Фаддеич Масеев, мещовский купец, у которого я останавливаюсь, а ему об этом сам воевода говорил: "Ты, дескать, Фаддеич, добудь мне из Москвы жемчужные рясны да запястья с камушками: невесту хочу одарить. Я, дескать, вдовец, борода у меня с проседью, а она девка молодая, так надо чем-нибудь ей угодить".

–И он сказал Масееву, что женится на дочери Андрея Поморянина?– прервал с живостью Левшин.

–Нет, батюшка, да Фаддеич-то смекает, что должно быть так. Недаром, дескать, по всему городу об этом слухи идут, не даром и раскольники, которые живут в Мещовске, зазнались так, что к ним и приступу нет. При прежнем воеводе–говорит кум–бывало в крестовый ход они, окаянные, сидят по домам, а теперь так вовсе не прячутся: стоят себе на улице да зубы скалят!.. Мы, православные, когда духовенство проходит с хоругвями и святыми иконами, молимся и кладем земные поклоны, а они, проклятые, и шапок не ломают!.. Вот, батюшка Дмитрий Афанасьевич, до чего мы дожили! Э! Да как я заговорился с твоею милостью: вон и солнышко-то где!.. А у меня дела с три пропасти!.. Прощенья просим, Дмитрий Афанасьевич! Благодарствую тебе, батюшка, что ты не погнушался мною, стариком, и изволил со мною побеседовать! Дай Бог тебе много лет здравствовать.

–Ты слышал, Ферапонт?–промолвил Левшин, когда дворецкий вышел из светлицы.

–Слышал, Дмитрий Афанасьевич.

–Ну, не правду ли я говорил, что Господь не судил мне быть счастливым?

–Эх, батюшка, охота же тебе всему верить!.. Да мало ли что от безделья болтают? У мещовского воеводы часто бывает Андрей Поморянин, у него есть дочка-невеста, так вот их и обвенчали!.. Ну, ты сам рассуди: статочно ли дело, чтобы царский сановник–воевода породнился с этим балахонником?.. Ты–дело другое: и чин-то твой поменьше, и Софья-то Андреевна пришлась тебе по сердцу.

–Да кому она не придется по сердцу, Ферапонт?

–Кому!.. Да разве ты не слышал, что мещовский-то воевода в годах?.. А ведь пожилой человек не то что молодой: коли он захочет жениться, так станет искать себе ровни. Да вот хоть я, батюшка: в старые годы я бы на Дарью и взглянуть не захотел, а теперь мне что за дело, что с лица-то она не больно смазлива–была бы хорошей работницей... Вот так-то и мещовский воевода, станет он искать пригожей невесты: была бы только знатного рода, да приданые-то сундуки потяжеле, а красота что, батюшка!.. Последнее дело!.. Под боярской шапкой и глупая голова умна, под золотой фатой и рябая девка красавица!.. Да ты не кручинься, Дмитрий Афанасьевич,–продолжал Ферапонт, глядя с участием на своего господина.–Времени-то еще много впереди. Ведь дочку замуж выдать–не пирог спечь. Вот я в воскресенье повидаюсь с Дарьей и, может статься, привезу тебе добрую весточку...

–В воскресенье!.. А теперь еще пятница...

–Так что ж?.. Всего два денечка. Потерпи, батюшка!.. Да что это?.. Посмотри-ка, Дмитрий Афанасьевич!.. Видишь, перед господским двором, на лугу, собираются мужички и бабы: видно, хотят в хороводы играть. Мне сказывали, что, опричь соколиной и псовой охоты, это любимая забава боярина... Да вот никак и он сам изволит сюда идти... Ну, так и есть!

–Что, гость дорогой,–сказал Куродавлев, подойдя к открытому окну,–отдохнул, что ль?

Отдохнул, Юрий Максимович.

Так не хочешь ли взглянуть на наши деревенские забавы?.. Милости просим за ворота, на луг!

Левшин вышел вместе с боярином на обширный луг, посреди которого огромный сибирский кедр, раскинув свои роскошные и благовонные ветви, прикрывал, как шатром, дубовую скамью и стол, на котором стояла серебряная братина, наполненная медом, в ней плавал небольшой позолоченный ковш, а подле стояли две кружки, также серебряные.

–Прошу покорно сюда, Дмитрий Афанасьевич!–сказал боярин, садясь на скамью.–Здесь, любезный, моя красная площадь, только на ней никто не бунтует, а все веселятся.

Весь луг перед господским двором кипел народом. Все были одеты по-праздничному, то есть женщины в кумачных сарафанах и белых поневах, мужчины в красных и синих рубашках; на иных были сермяжные кафтаны внакидку, на других белые холстяные азямы;

152

замужние крестьянки были в нарядных кичках, девушки в повязках, а все мужчины без исключения в войлочных шапках или шляпах без крыльев, совершенно сходных с теми, которые и теперь еще носят в Белоруссии.

—Ну, что, за чем дело стало?—сказал Куродав-лев.—Что они толкутся на одном месте, словно бараны?.. Эй, Демка!..—продолжал он, обращаясь к одному из своих челядинцев.—Скажи бабам-то, что ж они не поют и в хороводы не играют!.. Иль нет... постой... я их расшевелю!.. Подавай сюда Федьку Козла!

Федька Козел, детина лет тридцати пяти, вышел из толпы слуг. Взглянув на его худощавое лицо, с раздавленным плоским лбом, выдававшимися вперед челюстями, длинным горбатым носом и небольшой остроконечной бородкой, не трудно было догадаться, почему его прозвали козлом. Он держал под мышкой гудок.

—Слушай, Федька!—сказал боярин:—ступай-ка туда к бабам, да хвати плясовую. Вишь, они сегодня что-то жмутся.

—Ничего, батюшка Юрий Максимович,—сказал Федька Козел, натягивая струны на своем гудке.—Видно, засмотрелись на его милость, небывалого гостя. Да ведь все дело в почине; вот как я затяну бычка, так ноги-то у них порасходятся.

Гудочник сказал правду: лишь только струны заскрипели под его бойким смычком, и он сам начал пошевеливаться и потряхивать своей козлиной бородкой, все пришло в движение. Рассыпанные по лугу крестьяне столпились в одну кучу, примкнули к бабам, и вот в несколько минут составилось с полдюжины хороводов. Федька Козел перебегал от одного хоровода к другому, подлаживал на своем гудке под песни, свистел соловьем и морил со смеху баб своими прибаутками.

Около часу продолжались эти беспрерывные потехи, хороводные песни не умолкали ни на минуту. Лишь только где оказывалось небольшое охлаждение, являлся федька-гудочник, и в тот же час песни и пляски начинались снова. Во все это время Куродавлев не говорил почти ничего: он смотрел с улыбкой удовольствия на забавы своих крестьян, хохотал от всей души и при каждом новом шутовстве гудочника, пил мед и подчевал им беспрестанно своего гостя... Вот наконец неутомимый Федька Козел выбился из сил и присел отдохнуть на траву; многие из крестьян последовали его примеру; песни затихли, и хороводы стали понемногу расходиться. В эту самую минуту подошли к боярину два мужика и повалились ему в ноги.

—Что вы, братцы?—спросил Куродавлев.

—Пришли к тебе, батюшка!—сказал один из них, вставая.

—Вижу, что пришли, да кто вы такие?

—Белопоместные крестьяне, батюшка, из Бобровской волости.

—А, соседи!.. Ну, что вы, ребята?

—Челом бьем, государь Юрий Максимович, рассуди нас.

—Да что я вам за судья?.. У вас есть своя управа. Коли вы суда просите, так шли бы к земскому голове.

—Нет, кормилец!—сказал другой крестьянин,—куда нам идти на суд к земскому голове, ведь к нему без приноса и глаз не кажи: либо свинку, либо барана, а уж с поросенком и не ходи!.. Мы, батюшка, люди бедные,—знаешь, этак подумали, да и стали на том, чтоб идти к тебе, Юрий Максимович... Как ты, кормилец, нас рассудишь, так тому и быть.

—Ну, хорошо!.. Только слушайте, братцы: коли вы пошли ко мне на суд, так чур после не пенять!.. Ну, кто из вас на кого жалуется?

—Я, батюшка!—сказал первый мужик.—Вот мы с Андрюшкой ходили вдвоем на медведя; уговор был шкуру пополам. А как у нас дошло до дележа, так он попятился и шкуру-то берет на одного себя.

Ну, все ли ты сказал? Все, батюшка.

—Ладно!.. Теперь ты, Андрюшка: был ли у вас уговор шкуру пополам?

Был, кормилец.—Так зачем же ты пятишься?

—А вот изволь выслушать: на прошлой неделе Васька—сиречь он, батюшка,—завернул ко мне, да и говорит: "Андрюха! я обошел медвежью берлогу, близехонько отсюда, в Хотисинской засеке. Хошь идти?" "Изволь, мол!.. Мне не впервые ходить на медведя—пойдем!" Вот мы взяли по рогатине да по топору и пошли. Как стали мы подходить к берлоге, слышим—ревет косолапый. Кажись, мы шли против ветра, а он все-таки почуял, что до его шкуры добираются. Я глядь на Ваську,—а на нем и лица нет!.. "Что ты, брат?—молвил я,—никак тебя страх берет?.. Эй, Васька, не робей!.. Ведь медведь-то этого не любит".—"Нет, дескать, я не робею, а меня что-то знобит".—"То-то знобит!.. Смотри, Васюк, не выдавай!.. Вот слышим в лесу-то захрустело, словно вихрем деревья ломает. "Чу,—сказал я,—прямехонько идет на нас!" Смотрю, Васька-то уж назад поглядывает. Ну! думаю, худо дело!., выдаст он меня! Так и есть!.. Лишь только Мишка-то нас завидел да поднялся на дыбы, Васька бросил рогатину, да давай Бог ноги!

—Ах, трусишка проклятый!—прошептал боярин.—Ну, а ты что?

—Я, батюшка, взял на себя зверя, перекрестился, да хвать его рогатиной под левую лопатку.

—Так, так!.. Ну, что, медведь-то полез на рогатину?

—Сначала полез, батюшка, так и прет!

—А ты ратовище-то рогатины себе под ногу?

—Вестимо, кормилец!

—Так, так!.. Ну, что, медведь начал около тебя круги давать?

—Да, батюшка!.. Уж он кружил, кружил!., и рато-вище пытался сломить, да, слава тебе, Господи—устояло!.. А кровь-то из него так и хлещет!.. Как он дал этак кругов тридцать, да вовсе из сил-то выбился, так вдруг как заревет в истошный голос,—и пошел прямо по рогатине на меня, а я топор из-за пояса, хвать его по морде—вот он и повалился.

—Ну, Андрюха,—сказал Куродавлев, глядя с удовольствием на крестьянина,—ты, я вижу, человек бывалый!

—Как же, Юрий Максимович, на том стоим!.. Ведь и батюшку-то моего медведь сломал, и дедушка умер калекой, а меня еще покамест Господь миловал... Ну вот, кормилец, как я медведя-то убил, да и думаю: за что ж я с Васькой поделюсь?.. Ведь он меня руками выдал.

—Эх, брат!—прервал второй крестьянин.—С кем греха не бывает?.. Что будешь делать—сробел! А ведь все-таки уговор-то был пополам, и медведя не ты со-следил, Андрюха, а я.

—Да ты полно, Васюк, нишкни! Вот как его милость нас рассудит.

Куродавлев призадумался.

—Ну!—сказал оп, помолчав несколько времени,—послушайте, ребята: у вас не было выговорено, что тот, кто сробеет и не пойдет на медведя, тому в шкуре?

—Нет, батюшка, лгать не хочу,—об этом и речи не было.

—А коли не было речи, да он же тебя и на зверя навел, так делать-то, брат, нечего,—делись!

—Вот слышишь, Андрюха?—вскричал с радостью Василий.—Я ведь говорил тебе, что моя правда!

—Слышу-ста!—промолвил Андрей, почесывая затылок.

—Благодарствую тебе, государь Юрий Максимович!—продолжал Василий, повалясь в ноги,—что ты, батюшка, изволил так рассудить!

—А вот, посмотрим, скажешь ли ты мне спасибо,—прервал Куродавлев.—Эй, ребята! возьмите-ка этого гостя, да сведите-ка на конюшню.

—На конюшню!—повторил с ужасом Василий.—Зачем, батюшка?

—Затем, чтоб отодрать тебя нещадно батогами.

—Помилуй, кормилец,—за что?

—За что?.. Ах ты, мошенник этакий! еще спрашивает за что?.. Да коли ты сам напросился идти вдвоем на медведя, так как же ты мог выдать своего товарища?.. Да знаешь ли ты, что в пашем охотничьем быту за такое дело порют вашу братью до полусмерти?.. Нет, любезный! пошел ко мне на суд, так не прогневайся, задам я тебе зорю!.. Ведите его!

—Батюшка!—завопил Василий, которого двое слуг схватили под руки,—отец родной, помилуй!.. И от шкуры отступаюсь!

—Ага, голубчик! видно, своей-то жаль?.. Да нет! Что тебе следует—бери, а уж дерку тебе зададут!.. Кондратий, ступай с ними, да при себе—знаешь... путем!

—Государь Юрий Максимович,—сказал другой крестьянин, когда увели его товарища,–взмилуйся, не прикажи его наказывать! Я от него ничего не хочу; коли он дележа не просит, так Бог с ним.

–Нет, братец, нет!

–Да что толку-то, кормилец?.. Как его не пори, а он смелее не будет. Уж, видно, таким уродился.

–Так не берись за гуж, коли не дюж!.. Ведь ты бы, чай, один на медведя не пошел?

–Не пошел бы, батюшка.

–Вот то-то же!.. А вышло, что ты один с ним возился. Ну, кабы зверь-то тебя сломал–за что?

–Так, батюшка, так!.. Да что мне за прибыль, что его отдерут батогами: ведь тогда шкуру-то придется делить с ним пополам?.. Благо он от нее отступился, так помилуй его, кормилец!

–А что тебе за медведя давали?

–Два рубля, батюшка.

–Два рубля?.. Ну, хорошо: чтоб ты не был в убытке, вот тебе рубль. Да полно–не кланяйся!.. Эй, Федька Козел!-. Что у вас там все стало?.. Еще не время по домам расходиться. Ну-ка, молодицы: "заплетися, плетень", а не то: "мы просо сеяли!"

Игры опять начались, и этак через четверть часа привели назад крестьянина Василия. Он посматривал не очень весело.

–Что, брат,–сказал Куродавлев,–будешь ли вперед ходить на медведя?

–И детям и внучатам закажу, батюшка!

–Дурачина ты этакий!.. Хорошо, что Бог помиловал, а то долго ли до греха!.. Другой на тебя понадеется, да и пропадет не за денежку.

–Правда, кормилец, правда!.. Знай сверчок свой шесток!.. Ну, где мне на медведя ходить–пропадай он совсем, проклятый!

–Вот этак-то лучше!.. Ну что, ребята: так ли я вас рассудил?

–Так, батюшка, так,–отвечали оба крестьянина в один голос.

–Довольны ли вы?

–Довольны, батюшка!

–Демка! поднеси им по чарке вина... Ну, теперь ступайте с Богом!.. Э! Да никак еще гость пожаловал!.. Кондратий, поди-ка посмотри, кто это там тройкой в телеге у ворот остановился.

Кондратий возвратился через несколько минут и доложил боярину, что приехал из Мещовска земский дьяк.

–Из Мещовска!.. Зачем?–спросил Куродавлев.

–Не ведаю, батюшка,–отвечал Кондратий.–Он

говорит, что прислан к тебе от мещовского воеводы Токмачева.

–Вишь, какой боярин–послов рассылать!.. Мог бы и сам облегчиться да приехать, коли дело есть... Ну, позови его!

156

Приезжий, человек пожилых лет и весьма некрасивой наружности, подошел тихими шагами к боярину, снял шапку и поклонился.

–Что ты, голубчик,–спросил Куродавлев,–зачем пожаловал?.. Говори!

–Боярин Юрий Максимович!–начал говорить дьяк, повторив свой поклон,–мещовскому воеводе и стольнику, Федору Степановичу Токмачеву, ударили челом на тебя, боярина, соседи твои, куклинские поместные люди, что ты, Юрий Максимович, изволишь самовольно охотиться в их дачах, и луга их топчешь, и птицу бьешь, и красного зверя выводишь, и тем им, куклинским поместным людям, чинишь обиду и крайнее разорение...

–Врут они, дурачье!–прервал Куродавлев.–Стану я в их однодворческих дачах охотиться!.. Ну, а коли случаем я травлю зверя да он из моих дач перебежит в чужие, так мне шапку снять да поклониться ему, что ль?

–Мещовский воевода и стольник Федор Степанович Токмачев,–продолжал дьяк, не отвечая на вопрос Куродавлев,–присудил их челобитье записать, а к тебе, боярину, послать земского дьяка с указом...

–С указом?–повторил Куродавлев, нахмурив брови.–Вот что!.. Ну, что ж его милость, господин мещовский воевода и стольник, мне, холопу своему, изволит указывать?

Не обращая внимания на эту насмешку, дьяк вынул из-за пазухи небольшой бумажный свиток и подал его Куродавлеву.

–Ну!–сказал боярин, развернув столбец.–Видно, вам делать-то нечего!.. Смотри, пожалуй, сколько навакарали!.. да этого и в сутки не прочтешь!.. Скажи-ка лучше мне на словах, что тут написано?

Коли изволишь, так и на словах скажу,–молвил дьяк.–Тут написано, боярин, чтобы тебе напредь сего в чужих дачах не охотиться и соседей не обижать; а коли ты, боярин, против сего воеводского указа ослушным учинишься, то да будет тебе ведомо, что взыщут с тебя за потравленного зверя, за побитую птицу и за потоптанные луга, без всякого обыска и разбора, втрое против того, что куклинские поместные люди станут сами показывать, сиречь им сполна за все их потери и убытки, да по стольку же на царскую казну и богадельный приказ.

–Вот как!–прошептал Куродавлев, и глаза его засверкали.–Ну, что,–продолжал он,–ты все пересказал?

–Все боярин.

–Нет, не все!.. Ты забыл мне сказать, что твой воевода рехнулся. К кому он тебя прислал–а?.. К однодворцу, что ли, или к посадскому?.. Ах он неуч проклятый!.. Холоп!.. Да знает ли он, что такое Юрий Максимович Куродавлев?.. Мошенник этакий!.. Вишь, боярин какой!.. Токмачев!.. И откуда этаких хамов в воеводы-то набирают?.. А ты, голубчик, о двух, что ль, головах, что приехал ко мне с таким указом от своего воеводишки?.. Да знаешь ли, что я с тобой сделаю?..

Дьяк побледнел.

–Батюшка боярин,–промолвил он дрожащим голосом,–не изволь на меня гневаться–я что!., человек маленький, что мне прикажут, то я и делаю.

–Доложи своему раскольнику-воеводе,–сказал боярин, вставая,–что я и своих-то дач в двое суток не объеду, так стану ли по чужим дачам таскаться; а коли мне вздумается и мещовского воеводу Токмачева травить собаками, да он из моего леса перебежит в чужой, так я на это не посмотрю. Да перескажи ему это слово в слово–слышишь?

–Слышу, Юрий Максимович!

–Вот его указ!–продолжал Куродавлев, раздирая на части столбец.–На, вот тебе... на... подбери все кусочки да отвези к своему воеводе и стольнику, пусть он ими подавится!.. И скажи ему от меня, Юрия Максимовича Куродавлева: "Коли, дескать, ты, холоп Федька Токмачев, по твоему собачьему обычаю, начнешь еще такие же грамоты писать ко мне, царскому боярину, так ты от меня и в Мещовске не спрячешься–я и там тебя, голубчика, достану... Ну, теперь, чтоб и духу твоего не пахло!.. Вон отсюда, приказная строка!

Дьяк исчез.

–Фу, батюшки!–промолвил боярин, помолчав несколько времени,–час от часу не легче!.. Экие времена!.. Господи, Боже мой! Вот до чего я дожил: какой-то холопий сын Токмачев шлет ко мне дьяка с указом!.. Да этого в старину не посмел бы сделать и калужский воевода... И я не велел заковать в кандалы этого дьяка, не отодрал его плетьми!.. Эх, устарел я–смирен стал!.. А все-таки не приведи Господи этому мещовскому воеводе повстречаться со мною!.. Провал бы его взял–сквернавец этакий! совсем меня растревожил. И веселье на ум нейдет!.. Да тебе же и пора, Дмитрий Афанасьевич, в баню, а там еще надо поужинать; только не погневайся, дорогой гость, коли я ужинать с тобой не стану: мне что-то нездоровится... Прикажи накрыть стол у себя в комнате... Прощай, любезный!.. Тьфу ты, пропасть!–промолвил боярин уходя.–Ну стоит ли эта гадина, этот Федька Токмачев, чтоб я так сердился?.. А все-таки жаль–видит Бог жаль, что он теперь у меня не под руками!

Левшин отправился в баню, потом поужинал и лег спать. Так кончился первый день, проведенный им у боярина Юрия Максимовича Куродавлева.

VIII

Другой день прошел почти так же, как первый, с тою только разницей, что поутру боярин тешил своего гостя соколиной охотой и за обедом не рассказывал уже о своем местничестве с князем Пронским, а продолжал позорить мещовского воеводу и подарил серебряный алтынник Тришке за то, что этот догадливый шут, на боярский вопрос: хочет ли он познакомиться с Федькой Токмачевым, отвечал: "Нет, Максимыч! я со своей братьею, дураками, не знаюсь". Вечером Куродавлев вышел опять со своим гостем на луг, на котором собрались по-прежнему удалые молодцы, пригожие молодицы и девицы красные, песенки попеть, поиграть в хороводы и покачаться на колысках: так назывались в старину висячие качели. На этот раз, вероятно по приказанию боярина, хороводы кончились забавами, которые напоминали олимпийские потехи древних греков. Дворовые люди и крестьяне бегали взапуски, боролись в охабку и в одноручку, бились в кулачки один на один и, наконец, составили кулачный бой стена на стену. Эти кулачные бои имели в старину свои правила, законы и представляли довольно верную картину настоящего боя. Обе стороны маневрировали, то подвигались вперед, то отступали назад; перед каждою стеной рассыпаны были, как застрельщики, отбойные бойцы; к ним высылали с обеих сторон подкрепления, и все это оканчивалось обыкновенно общей свалкой, а потом совершенным расстройством и бегством одной из стен... Все участвующие в кулачном бою должны были драться с непокрытыми головами: кто надевал шапку, тот становился лицом неприкосновенным, и его, точно так же, как лежачего, не дозволялось бить никому. Само собою разумеется, что и тот, кто был в шапке, не смел уже никого ударить; в противном случае его избили бы до полусмерти.

Хотя Ферапонт был страстный охотник до борьбы и кулачного боя, однако ж не принимал никакого участия в этих молодецких потехах, а присоединился к толпе зрителей, которые, почти все без исключения, состояли из стариков, ребятишек и баб.

—Ведь это твой служитель, Дмитрий Афанасьевич?—сказал боярин, взглянув нечаянно на Фера-понта.

—Где, Юрий Максимович?—спросил Левшин.

—А вон там, подле баб.

—Да, это мой слуга Ферапонт.

—Экий ражий детина!.. Да что это он так коверкается.

В самом деле, Ферапонт, не замечая, что на него смотрит Куродавлев, делал какие-то знаки своему барину, кивал головой и, наконец, поманил его просто к себе рукою.

—Эй ты, Ферапонт!—закричал боярин,—кого ты это к себе манишь?

—Никого, батюшка Юрий Максимович!—отвечал Ферапонт, выступая вперед и кланяясь боярину.

—Так что ж ты рукою-то к себе махал?

—Так, батюшка,—муха!., привязалась, проклятая!—молвил Ферапонт, подмигнув значительно своему боярину.

—Что ж ты, брат,—продолжал Куродавлев,—стоишь там с бабами да смотришь?.. Мне сказывали, что ты силач. Коли не хочешь к степе пристать, так вызови кого-нибудь.

—Нет, батюшка Юрий Максимович, мне что-то сегодня нездоровится.

В эту самую минуту раздался на лугу громкий голос: "Нечестно, дворовые, нечестно!.. Лежачего не бьют!"

Вслед за этим поднялся общий крик, посыпались ругательства. "Стойте грудью, братцы!—кричали мужики.—Бейте холуев!"—"Сюда, молодцы, сюда!—заревели дворовые,—катайте сермяжников!" Противники кинулись друг на друга, обе стороны смешались, и началась ужасная свалка. "Эге!—шепнул боярин, вставая,—да они уж расходились непутем!.. Эй, вы!—зыкнул он своим молодецким голосом,—ребята, шабаш!" Лишь только прогремел этот приказ, все затихло. "Кто смеет бить лежачего?"—продолжал боярин, подойдя к присмиревшим бойцам. Сотни голосов отвечали на этот вопрос: одни обвиняли, другие оправдывались. "Молчать,—закричал Куродавлев.—Никто ни гуту!.. Говори ты, Миропгка Козырь!..—промолвил он, обращаясь к широкоплечему мужику с растрепанной рыжей бородой и огромной шишкой на лбу. "Помилуй, государь Юрий Максимович!—сказал мужик,—Изволь сам рассудить: при мне Пахомку Лысого твои дворовые сбили с ног, да и ну его, лежачего, валять не на живот, а на смерть!"

—Врет он, батюшка!—прервал один из дворовых,—вовсе не лежачего. Он было хотел прикинуться—упал! Да мы его подняли: двое держали под руки, а третий бил. А били его за то, что он ударил Митьку Сурка, а ведь Митька-то Сурок был в шапке.

—Давай сюда Митьку Сурка и Пахомку Лысого!—сказал Куродавлев. Двое бойцов, один с подбитым глазом, другой с разбитыми скулами, вышли вперед. Дворовые и мужики обступили плотной толпой своего боярина-- и суд начался.

Левшин воспользовался этой минутою: он подошел к своему слуге.

—Дмитрий Афанасьевич,—шепнул Ферапонт.—Пожалуй-ка, батюшка, сюда.

—Да что ты?—спросил Левшип.

160

–А вот как отойдем поодаль, так я тебе скажу... Пожалуй сюда, батюшка!.. Вот за амбары-то, там никого нет.

–Ну, что такое?.. Говори скорей!–сказал Левшин, когда они зашли за угол огромных барских житниц.

–А вот что, Дмитрий Афанасьевич: я хотел в воскресенье ехать в Федосеевский скит, чтобы повидаться с Дарьей...

–Ну, да!.. Так что?

–А то, что ехать мне будет незачем.

–Как незачем?

–Да, батюшка!.. Ведь Дарья-то здесь.

–Здесь?..

–Пешком пришла; говорит, что ей надо с тобой повидаться?

–Где она?

–Да там, за боярским огородом, в коноплях.

–Так пойдем же скорей!

–А вот пожалуй со мной.

Ферапонт повел своего боярина вдоль плетня, из-за которого поднимался целый лес яблонь и вишневых деревьев.

–Ну, что, видишь, батюшка?–сказал Ферапонт.–Вон в красной душегрейке–это Дарья. Эка девка-бой, подумаешь!.. Еще хорошо, что я успел ее перехватить, а то вот так прямехонько к тебе и ломит!.. Мы с ней только словечка два-три перемолвили... Вишь, хозяин-то, Андрей Поморянин, согнал ее со двора... Уж как она его позорит–Господи!.. И с дочкой-то своей он что-то недоброе хочет сделать... Да вот она сама тебе все перескажет...

Дарья, увидев Левшина и Ферапонта, вышла к ним навстречу.

–Здравствуй, Дарья!–сказал Левшин.–Ну, что ты?

–Что, батюшка?–промолвила Дарья, всхлипывая,–ведь злодей-то меня выгнал!.. Выгнал, кормилец!.. "Ступай, дескать, куда хочешь!" А куда я пойду?.. Человек я одинокий: ни роду, ни племени. Есть одна тетка, да и та в Казани... Злющий этакий! Чтоб ему самому издохнуть где-нибудь под елкой, жиду проклятому!..

–Да уж не бойся, Дарья,–прервал Левшин,–я тебя не покину. Ну, что Софья Андреевна?

–Что, батюшка!.. Коли ты не выручишь, так пропала ее головушка!.. Да вот я тебе все расскажу. Как ты, батюшка Дмитрий Афанасьевич, изволил от нас уехать, в том же самый день, около полуден, пожаловал к нам из Мещовска какой-то приказный, от тамошнего воеводы Токмачева; хозяин принял его с честию, отвел к себе в образную да там с ним и заперся. Вот я думаю себе: "О чем это они втихомолку толкуют меж собой?.. Дай-ка послушаю! Рядом с образной есть покоец, в котором Андрей после обеда отдыхает,–я и шмыг туда!.. Подкралась потихоньку к двери да ушком-то к замочной щелке. Что же ты думаешь я услышала, Дмитрий Афанасьевич?.. Хозяин-то просватал свою дочку за ментовского воеводу, а тот прислал ему сказать: привези, дескать, ее в воскресенье ко мне в город, а уж у него все будет готово. Лишь приедете, так тут же и к венцу: надобно, дескать, этим делом круто повернуть; если сказать ей вперед, так чего доброго, она еще, пожалуй, заломается–начнет говорить, что я ей не ровня, да то, да се; а как вдруг из повозки да в церковь, так этак будет лучше: девка не успеет и опомниться. "Ах, злодеи!–подумала я.–За что они Софью-то Андреевну сгубить хотят? Ведь этот Токмачев ей в дедушки годится! Да, говорят, уродина какой: горбатый, плешивый!.." Вот, слышу, приезжий прощается с хозяином; я скорей от дверей да к окну и ну тереть тряпицей стекла. Андрей проводил гостя, вернулся назад и говорит мне: "Ты что здесь, голубушка, делаешь? Зачем пришла?"–"А вот, батюшка, стеклышки протереть".–"То-то стеклышки!.. Да напрасно трудишься, любезная; изволь-ка забрать свои пожитки, да чтобы сегодня же тебя здесь не было!.. Слышишь?" Я так и обомлела!.. "Как, батюшка!.. Ты меня гонишь вон?"– "Да, матушка–не прогневайся!"-- "Помилуй! За что?"–"А так! Чтоб ты на огород-то приезжих молодцов не водила... Да что с тобою толковать; пошла, пошла!" Я было в слезы... куда! Повернул меня, да и в шею!.. Ну, батюшка, хоть я человек смирный, а зло меня взяло!.. Выгнать бесприютную сироту!.. Что он, мошенник, какие знает за мной художества?.. Я девка честная!.. Небось Марфутку-то не выгонит, скаред этакий! "Постой же!–думаю,–коли ты гонишь меня вон как собаку, так я же тебе, голубчик, и сама насолю!" Вот я к Софье Андреевне... Сидит, пригорюнившись, моя горемычная... Уж так мне ее жаль стало!.. "Что ты так призадумалась, красавица моя?–сказала я.–Уж не чует ли твое сердечко, что тебя выдают замуж за этого старого лешего мещовского воеводу Токмачева?.."–"Как!"–вскрикнула Софья Андреевна. "Да, родимая, послезавтра, сиречь в воскресенье, батюшка отвезет тебя в город да тут же и под венец". Софья Андреевна всплеснула руками и покатилась словно мертвая. Я попрыскала ее водицей–очнулась моя голубушка! да только не на радость: ухватила меня руками за шею, припала к плечу, да так рекой и льется!.., "эх, матушка!–сказала я,–что толку-то плакать: ведь на это не посмотрят; а коли хочешь, я тебе помогу".–"Да как же ты мне поможешь?"– промолвила она сквозь слезы. "А вот как: я пойду к Дмитрию Афанасьевичу: село Толстошеино отсюда верст тридцать, так я завтра же с ним увижусь. Была бы только твоя воля, а уж он тебя выручит; и коли дело на то пошло, так в воскресенье ты выйдешь замуж, да только не за этого старого хрыча–что-б ему, проклятому, последним зубом подавиться!"–"Да как же это?"–спросила Софья Андреевна. "Вестимо как!.. Дмитрий Афанасьевич приедет сюда тайком вместе со мной, ты к нам выйдешь"...–"Как!"–молвила Софья Андреевна,–я убегу от моего отца, выйду замуж без его благословения"...–"Эх, матушка!–сказала я,–это дело поправ-пое: теперь не благословит, так благословит после; не целый же век станет гневаться... Кто и говорит–на первых порах посердится, а там, глядишь, и помилует. Ну, а коли ты выйдешь за этого старого пса Токмачева, так что тебе и в отцовском благословении?.. Ведь постылый-то муж–беда, матушка! А он же, проклятый, чего доброго, проживет аридовы веки!.. Эй, Софья Андреевна, не послушаешься меня, станешь у себя локотки кусать!" Куда! Моя Софья Андреевна и руками и ногами! "Как, дескать, бежать из родительского дома–да этакую беглянку сам Бог не благословит". Я и то, я и се... нет, под лад не дается!.. "Ну, матушка,– молвила я,–воля твоя, как хочешь: ведь не меня выдают замуж, а тебя. Ступай за Токмачева: может быть, он тебе полюбится. А я все-таки пойду к Дмитрию Афанасьевичу. Ведь твой батюшка меня выгнал, так авось он, кормилец, куда-нибудь меня пристроит. Да только как сказать ему?.. Ох, Софья Андреевна, губишь ты молодца! Я, знаю, он не переживет этого горя".–"Что ты говоришь?"–сказала Софья Андреевна. "Да, матушка, да! не переживет: коли сам на себя рук не подымет, так, уж верно, зачахнет с тоски. Да тебе что до этого: ты, сударыня, будешь воеводшей, выйдешь замуж с отцовским благословением, и коли дойдет до тебя слух, что Дмитрия Афанасьевича не стало, так тебе старый муж и поплакать о нем не даст–сохрани Господи!.. Ну, прощай, матушка, когда-то Бог приведет увидеться".

–Что ж, Софья Андреевна?–прервал Левшин.

–Опешила, батюшка!. Ухватилась за меня, да в слезы!.. Мало ли что было–дело девичье: и жаль тебя, и страшно, и хочу, и не хочу, а все-таки покончила тем, что велела тебе сказать, что завтра, сиречь в воскресенье, перед светом, когда еще в скиту все будут спать, она выйдет из огорода задней калиткой в лес и поедет с тобою, куда ты хочешь; лишь только с уговором: чтоб ты завтра же с ней и обвенчался.

–Завтра!–повторил с восторгом Левшин.–Неужели, в самом деле, завтра она может быть моей женою?

–Будет, батюшка, только мешкать не надо... Коли ты завтра чем свет не поспеешь к ней на выручку, так не прогневайся!..

–Едем, Ферапонт!–вскричал Левшин.–Скорей, скорей!

–Едем!.. Да на чем, Дмитрий Афапасьевич? Ведь нам за таким делом не верхами же ехать. Не знаю, мой Донец, а твой Султан в упряжи никогда не хаживал, и повозки у нас нет.

–Эх, Ферапонт... Да неужели нельзя достать на селе.

–Как не достать, за деньги все достанешь.

–Так что же ты?.. Ступай скорее!

–А что проку-то, Дмитрий Афанасьевич, коли мы Софью Андреевну увезем, да некуда будет с нею деваться?.. Ведь мы здесь не дома, батюшка!.. Ступай-ка лучше да поклонись боярину, он, говорят, и сам смолоду на все ходок был, так уж верно тебе поможет; а коли поможет–так дело в шапке.

–В самом деле, Ферапонт, пойду, расскажу ему все, как отцу родному, авось он меня не покинет.

–Ступай, батюшка!.. А ты, Дарьюшка, пойдем-ка со мной; я сведу тебя на село к знакомому мужичку; ты у него отдохнешь и щей похлебаешь. Здесь тебе непригоже оставаться: ведь все дворовые-то народ продувной, как раз на зубки подымут.

Когда Левшин вышел опять на луг, то с первого взгляда заметил, что во время его отсутствия получено какое-нибудь известие, которое обратило на себя особенное внимание Куродавлева. Толпы дворовых и крестьян, теснясь с любопытством около своего боярина, составляли обширный полукруг, посреди которого Куродавлев расспрашивал о чем-то двух пожилых мужиков, вооруженных толстыми дубинами. Когда Левшин подошел, один из этих мужиков говорил:

Да, батюшка! Матюху Беспалого больно избили; мы насилу довели его до села; полно, будет ли жив.

Да точно ли это хотисенские крестьяне?–прервал боярин.

–Как же, кормилец! Мы их знаем. Ведь эти хотисен-ские все поголовно такие озорники, что не приведи Господи!.. При тебе они стали потише, а напреж сего не проходило года, чтоб они в нашем лесу порубок не делали.

–Да как же они смеют?..

–Ну вот, поди ты!.. Стоят на том, что это въезжий лес...

–Въезжий лес?.. Ах, они, мошенники!.. Да ты бы им сказал, что покойный мой батюшка, и дедушка, и прадед владели этим лесом...

–Пытался говорить, кормилец, да они орут свое. "Это, дескать, лесная дача отведена на всех соседей; в ней, дескать, всякий человек волен лес валить". Матю-ха-то Беспалый, мужик задорный, сцепился с ними ругаться, слово за слово–он одного из них по зубам, а они его в дубье!.. Кабы мы его не выхватили, до смерти бы убили...

–Въезжий лес!–повторил боярин.–Вот я им дам въезжий лес!.. Да много ли их.

–Многонько, кормилец: на двадцати подводах приехали, человек за тридцать будет.

–Только-то? Кондратий, посади побольше народу на коней, да пеших человек тридцать с села наряди.

–С оружием, батюшка?

–Нет, просто с дубинами. Коли эти озорники ударятся бежать, так ты поймай кого-нибудь, да припугни хорошенько, захвати у них побольше лошадей: пусть себе походят после да покланяются!.. А коли на драку пойдут, так валяй их в мою голову–слышишь?

–Слушаю, батюшка.

–Да у меня чтоб все дрались начистоту, а не то что ударил, да сам и за куст!.. Я, брат, этого не люблю: драться так драться!.. Коли кто из наших попятится или пролежит за кочкой, так задай ему такую баню, чтоб он до новых веников не забыл–слышишь?

–Слушаю, Юрий Максимович!.. Да только, батюшка, воля твоя, теперь уж попозденьку, и коли свалка будет в лесу, так не досмотришь, кто из наших сбердил.

–Экий ты, братец, какой!.. Да неужели ты не знаешь, что кто дерется молодцом, тому и самому на орехи достанется?

–Вестимо, батюшка.

–Так ты как вернешься домой, осмотри всех: на ком нет боевых знаков, того и пори: уж верно за кустом пролежал.

–Слушаю, батюшка.

–Ну, ступай же!

–Юрий Максимович,–сказал Левшин, когда боярин перестал говорить с Кондратием,–я было хотел тебе челом ударить: у меня есть до тебя кровное дело, да ты теперь так растревожен, тебя рассердили...

–Кто?–прервал боярин.–Эти хотисенские воришки?.. И, Дмитрий Афанасьевич! стану я об этом думать. У нас такие проказы зачастую бь!вают. Дело соседское, разберемся полюбовно. Вот как им нагреют порядком затылки да отберут лошадей, так они сами придут с повинной головой.

–Не прогневайся, Юрий Максимович, коли я буду просить тебя...

–О чем?

–А вот о чем, боярин: если ты мне не поможешь, не выручишь меня, так я сгибну и пропаду навеки.

–Ого! Так это дело не шуточное!.. Говори, Дмитрий Афанасьевич, говори!.. Я все готов для тебя сделать... Деньги, что ль, тебе нужны–бери, сколько хочешь.

–Нет, Юрий Максимович, деньгами тут не поможешь.

–Так чехо же ты хочешь?

–Я хочу жениться, боярин.

–Жениться!.. IIа ком?

–На одной девице, с которой познакомился в Москве.

–В Москве!.. Так что ж я могу для тебя сделать?

–Все, Юрий Максимович!.. Коли ты только захочешь...

–В Москве!–повторил боярин.–Постой-ка, молодец!.. Да у меня в Москве есть племянницы невесты... Уж не нарохтишься ли ты ко мне в родню!.. Ну, Дмитрий Афанасьевич, коли я отгадал, так не прогневайся– этому не бывать... Нет, нет, любезный!–продолжал Куро-давлев, не давая

Левшину молвить ни слова.–Проси у меня, чего хочешь, а об этом не заикайся!.. Дружба дружбой, а родство родством...

–Да выслушай, боярин, я...

–Знаю, любезный, знаю!.. У тебя есть и хорошее поместье, и сам ты молодец отличный, да твоя службишка-то поскудная–всему делу помеха. Уж я тебе толковал: кто своей волей, а не по царскому указу пошел в стрельцы, тот забудь и думать породниться с нашей братьею, родословным боярином. Кому охота сделать такую поруху всему роду своему и отечеству.

–Да позволь слово вымолвить,–сказал почти с нетерпением Левшин.– Та, на которой я хочу жениться, девица простого рода, и'ты ее вовсе не знаешь.

–Не знаю?.. А коли не знаю, так о чем же ты меня просишь?

–А вот выслушай, я все тебе расскажу. Левшин начал свой рассказ с того, как он увидел первый раз Софью в Мещовском подворье и как полюбил ее, не зпая, кто она такова; потом рассказал, каким неожиданным образом он познакомился с отцом ее, Андреем Поморянином, и как этот Поморянин объявил ему наотрез, что никогда не выдаст за него своей дочери.

–А, вот что!–прервал Куродавлев.–Ты, верно, думаешь, что я скорей твоего уломаю этого раскольника? Ну, коли так–изволь, Дмитрий Афанасьевич?.. Я сам отправлюсь к нему сватом.

–Это не поможет, Юрий Максимович: он уж просватал свою дочь...

–Право?.. Ну, коли просватал, так делать-то, брат, нечего; видно, тебе не судьба на ней жениться.

–Нет, боярин: лишь только бы ты мне помог, а то уж я ее выручу. Она прислала мне сказать, что если я завтра, чем свет, не увезу ее из отцовского скита и не обвенчаюсь с нею, так завтра же ее выдадут замуж за постылого человека.

–Так ты хочешь, чтоб я помог тебе увести ее из родительского дома?.. Эх, Дмитрий Афанасьевич, не хорошо! Без отцовского благословения проку не будет!.. Правда, теперь она раскольница, а как выйдет за тебя, так будет православной... Да и батюшка-то ее не Бог знает кто!.. Чай, купчишка или посадский, а не то еще–беглый дьячок или расстрига какой, так не велика беда, коли его дочка выйдет за стрелецкого сотника... А все, как подумаешь–увести родную дочь у отца!.. Да и тебе-то что за охота напрашиваться в зятья к этому раскольнику?!. Ты–православный, а он уж верно просватал свою дочь за такого же еретика, каков он сам...

–Да, Юрий Максимович, ее выдают замуж за мещовского воеводу...

–Как!.. За этого сквернавца Токмачева?..

–Да, боярин.

–Так ты у него хочешь отбить невесту?.. Ну, это иная речь!.. Изволь, любезный—помогаю... Тебе надо поспеть туда чем свет... А далеко ли этот скит отсюда?

—Верст около тридцати.

—Так мешкать нечего!.. Эй, Демка! ступай скажи, чтоб сейчас запрягли тройкой мою дорожную кибитку. В корень Беркута на пристяжку Сокола да Ласточку—проворней!.. Это, любезный, башкирки—взглянуть не на что, а такие кони, что и цены нет!.. Им шестьдесят верст не кормя—нипочем!.. Ты ступай туда полегоньку, перед светом будешь; а оттуда, как дело спроворишь, катай по всем по трем!., лишь бы на козлах-то сидел молодец, а то уж только держись!

—Я возьму с собой Ферапонта.

—Ну, этот малый дюжий—сладит!.. А я без тебя все приготовлю. Ведь мы девишника справлять не станем: из кибитки да и к венцу, а там за веселье... Ну, что?.. Так ли, Дмитрий Афанасьевич?..

—По гроб не забуду твоих благодеяний, Юрий Максимович!.. По милости твоей я буду самым счастливым человеком в свете.

—Самым счастливым!.. Давай Господи! Только вперед, любезный, не загадывай. Как проживешь с женой лет десять, так скажи тогда. Ведь и я был также женат, и мне на первых порах казалось, что я живу с Авдотьей Саввишной словно в раю земном; а там как пошло хуже да хуже... Э! Да что говорить об этом! Дай Бог ей царство небесное—все мы люди, все человеки!.. Пойдем-ка, Дмитрий Афанасьевич, да, пока запрягут лошадей, перехватим чего-нибудь... Ведь твой будущий тесть угощать тебя не станет, так не худо запастись.

Через полчаса лихая тройка въехала на боярский двор и, повинуясь могучей руке удалого Ферапонта, остановилась, как вкопанная, перед крыльцом. Левшин сел в кибитку, заехал на село, чтоб взять с собой Дарью, и лишь только Ферапонт, желая пощеголять своим удальством перед нареченной невестою, поослабил вожжи, коренная рванулась вперед, пристяжные подхватили и, как из лука стрела, с визгом помчались вдоль озера.

Эки черти!—шепнул Ферапонт, сдерживая одной рукой всю тройку.— Кажись одры, а так и рвут!.. Ну, батюшка!—продолжал он, оборотясь к своему барину.—С ними дремать-то нечего: звери, а не лошади!

IX

Утренняя заря едва стала заниматься и ни одна звездочка не потухла еще на темно-синих небесах, когда Левшин и его спутники, миновав Федосеевский скит, то есть деревушку, в которой жили перекрещеванцы, стали приближаться к цели своего путешествия. Доехав до березовых рощ, окружающих со всех сторон скит Андрея Поморянина, они остановилась.

—Ну, что, голубка—спросил Ферапонт вполголоса Дарью,—куда нам теперь?

—А вот ступай направо-то по дороге.

—Да не лучше ли здесь подождать? Ведь по заре-то как раз услышат конский топот.

—Небось, не услышат, теперь все спят.

—А сторож?

—Чай, также спит... Ведь эту неделю сторожем-то Архипка, его очередь.

—Архипка!.. Вот этот рыжий парепь, что ты па святках видела?..

—Ну, да!.. Соня такой!.. Бывало, нет чтобы обойти ночью разика два кругом скита—храпит себе, да и только!.. Третьего дня хозяин уж щунял, щунял его за это...

—Вот то-то и есть!.. Ну, коли его нелегкая понесет сегодня?

—Да нет!.. Ведь он такая дрянь, что и сказать нельзя!.. И Дуняшка-то его такая же, только бы дрыхнуть!.. За что хлебом кормят!

—Ну, что, батюшка!—продолжал Ферапонт, обращаясь к своему барину,—что нам, подъехать к самому огороду или нет?

—А вот мы с Дарьей пойдем пешком,—молвил Левшин, выпрыгнув из кибитки,—а ты ступай потихоньку за нами.

Когда Левшин прошел шагов двести по дорожке, изрытой глубокими колеями, Дарья сказала ему шепотом:

—Вон, батюшка, за толстой-то березой должна быть калитка. Побудь-ка здесь, а я пойду посмотрю, дожидается ли пас Софья Андреевна. Коли она тут, моя голубка, так я вместе с ней и приду... Да смотри, батюшка, стой смирно... Хоть я и не чаю, чтоб этот увалень, Архипка, стал ходить дозором, да ведь кто знает: тут-то его черт и дернет!

Левшин остался один: позади него, шагах в десяти, остановился Ферапонт с лошадьми. Кругом все было так тихо, что Левшин не только чувствовал, но даже слышал каждое биение своего сердца. Кто не испытал на себе самом эту неизъяснимую тоску тревожного ожидания, эту' томительную лихорадку души, это болезненное, почти безумное состояние, в котором минута кажется нам годом, а день целой жизнью—да! кто не испытал этого на самом себе, тот не поймет никогда, что чувствовал Левшин, стоя неподвижно на одном месте около часа. То ему казалось, что Софья, эта кроткая, боязливая девица, никогда не решится на такой смелый поступок; то думал он, что она занемогла; то приходило ему в голову, что Андрей догадался и увез ее в Мещовск. "Вот уж утро, а её нет как нет!–прошептал он наконец с отчаянием.–Боже мой, Боже мой!.. И чего я жду, чего надеюсь?.. Безумный! Да разве ты не знаешь, что тебе не суждено быть счастливым?.. Ступай-ка лучше да похорони себя заживо,–авось под черной рясой замрет в тебе на веки ретивое!.. Помаялось оно, понатерпелось горя–будет с него!"

Вдруг послышалось ему что-то похожее на тихий шелест отдаленных шагов... Да! так точно!.. Кто-то медленно и робко крадется по лесу... У Левшина занялся дух. Его с головы до ног обдало холодом. Еще несколько минут и участь его решена навеки!.. Напрасно нетерпеливый взор его силился проникнуть в глубину леса–он не видел ничего... Но вот шорох становится слышнее, вот близехонько хрупнула сухая ветка... "Нет, я не могу идти далее",–раздался в десяти шагах от него этот знакомый, очаровательный голос. Левшин вскрикнул, бросился вперед, и полумертвая Софья упала без чувств в его объятия.

–Софья! друг мой! ты ли это?–повторял Левшин, прижимая ее к груди своей.

–Она, Дмитрий Афанасьевич, она!–шепнула Да-рья. Да мешкать-то нечего–наговоритесь после.

–Боже мой! она без памяти!

Очнется, батюшка!.. Неси ее скорей в повозку! В самом деле, прежде чем Левшин донес Софью до кибитки, она пришла в себя.

Садитесь поскорей!–молвил Ферапонт.–Вот уж заря-то, почитай, совсем занялась. Время, батюшка, время!

Софья и Дарья поместились в кибитке, Левшин присел на облучок.

–Ну что, сели?–спросил Ферапонт, подбирая вожжи.

–Стой!–раздался грубый голос и рыжий широкоплечий детина, выскочив из-за куста, схватил под уздцы лошадей.

–Архипка!–вскрикнула Дарья.

–Эй, братцы, сю-да!.. воры!–заревел сторож, продолжая удерживать лошадей.

–Отцепись!–закричал Ферапонт,–а не то стопчу!

–Сюда, ребята, сюда!

–Батюшки, перебудил он всех!–шепнула Дарья.

–Ах, ты упрямая башка!–молвил Ферапонт.–Ну, так смотри же, брат, держись!.. Эй вы, соколики!

Вся тройка рванулась вперед, и сторож, отброшенный шагов на десять в сторону, упал между кустов. Вихрем понеслись удалые кони, как сплошной частокол замелькали по обеим сторонам высокие деревья, кибитка запрыгала по колеям, и минут через пять наши путешественники, оставив позади себя березовые рощи, выехали на проселочную дорогу, которая вела в скит перекреще-ванцев.

—Ну, что, батюшка,—спросил Ферапонт, сдерживая лошадей,—встал он или нет?

—Кто?—подхватила Дарья.—Архип-то рыжий?.. Вестимо встал—что ему сделается?.. Разве ты не видел, что он упал в кусты?

—Ну, так зевать-то нечего—за нами будет погоня. Эй, вы!

Левшину некогда было и словечка перемолвить со своей суженой; он смотрел заботливо по сторонам и беспрестанно остерегал Ферапонта. Изгибистая и неровная дорога была местами до того дурна, что даже и при тихой езде повозка могла весьма легко опрокинуться, а они мчались то вскачь, то шибкой рысью. Изредка только удавалось Левшину взглянуть на Софью, которая сидела, закутавшись в свою фату, и горько плакала. Дарья не утешала ее; напротив, она шептала ей время от времени:

—Плачь, матушка, плачь!.. Невесты всегда плачут... Вот как и мне Господь приведет идти под венец, так ты меня не изволь уговаривать—ревкой буду реветь!.. Нельзя, Софья Андреевна. Как можно невесте не плакать: все добрые люди осудят!

Благодаря искусству Ферапонта и заботливой осторожности его барина, все шло покамест благополучно: повозка ни разу пе опрокинулась, и вот наконец путешественники, или, вернее сказать, наши беглецы могли вздохнуть свободно. До перскрещеванского скита оставалось пе более полуверсты, а там уж начиналась широкая i и гладкая дорога, вплоть до самого полусела Куклина. Вдруг лошади на всем бегу остановились, коренная попятилась назад, а пристяжные начали храпеть и кидаться в стороны... "Ахти,—шеппул Ферапонт,—никак медведь!" Он едва успел выговорить эти слова, как шагах в двадцати перед ними раздался болезненный рев, и огромный медведь, облепленный со всех сторон медовыми сотами и усыпанный бесчисленным множеством пчел, перебежал через дорогу. "Ага, вор косолапый!—промолвил Ферапонт.—Не станешь вперед таскаться по пчельникам".

—Держи лошадей-то, держи!—закричал Левшин. Но испуганные кони вышли совершенно из повиновения. Несмотря на все усилия Ферапонта, они свернули с дороги и как шальные бросились прямо в лес. Проскакав шагов сто по кустам и мелкой поросли, они врезались в самую середину леса; повозка задними колесами задела за сосну, лошади остановились, но колеса разлетелись вдребезги, и кибитка упала набок. К счастью, никто не ушибся, и когда Левшин высадил из повозки своих спутниц, то увидел, что из них гораздо более испугалась Дарья, чем Софья.

—Господи Боже мой!—вопила толстая девка,—что с нами будет!.. Ведь медведь-то нас всех переест!..

—Эх, Дарья, нишкни!—прервал Ферапонт.—Небось! Он никого не съест.

—Чу! Слышишь, как он ревет?.. Ах, батюшки! Никак идет сюда!.. Ну, пропали наши головушки!

–Да что тебе дался медведь?.. Говорят тебе–небось!.. Ему теперь не до нас; ему бы поскорее до водицы добраться, а не то пчелы-то закусают до смерти. Ну что, батюшка,–продолжал Ферапонт, обращаясь к Левшину, который суетился вокруг кибитки,–что колесы?

–Одни ступицы остались.

–Ну вот-те бабушка и Юрьев день! Что ж нам теперь делать-то, Дмитрий Афанасьевич?

–Вестимо, что!.. Ведь отсюда близехонько скит перекрещеванцев; ступай купи у них телегу.

–Да они, пожалуй, заломят и Бог знает что.

–Все равно! У тебя деньги есть, давай, что просят.

–Нет, Ферапонт,–сказала Дарья,–хоть вовсе не ходи: теперь все еще спят, а коли где и достучишься, так тебя ни за что в избу не впустят. Ведь здесь такой народ, что не приведи Господи!

–Э! Знаешь ли что, Дарьюшка?.. Пойдем-ка вместе к твоей знакомой старушке, Аксинье Никитичне...

–Да ее нет дома. Я вчера к ней заходила. Ушла за пятнадцать верст и домой-то вернется разве сегодня к вечеру.

–Ну, плохо дело!.. Мы будем здесь валандаться, а Андрей Поморянин, того и гляди, что нагрянет сюда с целой ватагой... Постой-ка, постой!.. Ведь избенка этого безумного Павла–тот, что хотел нас в дождевой воде перекрещивать–кажись, близехонько отсюда? Попытаться разве... Не ровен час: иногда и дурак сослужит службу лучше умного... Ты, батюшка, останься здесь, только смотри, чтоб нас и слышно не было... Как знать, неравно вдруг нагрянут. А чтоб и лошади стояли смирно, так пощиплите травки, да дайте им перехватить, а я пойду, толкнусь к этому шальному.

Ферапонт не ошибся в своем предположении, избушка перекрещеванца Павла была шагах в трехстах от того места, где их разбили лошади. Он тотчас узнал ее по огромной плетушке с дождевой водой, которая стояла по-прежнему у самых ворот. Ферапонт стукнул по окну.

–Кто там?–раздался в избе звонкий голос Павла.

–Я, батюшка,–я!

–Да кто ты?

–Знакомый.

Окно растворилось, и Павел высунул из него свою косматую голову.

–Здравствуй, отец Павел!–сказал Ферапоит.–Мне надо с тобой словечко перемолвить.

–Да ты кто таков?

–А вот помнишь, третьего дня проезжие–еще ты уговаривал нас креститься в дождевой воде.

–Ну, так что ж?

–А то, батюшка, что мне надо об этом путем с тобой потолковать. Уж, полно, не правду ли ты говоришь, отец Павел?

–Ну, коли ты хочешь об этом со мной побеседовать, так милости просим.

Павел отпер ворота и, введя своего гостя в избу, пригласил его сесть на лавку под образами, но Ферапонт низко поклонился и промолвил смиренным голосом:

–Нет, отец Павел, изволь-ка садиться в передний угол, ты ведь наставник, а я что? я и постою.

Павел, который во всю жизнь свою не мог попасть ни к кому в наставники, обомлел от радости; он вытащил из-под лавки рогожку, разостлал ее на полу, потом снял с полки толстую книгу в кожаном переплете, разогнул ее и положил на стол, а сам, поместясь под образами, погладил с важностью свою жиденькую бородку и сказал:

–Ну, коли ты прибегаешь ко мне яко суетный и избираешь меня в свои отцы духовные и наставники, так и приемлю тебя с любовью. Я вижу, ты желаешь покаяться в грехах твоих–кайся, чадо, кайся!

–Вот тебе раз!–подумал Ферапонт.–Ах, ты шельмец этакий, еще хочешь исповедовать!..

–Ну, что ж ты, чадо?–продолжал Павел.–Преклони колена и кайся во грехах своих!

–Нет, батюшка!–прервал Ферапонт,–эта речь впереди. Я хотел только сказать тебе, что третьего дня мы с барином торопились в село Толстошеино, так нам некогда было тебя послушать, а все-таки нас раздумье взяло... Немного ты слов сказал, отец Павел, а все они у меня и у моего барина крепко в голове засели.

–Право?

–Как подумаешь–подлинно правда: вся земля осквернена!

–Уж я тебе говорю!.. Живого местечка не осталось. Куда ни оборотись, все мерзость запустения!

–Истинно так!.. И барин мой говорил то же.

–А коли вся земля предана скверне, так как же текущие по лицу его воды могут оставаться неоскверненными.

–Так, так!.. И барин мой говорит то же.

–А ведь окрещенных в оскверненной воде надо опять перекрещивать?

–Надо, батюшка, надо!

–Ну!.. А в чем же ты их станешь крестить?.. Ан дело-то и выходит, что одна только и есть вода, непричастная сему злу–вода небесная. Сиречь дождевая?.. Вот и барин мой говорит то же.– А коли так, зачем же дело стало?.. Где твой барин? Подавай его!.. Я вас сейчас окрещу.

Нет, отец Павел, погоди!.. Дай нам прежде подумать да приготовиться–ведь это дело не шуточное.

–Эй, не откладывайте!.. Благо вы попали на правый путь... Что тут мешкать, коли у меня есть про вас крещенье истинное, и отпущение грехов, и спасение душевное...

–Так, батюшка, так!.. А есть ли у тебя телега?

–Телега! На что тебе?

–Да вот дело какое, отец Павел, мой барин был нареченным женихом дочери Андрея Поморянина.

–Как!.. Этого пришельца... отщепенца окаянного, который называет нас еретиками?

–Да ведь дочь-то вовсе не в батюшку, и она тоже говорит, что барин.

–Ой ли?

–Как же!.. Ведь за этим и дело встало. Андрей как-то подслушал, что мой барин уговаривался с его дочерью взять тебя в наставники–вот и пошла потеха!.. Батюшка, как он осерчал!

–Эка зависть, подумаешь!.. Мало ли у него учеников-то, разбойник этакий!

–Ну, вот поди ты!.. Поднял такой крик, что святых вон поноси!.. Уж он позорил, позорил тебя!.. Что, дескать, этот Павел–дурачина, мужик безграмотный!

–Безграмотный?.. Врет он, нечестивец этакий!.. Вишь, учен больно!.. Да я плевать хотел на его сатанинскую мудрость! Что мудрость земная?.. Прах!

–Вот и барин мой говорит то же, да он-то свое несет. "Коли, дескать, ты едешь в ученики к этому лапотнику Павлушке Калмыку, так не выдаю за тебя дочери; пошел вон из дому!" Ну, делать нечего, вот мы и поехали й село Толстошеино: там у барина моего есть приятель; а сегодня чем свет поехали к Андрееву скиту да дочку-то у него и сманили.

–Право?.. Дело, ребята, дело!.. Аи да молодцы!.. Ништо ему, еретику проклятому!

–Да вот, отец Павел, какой грех случился: недалеко от твоей избы медведь перебежал через дорогу...

–Медведь?.. Так вот что?.. То-то я слушаю, что это Жучка у меня на пчельник воет как за язык повешенная...

–Кони-то у нас молодые,–продолжал Ферапонт,–испугались, кинулись в сторону, изломали повозку-- вот мы теперь и сидим, а того и гляди, что за нами погоня будет.

–Да вы куда едете?

–В село Толстошеино.

–А кони ваши где?

–Там, с барином, в лесу–близехонько отсюда.

–Телега-то у меня есть–и знатная телега.

—Мы тебе за нее заплатим, отец Павел.

—Зачем!.. Ведь вы скоро опять ко мне будете?

—Как же!.. Дай только нам свадьбу отпировать, а там все к тебе приедем.

—Так вы захватите ее с собой.

—И то дело!.. А ты нашу повозку побереги. Да только, пожалуйста, отец Павел, поторопись!.. Ведь Андрей как раз нагрянет с народом, а нас всего двое.

—Ну, пойдем!

Когда они вышли на двор, Ферапонт, не мешкая, осмотрел телегу и принялся уже тащить ее со двора, как вдруг остановился и стал прислушиваться.

—Постой-ка на минутку,—шепнул он, выпуская из рук оглобли.—Что это как будто б ветром наносит?.. Чу! Слышишь?

—Да, слышу!.. Сюда едут и, кажись, очень шибко.

—Ну, так и есть! Отец Павел, запри-ка ворота да пойдем в избу. Коли они остановятся да станут тебя расспрашивать...

—Небось! Уж я знаю, что им ответить.

Не прошло двух минут, как этот глухой шум превратился в громкий и внятный конский топот; можно было ясно различить, что довольно многолюдная толпа всадников скачет по лесу. Вот они поравнялись с избою Павла... "Стой!"—закричал кто-то повелительным голосом. Павел выглянул в окно: подле самой завалинки стояла телега, запряженная тройкой пегих лошадей, а крутом нее человек десять верховых.

—Послушай-ка, любезный,—сказал человек пожилых лет, который сидел в телеге,—проехала здесь повозка тройкою?

—Проехала,—отвечал Павел.

—Куда?

—Да прямо по дороге в Куклино... Ведь здесь другой езды нет.

—А давно они проехали?

Да не так, чтоб давно, а уж, чай, далеко впереди-- гонят так, что и Господи!

Пошел!—закричал пожилой человек. Тройка помчалась, а вслед за ней понеслась вся толпа всадников.

—Ну, вот и след простыл,—сказал Павел.

—Да что в этом толку?—прервал Ферапонт.—Ведь другой дороги в село Толстошеино нет, кроме Куклинской?

—Нет.

—Эх, плохо дело!.. Вот, говорят, беглому одна дорога, а погонщикам много—ан выходить дорога-то у нас одна; или мы их догоним, или они с нами повстречаются, а уж нам их не миновать. Да нет ли, Павел, какого-нибудь проселка?

–И дорога есть другая, да только зимняя.

–Где?

–А вот, не доезжая до околицы поворот налево. Зимой дорога знатная, все лесом, почитай, вплоть до села Толстошеина, а летом больно плохо; два раза Брынь надо переезжать, и болотца есть.

–Да лишь бы только была какая ни есть езда, а то кони у нас добрые, вывезут.

–Ну, коли так, ступайте с Богом! Не знаю, как дальше, а верст десять проедете хорошо. Я вчера ходил по этой дороге навестить знакомого старца. Он живет в лесу один.

–Как и летом и зимой?

–Да!–Зимой он живет в землянке, а летом спасается на сосне... Такой строгий старец!..

–На сосне!.. Уж это не Пафнутий ли?

–Да, старец Пафнутий. Он сказывал мне, что третьего дня по этой дороге проехал один мужичок порожняком, так, авось, и вы проедете. Лето стоит жаркое, чай, болотца-то повысохли, а через Брынь, где хочешь ступай, везде брод... Только, смотрите, не сбейтесь с дороги. Сначала просека пойдет все прямо, а там как в первый раз переедете Брынь, так не доезжая до сосны, на которой живет Пафнутий, поворот в село Толстошеино, а прямо-то пойдет дорога в село Боброво.

–Ну, делать нечего!–сказал Ферапонт.–Коли нет сапогов, так и лапти в чести. Прощай покамест, отец Павел! Я пойду возьму телегу.

–Пойдем я помогу тебе.

–Не трудись, батюшка, я свезу один.

–Вдвоем-то лучше; да я же хочу перемолвить словечко с твоим барином.

–После, отец Павел, после!.. Успеете наговориться, а теперь сходи-ка лучше к себе на пчельник.

–А что?

–Да за медведем-то, что перебежал нам дорогу, гнались пчелы, и он весь испачкан в меду,–так не у тебя ли он это спроворил.

–А что ты думаешь!–вскричал Павел.–Ведь другого пчельника здесь нет... Ну, так и есть!–продолжал он, кинувшись опрометью из избы.–Проклятый! Чай, он все пеньки у меня перевалял!

Ферапонт очень обрадовался, что успел отделаться от этого Павла, которого он не желал сводить со своим барином.

–Фу-ты, батюшки!–молвил он, выходя на двор,–насилу отвязался. Беда, кабы он пристал к барину: ведь тот, пожалуй, все дело бы испортил. Ну, теперь за работу!

Ферапонт впрягся в телегу и, как добрый конь, довез ее в две минуты до того места, где лежала на боку их повозка. Он нашел всех в большой тревоге.

—Ферапонт,—сказал торопливо Левшин,—что это за люди проскакали по дороге?.. Уж не погоня ли?

—Да, батюшка.

—Что ж нам делать? Ведь дорога-то одна?

—Нет, Дмитрий Афанасьевич!—отвечал Ферапонт, спеша запрягать лошадей.—Мне добрый человек показал дорогу. Мы выедем по ней прямехонько к селу Толстошеину. Говорят, больно плоха, да Бог милостив, авось проедем как-нибудь!

Через несколько минут все было готово. Наши путешественники выбрались потихоньку из леса и, доехав до околицы Федосеевского скита, повернули налево в узкую просеку, по обеим сторонам которой тянулся бесконечный ряд огромных дорсвьев. Внизу, поросшая высокой травою дорога была еще покрыта густою тенью, но па высоких вершинах этих вековых сосен играли уже первые лучи восходящего солнца.

X

Встреча с медведем до того перепутала Дарью, что когда они въехали в эту темную и пустынную просеку, ей стали поминутно мерещиться то огромные медведи, то целые стаи косматых волков. С трепетом озираясь кругом, она творила про себя молитву и вскрикивала всякий раз от ужаса, когда в лесу раздавался шорох или хрустел валежник под ногами какого-нибудь зверя. Впрочем, эти опасения разделял с нею—разумеется, до некоторой степени—и сам Ферапонт; он замечал, что лошади время от времени путались, храпели и робко прижимали к головам свои чуткие уши. Софья, напротив, казалась гораздо спокойнее и даже веселее прежнего; по крайней мере, она уже не плакала. Пока Ферапонт беседовал с Павлом, то есть старался выманить у него телегу, Левшин успел обо всем переговорить со своей невестой. Теперь она знала, что у боярина Куродавлева все готово для их свадьбы и что через несколько часов она уже будет не беглянкой, а законной супругой Левшина. Конечно, для нее очень было прискорбно идти замуж без отцовского благословения; но она и тут утешала себя мыслию, что рано или поздно отец простит ее; а сверх того Софья решилась на этот отчаянный поступок потому только, что ей ничего другого не оставалось делать. "О, я никогда бы не вышла из отцовской воли!—думала Софья,—и если б батюшка не хотел меня выдать за

176

этого мещов-ского воеводу, то, может быть, я умерла бы с горя, а все-таки не обвенчалась бы ни с кем без его благословения".

Когда наши путешественники проехали верст около шести по этой, хотя и ровной, но зато вовсе не торной дороге, Ферапонт, заметив, что лошади начинают уставать, перестал их понукать и дал волю идти шагом.

–Вот,–сказал он,–дорога, кажись, гладкая, а как раз лошадок уморишь. Нам хорошо, да им-то каково бежать целиком: ведь колеса по траве вовсе не катятся... Правда, гнать нам нечего: мы здесь с Андреем не встретимся.

–А что, дорога все будет этакая?–спросил Левшин.

–Да Бог весть!–отвечал Ферапонт, посматривая вдоль просеки.– Говорят, впереди есть болотца и Брынь надо переезжать. Ведь летом по этой дороге никто не ездит.

–Так проедем ли мы?

–Проедем как-нибудь. Ну, может статься, разика два-три и побьемся. Как попадешь в трясину, так не скоро выедешь. Правда, мне говорили, что вчера еще один мужичок проехал порожником по этой дороге, так, авось, и нас Господь пронесет.

–Говорили!.. Да кто тебе говорил?

–А вот этот перекрещеванец, Павел. _ Так ты у него и телегу-то купил?

–Нет, не купил: он мне так ее дал.–Вот что... Да как же это он?

__ А так же!.. В том-то и дело, Дмитрий Афанасье-'

Вич, как погладишь дурака по шерсти, так он за тебя в воду полезет. Кабы я не сказал этому полоумному, что хочу идти в его веру, так он бы меня и на двор не пустил.

–Так ты ему сказал, что хочешь перекрещиваться?

–Как же, батюшка!.. Я сказал, что и ты желаешь взять его в свои наставники.

–Что ты! В уме ли, Ферапонт?.. И как у тебя язык повернулся...

–Да что ж мне было делать, Дмитрий Афанасьевич?.. Коли на правду не возьмешь, а на силу взять нельзя, так пришлось подыматься на хитрости. Иль ты думаешь, мне весело было, когда этот сермяжник выдумал меня исповедовать.

–Исповедовать?

–Да, батюшка!.. Насилу отвязался. Вытащил какую-то книгу и рогожку мне подослал, чтоб я стал на колени; да так и пристает–лапотник этакий!.. "Кайся, чадо, кайся!" Вот ты, Дмитрий Афанасьевич, смеешься, а мне вовсе не до смеху было. Кабы воля да воля, так я бы этого Павлушку-богохульника отучил исповедовать, а тут делать-то нечего, и зло берет, да поневоле кланяешься и говоришь этому замарашке: "Батюшка, отец Павел!" Вот то-то и есть, Дмитрий Афанасьевич, недаром пословица: "неволя пляшет, неволя скачет, неволя песенки поет".

–Ступай-ка, Ферапонт, скорей,–прервал Лев-шин.–Мы так, пожалуй, целый день протащимся.

–Куда целый день!.. Лишь только бы не сидеть где-нибудь в болоте, а то коли и все шагом поедем, так будем дома прежде полуден. Ну что, сердечные, вздохнули?.. Эй вы!

Несмотря на свою усталость, лошади приняли дружно и побежали шибкой рысью.

–Э! Да что это?–промолвил Ферапонт, когда они проехали еще версты две.–Никак Брынь?.. Ну, так и есть!.. Дмитрий Афанасьевич,–продолжал он, сдерживая лошадей,–возьми-ка, батюшка, вожжи, а я пойду поищу, где нам переехать.

Ферапонт возвратился через несколько минут, неся в руках свою обувь.

–Ну, что?–спросил Левшин.–Есть ли брод?

–Знатный, батюшка Не глубоко, в одном только месте по пояс, а то все по колено.

–Так садись скорее.

–Нет, Дмитрий Афанасьевич, лошадей-то надо выпрячь,

–А что?

–Да с нашей стороны спуск больно плох. Видно, весной большая вода была, весь берег подмыло. Такой обрыв, что не приведи Господи!.. В поводу-то лошадей мы как-нибудь переведем, а уж телегу надо на себе спустить.

–Ах! батюшки!–вскричала Дарья.–Да нам-то как же?.. Неужели по воде идти?

–Зачем? Вы только спуститесь с берега, а там садитесь опять в телегу, уж я вас перевезу. Да ты не изволь тревожиться, матушка Софья Андреевна!–промолвил Ферапонт, обращаясь к невесте своего боярина.– Мы и не такие возы на себе важивали. Что в вас обеих тяти-то много ли!.. А я однажды, за спором, сорокоушу с водой на берег вывез.

Левшин перевел по одиночке лошадей через Брынь, а Ферапонт, привязав к телеге вожжи, спустил ее почти с отвесного берега в воду, потом помог сойти Софье и Дарье, усадил их опять в телегу и повез на себе через Брынь.

–Ну!–прошептала Дарья, поглядывая с невольным уважением на своего суженого,–послал мне Господь женишка!.. Посмотрика-ка, Софья Андреевна, словно лошадь везет, да хоть бы раз поднатужился!.. Вот это молодец: уж не Архипке рыжему чета!

Когда лошадей опять запрягли, Ферапонт, желая вознаградить потерянное время, погнал их снова рысью. Не прошло и четверти часа, как они выехали на небольшую луговину, посреди которой росли отдельной куртиной несколько сосен. Одна из них была необычной толщины, и ее ветвистая вершина не подымалась остроконечной пирамидой кверху, но раскидывалась во все стороны огромным шатром. Просека, которая оканчивалась этой поляной, начиналась снова на ее противоположной стороне. Поравнявшись с сосновой куртиной, Ферапонт остановил лошадей.

—А что, Дмитрий Афанасьевич,—сказал он,—как ты думаешь: прямо, что ль, нам ехать?

—Да разве ты не видишь: вон просека-то перед нами.

—Вижу, батюшка, вижу!.. Только не здесь ли где-нибудь поворот в Толстошеино? Кажись, нет. Я посматривал и направо и налево.

—Так, видно, мы еще до поворота не доехали.

—Видно, что так!

—Внимайте, путники, внимайте!—закричал кто-то пронзительным и диким голосом. Этот внезапно раздавшийся в пустынном лесу человеческий голос заставил невольно содрогнуться Левшина и Ферапонта. Софья побледнела, а Дарья вскрикнула с ужасом:, "Батюшки-леший!"

—Чего ради блуждаете в сих дебрях!—раздался опять тот же самый голос.—Или желаете обрести смиренного старца Пафнутия, и святой беседою его очистить оскверненные грехом сердца ваши?

—Э! Да это Пафнутий,—прошептал Ферапонт.—Ну, помнишь, батюшка, запощеванцев?.. Да откуда он нам кричит?.. А, вот он!.. Посмотри-ка, Дмитрий Афанасьевич, вон на сосне... видишь, он сидит как сыч в дупле!.. Подержи-ка, батюшка, лошадей, а я сойду с ним поговорить, авось он нам укажет, где поворот.

Ферапонт снял шапку и подошел к толстой сосне. Из дупла, которое было сажени две от земли, выглядывало знакомое уже нашим читателям худощавое, зверское лицо, с полоумными, сверкающими глазами.

—Бог помощь, отец Пафнутий!—сказал Ферапонт, кланяясь в пояс.—Я привез тебе поклон от федосеев-ского старца, отца Павла.

—Да ты-то сам, чадо, мимо грядешь,—прервал Пафнутий,—или пришел в сию пустыню ради меня, труженика и благовестника истинной веры?

—Нет, батюшка. Я теперь еду в село Толстошеино, да скоро вернусь назад и уж тогда послушаю твоих речей. Я затем и поехал зимней дорогой, чтобы отвести тебе от отца Павла поклон, да и самому мне хотелось тебе поклониться.

Пафнутий поглядел недоверчиво на Ферапонта и сказал:

В село Толстошеино!.. А почто грядешь ты, чадо, в сей вертеп льва рыкающего, в сие жилище слуги и сподвижника антихристова?

Послали, батюшка: дело подневольное; велят, так поедешь.

А кто сей муж, что сидит у тебя на возу с покрытой главою?

—Это, батюшка, недужный человек, слепой и немой. Мне приказано отвести его в село Толстошеино.

—А юные отроковицы, с ним сидящие?

—Сестра его и работница... Теперь, отец Пафнутий, скажи пожалуйста: ведь прямо-то просекой дорога куда пойдет?

—В некую весь, селом Бобровым именуемую.

—А где же поворот в Толстошеино?

—Обратися вспять, чадо! Зришь ли та^о четыре древа, их же березами нарицают?

—Четыре березы?.. Вижу, отец Пафнутий, вижу.

—На восточной стране оных, среди мелкодревесия, и обретается путь, ведущий в сие гнездилище разврата и нечестия, глаголемое село Толстошеино.

—Так мы поворот-то проехали! Ну,—промолвил Ферапонт, надевая шапку,—спасибо тебе, старину-щка, что ты голос подал! Кабы не ты, так мы сбились бы с дороги, так же, как мы у тебя запощеванцев отбили?

—Как!—вскричал Пафнутий.—Так ато вы, богоотступники окаянные?

—Мы, дедушка, мы! Счастливо оставаться!

—Ах вы святотатцы проклятые!.. Еретики, разбойники, душегубцы!

—Врешь ты, сыч этакий,—прервал Ферапонт уходя.—Мы не в тебя, старый черт, мы живых-то людей голодом не морим!

—Умолкни, буеслов нечестивый!—завопил неистовым голосом раскольник.—Да будет часть твоя с Каином и Иудою и три краты окаянным наставником вашим, Андреем Поморянином!

—Экий злющий,—шепнул Ферапонт, подходя к телеге.—Словно цепная собака—так и надседается!

—Да постигнут вас все казни египетские!—продолжал кричать Пафнутий.—Да пожрет вас в живе адский пламень, и ни единая капля воды да не прохладит богохульных уст ваших.

—Тьфу ты, старый хрен!—сказал Ферапонт, отплевываясь.—Над тобой бы самим и тряслось, филин этакий! Вишь, что сулит, проклятый!—промолвил он, садясь на козлы и поворачивая лошадей.

Доехав до берез, они отыскали поворот в село Толстошеино и потащились шагом по дороге, которая была до того узка и изрыта корнями сосен, что по ней невозможно было ехать иначе. Долго еще доносились до их слуха дикие вопли Пафнутия, который продолжал бесноваться и осыпать их проклятиями.

—Что это он так осерчал?—спросил Левшин.

—Да вот что, батюшка,—отвечал Ферапонт.—Он меня не признал, а я, как выпытал от него, куда нам ехать, так и напомнил ему о запощеванцах.

—Охота же тебе дразнить сумасшедших.

—Нельзя, Дмитрий Афанасьевич!.. За что же я перед ним шапку-то снимал, да кланялся ему в пояс?.. Чего доброго, этот гордец стал бы думать, что я и взаправду приходил к нему на поклонение.

–Да ведь Павел же думает, что ты хочешь быть его учеником.

–То–дело другое, батюшка! Павел дал нам телегу, из беды нас выручил–так пусть себе и потешается. А этот что?.. Дорогу–то показал!.. Да и воля твоя, батюшка: Павел просто человек убогий, шальной, а этот Пафнутий не человек, а дикий зверь!.. Чу! Слышишь ли, Дмитрий Афанасьевич–он все еще орет!.. Эко горло, подумаешь!.. Ну! не диво, что этот еретик живет в лесу один: коли он этак часто покрикивает, так медведи–то и волки, чай, верст за пять кругом дрожкой дрожат!

Наши путешественники переправились вторично без большого труда через речку Брынь и проехали благополучно трясины, по которым в летнюю пору почти всегда не было никакого проезда. На этот раз догадка перекрещеванца Павла оправдалась на самом деле: от сильной и постоянной жары болота во многих местах вовсе пересохли, а в других окрепли до того, что колеса оставляли на них едва заметный след. Но, несмотря на это, им нельзя было ехать скоро по усеянной кочками и крупным валежником дороге, или, лучше сказать, целику, который в зимнее только время превращался в гладкую и ровную дорогу. Солнце было уже довольно высоко, когда Ферапонт, посмотрев внимательно вперед, сказал своему барину:

Ну вот, Дмитрий Афанасьевич,–слава тебе, Господи! сейчас выберемся из этой трущобы. Видишь, прямо между деревьями?.. Теперь позаслонило кустами. iЬот опять мелькнула... Это большая дорога, батюшка!.. А посмотри-ка левее, вон за елкой–то, высокая кровля с трубой. Ведь это боярская винокурня... Всего с версту До села осталось.

В самом деле, они выехали через несколько минут на большую дорогу, и почти в то же самое время послышался в близком от них расстоянии конский топот. Ферапонт невольно осадил лошадей.

–Господи!–вскрикнула Дарья.–Вон скачут пря–i мо к нам... Ну, попались мы!

–Постой-ка, постой!–молвил Ферапонт.–Да это едут от села... верно, к нам навстречу... Ну, так и есть: Кондратий Тихоныч?..

Ферапонт не ошибся: к ним подъехал, в сопровождении трех верховых, дворецкий боярина Куродавлева. Увидев незнакомых людей, Софья опустила свою фату. Как ни любила она Левшина, но в эту минуту чувство стыда было в ней сильнее самой любви: ей совестно было глядеть на свет Божий. Ей казалось, что все должны были смотреть на нее с этим обидным любопытством, с этой насмешливой улыбкой, которая только что не говорит: "Аи да дочка! Потешила батюшку!.. Теперь ушла от отца, а там, глядишь, и от мужа убежит!.."

–О! зачем я не умерла от тоски!–шептала про себя бедная девушка, заливаясь слезами.–Уж один бы конец!.. А теперь... Боже мой, Боже мой!.. Да разве легче для меня не сметь взглянуть на добрых людей и по сто раз на день умирать со стыда!

Левшин соскочил с телеги, а Кондратий спешился, подошел к нему и сказал почтительным голосом.

–Здравствуй, батюшка Дмитрий Афанасьевич! Уж мы тебя ждали, жали!.. Юрий Максимович начинал тревожиться и выслал меня к вам навстречу... Он приказал тебе доложить, чтоб ты пожаловал к нему, а для твоей суженой отведена изба у старосты. Там ее примут и уберут к венцу сенные девушки, а боярская кормилица, Матрена Никитична, вместо посаженой матери благословит ее святой иконой. В свахи большие с осыпалом наряжена моя старуха, а в меньшие свахи ключница Игнатьевна. Боярин изволил сказать, что он у тебя посажепым отцом, и хочет снарядить твою невесту, как свою дочь родную. Отец Егор уже давно вас в церкви дожидается, а сам боярин не будет в поезде; а как вы обвенчаетесь, так встретить вас у себя с хлебом-солью. Он прежде венца,– промолвил вполголоса Кондратий,–не желает видеть твоей суженой: боится, что ей будет стыдно.

В продолжение этого разговора Дарья, которая также, ради девичьей стыдливости, опустила фату, шептала Софье:

–Смотри же, Софья Андреевна, когда станут тебя одевать к венцу да начнут косу расплетать, так ты, моя голубушка, тут-то себя покажи–так и разрывайся!

Левшину подвели верховую лошадь; он присоединился к поезду и, проводив свою невесту до Старостина двора, который был в двух шагах от церкви, отправился к боярину Куродавлеву.

XI

Левшин нашел боярина в его любимом теремном покое.

–Добро пожаловать, Дмитрий Афанасьевич,–вскричал Куродавлев, идя к нему навстречу.

–Ну, что твоя суженая? Привез ли ты ее?

–Привез, Юрий Максимович.

–Аи да молодец!.. То-то потеха будет в Мещовске!.. Чай, Федька Токмачев затеял пир во весь мир!.. Гостей назвал!.. Исхарчился!.. Ан вот тебе и невеста!.. Что, взял?.. По усам текло, да в рот не попало... мошенник этакий!.. А я, Дмитрий Афанасьевич, начинал уже побаиваться... Да что вы, шагом, что ль, ехали?

—Туда ехали скоро, Юрий Максимович, а назад, почитай, все шагом, насилу дотащились.

—Как так?.. На этой тройке?

—Что ж делать: дорога-то больно плоха. Ведь мы ехали зимним путем.

—Зачем?

—За нами была погоня, а повозка-то у нас сломалась. Вот пока мы сидели, притаясь в лесу, погонщики взяли у нас переду. Мы после кое-как телегу достали, да ехать-то нам нельзя было по одной с ними дороге.

—Вот что—Так за вами была погоня!.. А знает ли Андрей Поморянин, что это дело ты спроворил?

Как же!.. И меня и слугу моего видел сторож.

Ну, так мешкать нечего!.. Чай, будущий твой тесть знает, что ты гостишь у меня, и уж, верно, сюда пожалует. Ступай-ка, Дмитрий Афанасьевич, принарядись на скорую руку, да и к венцу!.. Коли вас успеют повенчать прежде, чем он приедет, так и все концы в воду!.. Вот этак-то будет лучше,—продолжал оярия, когда Левшин вышел из покоя,—а то ведь, в самом деле, как скажешь отцу: да, дескать, любезный, дочка твоя здесь, и я, посторонний человек, хочу выдать ее замуж; а тебе, дескать, родному ее батюшке, до этого и дела нет. Хочешь с нами пировать— милости просим, а не хочешь—так со двора долой! Да этого сказать и язык не поворотится!.. Вот дело другое, как повенчались, так уж тут и батюшке говорить нечего: в жене волен муж, а не отец.

—Эй! Кто там?

В комнату вошел дворецкий.

—Кондратий,—молвил Куродавлев,—пошли-ка сказать, чтоб невесту скорей наряжали; да готова ли колымага, в которой повезут ее к венцу?

—Как же, Юрий Максимович, она уж давно стоит у старосты на дворе.

—А много ли вершников будет в жениховом поезде?

—Всего пятнадцать человек. Впереди Андрюшка Барсук поедет с тулумбасником, за ним шестеро вершников попарно, там жених с двумя дружками, а позади еще шестеро вершников.

—Эх, маленько!.. Ну да так уж и быть. А жених на чем поедет?

—На своем аргамаке, батюшка; только мы оседлали его твоим кизылбашским седлом с каменьями; плат под седлом из травчатого аксамита, науз из витого золота, а поводная цепь—серебряная.

—Хорошо!.. Теперь ступай, да поторопи жениха, мешкать нечего.

Оставшись один, Куродавлев подошел к окну, из которого был виден" двор, озеро, церковь и все село; он с приметным беспокойством посматривал на дорогу, которая шла по той стороне озера.

—Вот, так и жду,—прошептал он,—что этот Андрей Поморянин нагрянет ко мне как снег на голову!.. Э! Да вот уж кто-то едет, тройкою в телеге... Ахти, никак он!.. Кажись, в телеге сидит старик... Вот шибко поехали... Авось мимо... Нет! Заворачивают на плотину... сюда едут!.. Ну, так и есть!!! Верно, Андрей Поморянин!.. Эй, Степка!—продолжал боярин, растворив сенную дверь.—Сбегай проворней—узнай, кто это ко мне приехал?

Через несколько минут слуга воротился и доложил Куродавлеву, что приехал передовой боярина Кириллы Андреевича Буйносова.

—Как!—вскричал с радостью Куродавлев,—друг сердечный, Кирилла Андреевич?.. Ну, не ждал я так скоро дорогого гостя!.. Милости просим. Вот кстати-то пожалует!.. В посаженые отцы его к молодой... Да, хочет или не хочет, а уж угорское-то винцо мы с ним покончим!.. Веди сюда передового.

—Вот он, Юрий Максимович,—сказал дворецкий, введя в покои Савельича, этого досужего пчеловода и костоправа, который был некогда раскольником и жил в работниках у Андрея Денисова.—А я, батюшка,— промолвил Кондратий,—пришел доложить тебе, что жених готов и сейчас едет в церковь.

—Да вот и поезд тронулся,—прервал Куродавлев,—а вот и жених... Экий молодчина, подумаешь!.. Любо-дорого взглянуть!.. И осанка-то какая!.. Ну, похож ли он на стрелецкого сотника?.. Эх, жаль!.. А что, брат,— продолжал боярин, садясь в кресла и обращаясь к приезжему,—как тебя зовут?

—Антошка Савельев, батюшка.

—Ну что, Савельич, ты далеко оставил своего барина?

—Нет, государь Юрий Максимович, много, если версты четыре переду взял. Лошадки-то у меня поплоше боярских, да и больно поумаялись.

—Так друг-то мой сердечный того и гляди прикатит?.. Да как же он это пустился в дорогу: ведь путь не близкий, а оп мне писал, что не может встать с постели?

—Да, батюшка! Кирилла Андреевич изволит зашибить правую ножку, и на первых-то порах я думал, что не скоро встанет; да видно, что это мне так с испуту показалось.

—Тебе?

—Да, Юрий Максимович, ведь боярипа-то я пользовал.

—Вот что! Так ты человек досужий?

—Знаем кой-что, кормилец. Я таки за мой век много косточек повыправил.

Так ты костоправ?.. А руду метать умеешь?

И это маракуем. Коли надо твоим лошадкам кинуть кровь, прикажи, батюшка; а коли часом и тебе самому надо будет жилку открыть...

Нет уж, брат, спасибо!.. Вот разве как-нибудь ногу или руку вывихну...

184

Дай-то Господи, батюшка!.. Уж я бы тебе послужил...

—Что-ты, что ты?—прервал боярин с громким смехом

—Вот о чем Бога молит!

—А что ж, государь Юрий Максимович?.. Коли тебе на роду написано вывихнуть ручку или ножку, так уж лучше при мне: ведь разные костоправы, батюшка, какому попадешься...

—Да лучше, брат, никакому. А скажи мне, что Кирилла Андреевич совсем, что ль, выздоровел?

—Нет, батюшка, все еще изволит прихрамывать; а подождать не хотел: что-то больно к тебе торопился.

—Знаю, знаю!.. Да порадовать-то его будет нечем.

—Юрий Максимович!—сказал дворецкий, входя торопливо в комнату,— сейчас въехал на двор вот этот раскольничий-то голова...

—Кто?.. Андрей Поморянин?

—Да, батюшка.

—Ступай проворней... прими его со всяким почетом.

—Как, батюшка!.. Этого еретика?

—Да, да!.. Как самого дорогого гостя—слышишь?

—Слушаю, сударь!—пробормотал дворецкий, с трудом скрывая свое негодование.

—Введи его в большую расписную палату: оттуда он ничего не увидит; да попроси его обождать минутки две, а там как я к тебе пришлю, проводи его сюда. Ну, ступай проворней!

Куродавлев подошел опять к окну.

—Да что ж это они едут не едут?—сказал он с приметным нетерпением.— Что за увальни такие!.. И зачем я не приказал им ехать рысью!.. Вон плетутся как!.. Ну, слава Тебе, Господи,—доехали!.. Вошли в церковь... Теперь за невестой дело станет!.. Эх, провалаждаются они вплоть до вечерен!.. Ведь эти девки перед венцом—беда!.. Чай, ревет теперь в истошный голос, а мои-то дуры, чем бы ее скорее снаряжать, глядишь— также голосят!.. Ох, эти бабы! Как примутся вопить да причитать, так их ничем не уймешь!.. А! Вот никак зашевелились... отворяют ворота... вот невеста выехала!.. Благо церковь-то близко... Вот и свахи принимают ее из колымаги... ведут на паперть... Ну, теперь можно!.. Послушай-ка, Савельич, пошли сенного мальчика сказать Кондратию, чтоб он ввел сюда приезжего гостя, а сам подожди в сенях: мне еще надо будет с тобой словечка два перемолвить.

Оставшись один, боярин начал ходить взад и вперед по комнате. Несмотря на свою природную отвагу, он очень был встревожен. Да и было отчего: в первый раз еще в жизни познакомился он с чувством, вовсе ему неизвестным. Что грех таить: у боярина Юрия Максимовича Куродавлева сердце замирало от страха; и тот, кто не дрогнул бы стать один против целой толпы врагов, не мог подумать без ужаса, что он должен остаться с глазу на глаз с каким то Андреем Поморянином, ничтожным раскольником, безоружным. Но этот раскольник был обиженный отец-этот старик пришел требовать от него своей дочери. Как ни старался убедить себя Куродавлев, что он делает доброе дело, помогая православному жениться на раскольнице, что он возвращает духовной пастве одну из ее заблудших овец и что лучше было для невесты Левшина покинуть отца, чем остаться навсегда отлученной от истинной церкви-но все это было напрасно. Неумолимая совесть говорила свое; она шепнула ему: "не ради доброго дела ты отнимаешь дочь у отца-нет! а ради того, чтоб отомстить мещовскому воеводе. До сей поры ты не краснел ни перед кем, Куродавлев; кому ты не смел глядеть прямо в глаза? А теперь... Ну-ка, Юрий Максимович, не моргни, любезный, когда глаза раскольника встретятся с твоими; не покрасней, когда этот старик начнет с тобой говорить о своей дочери"...

—Да что ж это такое?—прошептал боярин, стараясь ободрить себя.—Ведь девку-то не я сманил, да и Левшин увез ее не насильно... А коли дочка сбежала с молодцом, так еще батюшка должен мне спасибо сказать, что я поторопился этот грех венцом прикрыть... Чу! Да вот никак он идет!—промолвил Куродавлев, садясь в кресла.

Двери распахнулись настежь, и Андрей Поморянин, войдя в комнату, низко поклонился хозяину.

—Милости просим, сосед любезный!—сказал Куродавлев, привставая.—Ведь мы, чай, с тобой соседи?

—Да, боярин, я живу недалеко отсюда.

—Очень рад с тобой познакомиться.

Не о знакомстве речь, Юрий Максимович,—сказал почтительным голосом Андрей.—Где нам, простым людям, вести знакомство с таким знаменитым сановником.

—Ну, полно, любезный!—прервал Куродавлев.--

—Что тут разбирать чины, дело соседское.

Желая чем-нибудь задобрить Андрея Поморянина, Куродавлев решился отступить от своих правил, и несмотря на то, что гость его был в простом сером балахоне, он пригласил его садиться.

—Нет, Юрий Максимович,—сказал Андрей,—я и постою. Непригоже мне сидеть перед тобой: я не гость твой, а челобитчик.

—Все равно!—возразил Куродавлев.—Может быть, тебе не в привычку сидеть перед нашей братией, боярами?.. Да ведь у нас не Москва, любезный, мы здесь живем попросту... Вон скамеечка, придвинь-ка ее сюда да садись, голубчик!

В продолжение этих речей, которые, казалось, сильно потревожили Андрея, угрюмое лицо его покрывалось ярким румянцем. Он не тронулся с места, не вымолвил ни слова; но что-то похожее на исполненную неприязни и презрения улыбку изобразилось на бледных устах его.

—Да полно, не чинись!—продолжал боярин.—Уж коли я тебя прошу, так садись, братец!

Та же самая улыбка была ответом боярину, но на этот раз Андрей его послушался: он молча взял, только не скамью, а точно такое же кресло, на каком сидел хозяин, поставил против него и опустился в него так небрежно, с такой свободой, как будто бы весь свой век сиживал в боярских креслах.

"Ах, он балахонник!—подумал Куродавлев.—Вишь, как плюхнул!., так и развалился—словно перед своим братом!.. Мог бы и на кончике посидеть, охреян этакой!"

—Юрий Максимович!—сказал Андрей, не обращая никакого внимания на весьма заметное неудовольствие хозяина,—я приехал просить твоей защиты.

—Говори, любезный, говори!

—Кто не знает в нашей стороне, боярин, что ты не даешь потачки ни ворам, ни разбойникам, стоишь горой за правду и не покривишь душой не токмо ради знакомства и приязни, но и ради собственного живота своего.

"Ну!—подумал Куродавлев,—с ним держи ухо востро!.. Вишь, какой лисой подъезжает!"

—Я и подумать-то не смею,—продолжал Андрей,—чтоб ты захотел помогать в деле воровском какому-нибудь разбойнику... Ведь лучше всякого знаешь, боярин, что тот, кто мирволит недобрым людям, и сам недобрый человек, а кто помогает и дает приют отъявленным ворам и разбойникам, тот сам такой же точно вор и разбойник, как они.

Вся кровь бросилась в лицо Куродавлева.

—Да о каких ты это говоришь разбойниках?—промолвил он едва внятным голосом.—Я, брат, обиняков не люблю!.. Говори прямо!

—Изволь, боярин!.. Прямо, так прямо. Меня ограбил стрелецкий сотник Левшин, который живет в твоем доме.

—Ограбил!.. Что, ты, братец, в уме ли?

—Да!—продолжал Андрей, вставая,—ограбил!.. Ты спросишь, может быть, боярин: "А что он у тебя украл? Серебро, что ль, из сундука вытащил, коней свел, кладовую подломал, деньги отнял?.." Деньги! Да если б он обобрал меня до последней копейки, поджег дом, разорил вконец, пустил бы по миру в одной рубашке—так я махнул бы рукой и сказал: "Бог с ним! И деньги, и добро, и дом—все дело наживное!.. А не наживу, так что ж?.. Земное достояние—

—Но этот злодей—прах!.. украл у меня единственную дочь, сделал меня на старости сиротою, погубил душу христианскую!..

—Погубил душу!—вскричал Куродавлев, обрадовавшись, что может на что-нибудь опереться.–Уж не душу ли твоей дочери, которая с ним убежала?.. Нет, голубчик, погоди!.. Она будет законной супругою Левшина и православной христианкою. Слышишь ли, господин Поморянин–православной!

–Я пришел к тебе не о вере состязаться,–прервал Андрей.–Кто б я ни был по-вашему: раскольник, татарин, жид, а я все-таки отец и говорю тебе, боярин Куродавлев: отдай мне мою дочь!

–Да небойсь, Андрей, дочь твоя не пропадет!.. Послушай, любезный,–продолжал Куродавлев ласковым голосом,–ведь ты знаешь пословицу: "снявши голову о волосах не плачут". Уж коли дочь твоя бежала с молодым парнем, так на что она тебе?.. Да я бы на твоем месте перекрестился, что она замуж выходит за Лев-шина. Ведь после такого дела кто на ней женится?

–Это моя забота, боярин; захочу, так выдам ее замуж.

Чай, за мещовского воеводу?.. Чего доброго этот срамец на все пойдет!.. Да какая жизнь-то ее будет? Вечный попрек!.. Эй, любезный, не упрямся!.. Ну, сам скажи: чем Левшин ей не жених?

–Нет!–вскричал Андрей.–Я никогда не соглашусь...

–Экий ты какой!–прервал Куродавлев.–Сам не умел сберечь дочери, так чего тут–не соглашусь!.. Уж если прежде тебя не спрашивались, так теперь и подавно спрашиваться не станут. Да и что ты этак упираешься?.. а Ради того, что Левшин не ваш брат старообрядец...

–Нет, Юрий Максимович, это–другая речь.

–А коли другая, так о чем же и говорить?.. Левшин отличный молодец, человек родословный, поместный!.. Не будь он стрелецким сотником, так и я бы не задумался с ним породниться...

–Да если тебе, Юрий Максимович, бесчестно породниться со стрелецким сотником, так почему же ты думаешь, что я захочу выдать за него мою дочь?

–Что, что?–промолвил Куродавлев.–Эк, куда хватил!.. Ты, голубчик, говори, да не заговаривайся!.. Разве я то, что ты?

–А почему ты знаешь, боярин, кто я?

–Кто ты?.. Да, не прогневайся, любезный, я, чаю, ты или беглый дьячок, или поп-расстрига; ну, а может статься, и гость московский. Там вашей братии много развелось.

–Нечего делать!–прошептал Андрей.–Да не вменит мне Господь, что я нарушаю обет мой!.. Нет, Юрий Максимович, я не поп-расстрига, не беглец, а такой же родовой человек, как и ты. Отец мой был окольничий, Яков Яковлевич Денисов, а я старший сын его, Андрей.

–Андрей Яковлевич Денисов, племянник князя Мышецкого?

–Да, боярин.

–В этом сером балахоне?

—А на что ваши парча и бархат тому, кто гнушается всей земной роскошью. Это рубище, этот серый балахон,—моя труженическая ряска, боярин, и я не променяю ее на все ваши золотые ферязи.

—Денисовы!—повторил Куродавлев, стараясь что-то припомнить.—Постой-ка, Андрей Яковлевич!.. Да тебе все-таки нечего браковать Левшина: ведь, помнится, твоя родная сестра вышла не за боярина!

—Нет. Она была замужем за стрелецким головою, Афанасьем Левшиным?

—Как!.. Так дочь твоя...

—Двоюродная сестра стрелецкому сотнику, Дмитрию Афанасьевичу Левшину.

—Двоюродная сестра!—повторил с ужасом боярин.—Ах, батюшки!.. Эй, кто там? Все сюда!

В комнату вошли: дворецкий, Савельич и двое слуг.

—Бегите скорей в церковь!—закричал Куродавлев.—Скажите отцу Егору, чтоб остановил венчание!.. Да ну же!., поворачивайтесь!

Двое слуг кинулись опрометью вон, а дворецкий и Савельич остались в комнате.

—Как!—молвил Андрей.—Так они уж в церкви?

—Да уж, чай, и повенчаны!.. Ну наделали мы дела!.. Господи Боже мой! Брат и сестра!.. Что теперь делать!.. Придется подавать челобитную в патриарший приказ да развенчивать!.. Экий грех, подумаешь!.. Экий грех!.. Да и ты, Андрей Яковлевич... Ну, что ты ломался!.. Сказал бы прямо: они, дескать, двоюродны... Да постой-ка, любезный,—продолжал Куродавлев, посматривая недоверчиво па своего гостя.—Ведь я тебя не знаю, так ты, пожалуй, и сказку плетешь... Полно, правда ли, что ты Денисов и что дочь твоя двоюродная сестра Левшину?

—Дозволь мне, государь Юрий Максимович, словечко вымолвить,—сказал Савельич, выступая вперед.—Его милость доподлинно Андрей Яковлевич Денисов. Когда еще он изволил жить в Выгорецком ските, за Онегою, я был у него служителем и на Вятку вместе с ним ездил... Да неужели-то, батюшка Андрей Яковлевич, ты не изволил опознать меня?..

—Семен Савельич?—промолвил Денисов, нахмурив брови.

—Я, сударь,—я.

—Так он точно Денисов?—сказал Куродавлев.

—Истинно так!—отвечал Савельич.—Только дочка-то его вовсе не родня Дмитрию Афанасьевичу.

—Не родня?.. Так Левшин ему не племянник.

—Как же! Родной племянник да Софья-то Андреевна не родная ему дочь: она приемыш!

—Кто смеет это сказать?—прервал вспыльчиво Денисов.

—Я, батюшка,—молвил Савельич.

–Ты?.. Изменник проклятый, беглец, отступник от истинной веры, предатель!..

Да ты, сударь, не изволь так лаяться–я правду говорю. Я еще покамест живой человек, и память-то не вовсе сгибла. Как теперь гляжу: ты привез в Выгорецкий скит девочку годков трех и строго всем наказал не говорить ей, что она приемыш. "Пусть, дескать, бедная сиротинка думает, что я–родной ее батюшка".

Ты лжешь, Иуда окаянный!

Эх, полно, кормилец!.. Какой у тебя быть дочери: ведь ты и женат-то никогда не был.

Фу, батюшки,–промолвил Куродавлев, поглаживая свою широкую грудь.–Как гора с плеч!.. Так вот дело-то какое!.. Они вовсе не родня?.. Ну, перепугал ты меня, Андрей Яковлевич!.. Эку штуку выкинул!.. Да как прикинулся: родная дочь, да и только!.. Теперь не прогневайся, любезный, мы ухаживать за тобой не станем: хочешь благословить свою нареченную дочь–милости просим! А не хочешь–так Бог с тобой!.. Савельич, ступай-ка, скажи, чтоб их довенчивали... Да только правду ли ты говоришь?

–Помилуй, государь мой, Юрий Максимович! Захочу ли я взять на душу такой грех–избави Господи!

–Ну, так ступай же проворней!

–Приемыш!–прошептал Денисов.–Да разве та, которую я вспоил и вскормил, нянчил на руках своих, называл своею дочерью?..

–Все-таки не двоюродная сестра Левшину,–прервал Куродавлев.–А что ты вспоил и вскормил ее, так это не диво, любезный. В ваших скитах будут поить и кормить всякого, лишь только бы привести в свою веру. Вот и ты думал сделать то же, и тебе не хотелось, чтоб эта сиротинка была православною, а Господь-то сделал по-Своему. Да полно, Андрей Яковлевич,–не кручинься!–продолжал Куродавлев,–а попируй-ка лучше с нами. Я же жду с часу на час друга моего сердечного, Кириллу Андреевича Буйносова. Вот, любезный, не тебе уж чета–понатерпелся горя. Было у него одиннадцать дочерей, а ни одной не осталось: десять померло, а одиннадцатая, крестница моя–пропала без вести, здесь, в наших Брынских лесах.

Денисов вздрогнул.

–Здесь, в Брынских лесах?–повторил он.

–Тому назад ровно пятнадцать лет.

–А что... Разве ты об этом слыхал?

–Нет!–отвечал отрывисто Денисов. Он снова задумался, и вдруг мрачное лицо его прояснилось, глаза заблестели, и злобная улыбка мелькнула на устах.–Вот,–сказал он,–твой приятель Кирилла Андреевич

Буйносов, хоть барин большой, а, чай, выдал бы свою дочь и за стрелецкого сотника, лишь бы она отыскалась.

–За стрелецкого сотника!.. Чтоб моя крестница, дочь боярина Буйносова, была какой-нибудь стрельчихой?.. Сохрани Господи!.. По мне лучше век не находись... Да к чему ты это говоришь?

–Так.

–Нет, видно, что-нибудь недаром.

–Ну,–продолжал Денисов, как будто бы говоря с собою,–видно, детей в Брынских лесах теряют частехонько.

–А разве и твой приемыш?..

–Да, Юрий Максимович! я эту девочку нашел в здешнем лесу, также лет пятнадцать назад и, кажись, об эту пору.

–Об эту пору?

–Да. Я из здешних мест ехал тогда за Онегу; вот этак недалеко от села Беликова...

–От села Беликова?..

–Да. Гляжу, лежит под кустом девочка лет трех или четырех в красной кофточке...

–В красной кофточке?.. Что ты говоришь?..

–Правду, боярин. Сначала я думал, что она мертвая-- не дышит, а там, как ее поднял да поотогрел, так она и глазки раскрыла. Вот,–подумал я,–видно, Господь сжалился над моим сиротством и посылает мне детище. Завернул ее в кафтан и увез с собой.

–Господи!–вскричал Куродавлев.–Неужели в самом деле?..

–Право так!–продолжал спокойным голосом Денисов, взглянув украдкой в окно.–Всю дорогу она была без памяти, а там, как очнулась и стали ее расспрашивать, так начала что-то лепетать, да мы разобрали только, что ее зовут Сонюшкою.

–А не было ли у нее чего-нибудь на шее?–прервал, едва дыша, боярин.

–Как же!.. У пей висел на шелковом гайтане обделанный в серебро финифтяный образок с ликом преподобной великомученицы Варвары.

–Боже мой!.. Боже мой!–вскричал Куродавлев.–Это она!.. Точно она!..

–Она!.. Кто она, боярин?

–Моя крестница–дочь Кирилла Андреевича Буйносова!

–Неужели в самом деле?.. Так ее-то теперь венчают со стрелецким сотником?

–Господи Боже мой!.. Кондратий, беги!..

–Что его трудить, боярин,–прервал Денисов, указывая на окно.–Вон, посмотри, молодые-то из церкви уж едут.

Обвенчаны!–завопил неистовым голосом Куродавлев.

Да, Юрий Максимович... И развенчивать их не станут: они ведь не родные. А вот, кажется, и батюшка ее изволит ехать.

Подлинно, в самое то время, как свадебный поезд, переехав через плотину, стал приближаться к господскому двору, на противоположном конце села показался длинный ряд повозок.

—Это Кирилла Андреевич,—сказал Кондратий, глядя в окно.—Точно, он!.. Вон едет впереди его летний возок, обитый красным сукном.

—Эх, жаль!—промолвил Денисов.—Не успеет принять молодых с хлебом и солью!

—Молодых!—повторил отчаянным голосом Куро-1 давлев.—Ну! снял я себе голову с плеч!.. Что мне теперь) делать?.. Что сказать Кирилле Андреевичу?.. Как показаться ему на глаза?.. Фу, батюшки!.. Смерть моя!.. Ноги не держат!..—промолвил боярин, задыхаясь. Он опустился в кресло и закрыл руками лицо.

С полминуты продолжалось молчание. Денисов торжествовал. Он смотрел с такой радостной улыбкой, с таким наслаждением на отчаяние Куродавлева, что, казалось, в эту минуту вовсе не жалел о потере своей нареченной дочери.

—Правду ты говорил, Юрий Максимович!—промолвил он наконец.—Истинно, все наши земные помыслы прах и суета. Думал ли я, что мое доброе заплатится мне злом?.. Вот и тебе также, боярин, больно не хотелось, чтоб твоя крестница была стрельчихой, а Господь-то сделал по-Своему—да еще как!.. Ты сам снарядил ее к венцу!..

—Молчи, проклятый!—закричал боярин, вскочив с кресла.—Все это сказки, вздор, выдумки! Эта девка никогда не была дочерью Буйносова. Ты от кого-нибудь слышал, да и сплел все это нарочно, чтоб только осрамить меня и моего друга... Да нет, голубчик, не на того напал!.. Слушай, Кондратий: если как-нибудь дойдет до Кириллы Андреевича-коли кто ни есть из наших вымолвит хоть одно словечко—заикнется сказать, что этот приемыш—дочь боярина Буйносова, так я и тебя и его живым в землю закопаю!.. Слышишь?.. А, ты, господин родословный человек в сермяжном балахоне,—продолжал Куродавлев, обращаясь к Денисову,—ступай, куда хочешь, да рассказывай свои сказки, а здесь, в моем доме, чтоб сей же час и след твой простыл!.. Милости просим вон отсюда, коновод раскольничий!

—Не гони, Юрий Максимович: сам пойду!—сказал Денисов, взглянув с неизъяснимым презрением на Куродавлева.—Благодарствую тебе, боярин, за угощенье, ласковый прием и радушные проводы. Дай Господи и тебе встречать всегда таких же хлебосолов!

—Проклятый еретик!—прошептал Куродавлев, когда Денисов вышел вон.—Кондратий, прими молодых и приведи их в расписную палату.

—В расписную палату?.. Да ведь стол-то накрыт...

—Молчи и делай, что тебе приказывают!

—Слушаю, батюшка!.. Только воля твоя... не прогневайся, кормилец!.. Ведь, кажись, в самом деле...

—Дурак!.. Да разве жена какого-нибудь стрельца может быть дочерью Кириллы Андреевича... Ступай!.. Вон он сердечный,—продолжал боярин, подойдя к окну.—Видно, сердце в нем не чует, что родная дочь его у меня в доме?.. Не поехал бы он шажком!.. И что это я так заторопился?.. Венчай да венчай!.. Вот и повенчали! Эх, Юрий Максимович! не кривить бы тебе душою, не выдавать бы замуж дочери без отцовского благословения! Так нет! дай-ка я путем насолю этому сквернавцу Токмачеву!.. Ан вот тебя лукавый-то и попутал!.. А какая была бы радость!.. Какое веселье!.. Уж то-то был бы для тебя гостинец, друг сердечный!.. Ты ко мне в двери, а родная-то твоя—твоя Сонюшка к тебе на шею!.. Ох, да ведь она уж не девица Буйносова, а стрелецкая женка Левшина!.. Нет, нет! Лучше ему век не знать, что дочь его нашлась: ведь уж он привык к своему горю... Что ж это возок-то его остановился?.. Кто-то подъехал к нему на тройке... соскочил с телеги... Ахти! Да это никак... так и есть... мошенник Денисов!.. Зарежет он меня без ножа!.. Они разговаривают... Вот Кирилла Андреевич машет руками... кричит что-то своим людям... Все знает! Ну, поскакали!!!

XII

Через несколько минут возок, обитый красным сукном, вкатил на господский двор и подъехал к крыльцу, на котором стоял уже Куродавлев. Он принял сам из возка боярина Буйносова.

Здравствуй, друг сердечный,—говорил он, обнимая Кириллу Андреевича.—Милости просим!

Где она! Где она?—промолвил дрожащим голосом старик Буйносов, вырываясь из объятий своего друга.

—Она!.. Кто она?

—Дочь моя!.. Дитя мое!..

—Тише, мой друг,—тише!.. Что ты это говоришь?.. Ведь, пожалуй, эти, дурачье, поверят!.. Войдем, любезный, в покои, войдем!.. Мы уж там потолкуем об этом...

—Чего тут толковать!—вскричал Буйносов.—Она здесь, у тебя...

—Да успокойся, Кирилла Андресвич!.. Пожалуй, пожалуй!

Куродавлев схватил под руку своего гостя, провел его через переднюю и столовую, затворил за собою все двери и, войдя с ним в первую приемную комнату, по-нашему гостиную, сказал:

—Ну вот, теперь отдохни, любезный друг,—садись!

—Да где же она?..

—Садись!.. Мы поговорим...

—Эх, Юрий Максимович!.. Да что ж, уморить, что ль, меня хочешь?

—Говорят тебе, садись!.. Не сядешь, так я тебе и отвечать не стану.

—Ну, ну, изволь!.. Вот я сижу.

—Послушай, друг сердечный,—сказал Куродавлев, садясь подле Кириллы Андреевича,—ну что толку без пути радоваться, коли, может статься, вовсе нет никакой радости?..

—Что ты говоришь!..

—Ну, да!.. Мало что нам кажется на первых порах, и так и этак, а там, как порассмотришь да порассудишь хорошенько—так ой, ой, ой!., в такой бы просак попал, что и, Господи... Вот и мне было сгоряча показалось:

—Да как не то, когда мне сейчас рассказал обо всем тот самый, кто нашел ее, вспоил и вскормил, как родную дочь!..

—А знаешь ли, кто это тебе рассказывал и что это за человек такой?.. Да ему здесь и малый ребенок ни в чем не поверит!.. Ведь это отъявленный мошенник и еретик, Андрюшка Поморянин!

—Что нужды, кто бы он ни был!

—Да и почему ты думаешь, что этот найденыш точно твоя потерянная дочь?

—Как почему?.. Он ровно пятнадцать лет тому назад нашел ее в здешнем лесу...

—Эко диво!.. Да здесь, почитай, каждый год дюжины по две ребятишек в лесу находят. Ведь ты не знаешь, какие здесь водятся раскольники: иные детей-то своих нарочно в лесу покидают. "Пусть, дескать, они гибнут от диких зверей—мученики будут!" Ну, рассуди сам, что хорошего, если бы ты при всех начал целовать и назвал бы своею дочерью какого-нибудь раскольничьего подкидыша?

—Но этот Поморянин говорил мне, что девочке было на взгляд годка три или четыре, что она была в красной кофточке...

—В красной кофточке!.. Эка невидаль!.. Да ведь и старый и малый, все поголовно носят красные кофты.

—Да это все еще ничего! Он сказал мне, что у девочки был на шее финифтяный образок с ликом святой великомученицы Варвары, что он и теперь еще на ней... А ведь ты сам благословил свою крестницу таким образом.

—Вот то-то и дело, что нет!.. Я точно благословил ее, да только образом святой Веры, а не Варвары.

—Господи!—промолвил с ужасом Буйносов.—Да нет, нет! Ты забыл!

—Ох, любезный! то-то и беда, что не забыл... Ты постарее меня, память становится у тебя плоха, а имена-то сходны меж собою: Вера, Варвара—вот ты и перепутал!.. А я как теперь помню...

—Боже мой, Боже мой!—простонал бедный старик.—Неужли ты порадовал меня для того только, чтоб мне горчее стало жить на белом свете.

Он закрыл руками глаза, и крупные слезы потекли по его бледным щекам.

—Ах, я окаянный!—прошептал Куродавлев.—Ну, наделал я дела!.. А что, мой друг,—продолжал он, помолчав несколько времени,—говорил ли тебе еще что-нибудь этот Андрюшка Поморянин.

—Нет!—отвечал Буйносов.—Он только успел вымолвить то, что я тебе пересказал; да объявил мне, что эта девица у тебя в доме.

"Девица!"—подумал про себя Куродавлев и сказал вслух:

Вот что!.. Так он не сказал, что она повенчана?

Вера!.. Варвара!—повторял Буйносов.—Ох, кажется, Варвара!.. Да постой!.. Лучше всего... позволь, любезный.

Кирилла Андреевич вскочил, вышел в переднюю и сказал дворецкому Кондратию:

Послушай, братец, попроси у этой приезжей, что У вас теперь в доме, финифтянный образок, который она носит на шее.

—Да на что тебе?—спросил с приметным смущением Куродавлев, когда гость его возвратился опять в приемную.

—Как на что?—отвечал Буйносов.—Я хочу сам видеть. Почем знать: коли ты, мой друг, точно помнишь, что благословил свою крестницу образом святой Веры, так может статься, этот Поморянин ошибся, когда сказал мне, что на этом образке лик великомученицы Варвары.

—Помилуй, любезный!.. Да неужели в пятнадцать лет они не рассмотрели, какая святая написана на образе?

—Эх, Юрий Максимович!.. Кто тонет, тот и за соломинку хватается!

Через несколько минут Кондратий возвратился, неся бархатную ладанку, привешенную к шелковой тесьме. Куродавлев предупредил Кириллу Андреевича. Он выхватил ладанку из рук Кондратия, вынул из нее образок, взглянул на него и, казалось, совершенно успокоился.

—Ну вот,—сказал он, передавая образок Буйносову,—посмотри сам.

—Да,—промолвил с отчаяньем Буйносов,—так и есть: великомученица Варвара!

—И образок-то вовсе не такой!—подхватил Куродавлев.—Вспомни хорошенько: ведь у того, которым я благословил крестницу, были только краешки серебряные, а этот весь в серебро обделан. Подай-ка его сюда.

—Погоди!—сказал Буйносов, осматривая крутом образок.—Ты мне что-то напомнил... Да, так точно!.. Я сам отдавал его обделать в серебро... И зачем бишь?.. О, дай Бог память... А! помню! помню!.. Для того, чтоб надпись не стерлась... Постой!

И прежде чем хозяин мог догадаться, что хочет делать Буйносов, он с живостию молодого человека выхватил из кармана дорожный ножик, отогнул им края у серебряной спинки образа, снял ее... Вот на задней стороне иконы открылась надпись, и Кирилла Андреевич прочел громким голосом: "Сей святой иконою великомученицы Варвары благословить крестницу свою, девицу Софью Буйносову, боярин Юрий Максимович Куродавлев".

—Ну, Юрий Максимович!—вскричал Буйносов,—веришь ли теперь, что это моя дочь?

Куродавлев молчал. Бледный, с поникшей головой стоял перед Буйносовым, как стоит уличенный преступник перед своим неумолимым судьею.

—Что ж ты молчишь?—продолжал Буйносов.—Иль не веришь, любезный?.. На вот—прочти!

—Ну!—прошептал Куродавлев,—нечего делать!.. Кирилла Андреевич!— молвил он, повалясь в ноги своему гостю,—прости меня, Бога ради!

—Что ты, что ты?.. Бог с тобой!—вскричал Буйносов.—Да встань, пожалуйста!

—Нет, не встану, пока ты меня не простишь!

—Прощаю, братец, прощаю!.. Да в чем?

—Ох! Страшно вымолвить!

—Господи!.. Да что ж такое?

—Какими глазами мне на тебя взглянуть?.. Что я наделал!.. Друг мой... Кирилла Андреевич!., ведь я, не зная, что это твоя дочь, выдал ее замуж!

—Замуж!.. За кого?

—Вот в том-то и дело!.. Язык не повернется вымолвить!

—Да говори, Бога ради!

—Ее сейчас обвенчали.

—С кем?

—Ну, резать, так резать!.. Я обвенчал ее с присланным от тебя стрелецким сотником...

—С Левшиным?

—Да!.. Теперь ты все знаешь. Вот тебе моя голова, делай с нею, что хочешь!

—Фу, батюшки!—промолвил Буйносов, перекрестясь.—Слава Тебе, Господи!.. А я уж думал и Бог знает что!.. Ну, Юрий Максимович, напугал ты меня.

—Напугал!—повторил Куродавлев.—Да чего тебе еще?.. Иль ты не слышал?.. Стрелецкий сотник...

—Так что ж.'

Этот вопрос до того поразил Куродавлева, что он несколько времени не мог вымолвить ни слова.

–Батюшки!–прошептал он наконец,–да он никак с радости-то обезумел?.. Что ты это, друг сердечный?.. Христос с тобою!

Чему ж дивишься?–сказал Буйносов.–Отец Левшина был моим задушевным приятелем... Он сам молодец прекрасный... Левшины люди родословные...

Хороши родословные!–прервал Куродавлев.–И батюшка и сынок–оба стрельцы!

Стрельцы, да не изменники; а по мне тот, кто служит верой и правдой царю-государю–где бы он ни служил... да вот, хоть, например, стрелецкий полковник Сухарев...

–Ну, что по-твоему?.. Чай, нашему брату будет в версту?

–А почему же нет?

У Куродавлева руки опустились.

–Эге!–промолвил он, глядя на своего гостя,–как вы там в Москве-то онемечились!.. Ну!.. Так тебе ничего, что твоя дочь стрелецкая сотничиха?

–Ничего.

–Ну, а коли тебе ничего, так мне и подавно!.. Ведь Софья-то Кирилловна моя крестница, а не дочь родная.

–Да что об этом говорить?.. Веди меня скорей к ней...

–Постой!.. Ведь надобно же ей сказать, кто она такая, а то ведь ты ее перепугаешь: кинешься к ней на шею, закричишь, заплачешь... Побудь немного здесь. Я сам приведу к тебе молодых... Эки времена!–продолжал шепотом Куродавлев, идя во внутренние покои.–Я думал, что с ног его срежу, а он как ни в чем не бывало!.. Стрелецкий сотник ничего... ну!..

Прошло несколько минут; разумеется, каждая из них не имела конца для Буйносова. Несколько уже раз хотел он бежать навстречу к своей дочери, искать ее по всему дому, проклинал медленность Куродавлева, и вот наконец в соседних покоях послышались скорые шаги, двери растворились; молодая женщина, с закинутой назад фатою, вбежала в комнату и с радостным криком бросилась в объятия Буйносова.

–Дочь моя, дитя мое!.. Сонюшка, друг мой!–не говорил, а рыдал старик отец, прижимая к груди своей ту, которую он давно уже оплакал.

А Софья... о, в эту минуту она была совершенно счастлива! Все прошедшее воскресло в душе ее. Вот этот другой отец, который являлся ей иногда как будто бы во сне–вот его родные, милые черты!.. Эти детские воспоминания не мечта,–нет! Этот тайный шепот сердца не обманул ее: она не дочь Андрея Поморянина!

Я не стану описывать, или, вернее сказать, я не могу описать вам, что чувствовали отец и дочь при этом неожиданном свидании. Как ни богат, ни роскошен язык русский, но он так же, как и все языки земные, беден и мертв, когда дело идет о том, чтобы описать эту чистую, непорочную

197

радость души, это тихое, неизъяснимое блаженство, которые сближают землю с небесами; но там они вечны, а здесь эта радость, это блаженство-минутные гости. Там Господь Бог дает их даром, а здесь почти всегда мы покупаем их страданьем целой жизни.

Когда первый восторг свидания прошел, Буйносов обнял с нежностью Левшина и назвал его своим милым сыном. Хозяин хотя и поморщился, однако ж не сказал ни слова и пригласил всех в самую обширную комнату своего дома. Там был накрыт стол и дожидался священник. После молитвы, отец Егор надел на молодых венцы, которыми они венчались в церкви, а хозяин посадил их рядом на кресла, обитые богатой парчой. Перед ними стоял, по обычаю наших предков, огромный свадебный каравай, начиненный всякими сластями. По правую руку Левшина Юрий Максимович посадил священника, Буйносов сел рядом с дочерью, а подле него поместился хозяин. За креслами князя и княгини–так называли в старину всех молодых–стоял, светлый, как медный грош, наш давнишний знакомец Ферапонт. Он не мог наглядеться на своих молодых господ, перемигивался с Дарьей, которая, вместе с другими сенными женщинами, выглядывала из-за двери, и ухмылялся по временам так выразительно, что шут Тришка отвел его после обеда в сторону и сказал:

–Ну, брат Ферапонт, какие ты рожи корчил за столом!.. Нечего сказать-мастерище!.. Выучи меня, пожалуйста, голубчик!

Когда хозяин выпил несколько кубков знаменитого угорского винца за здоровье своего друга, Кириллы Андреевича и деток его, то стал немного'повеселее.

–А ведь надо сказать правду,–молвил он, толкнув локтем Буйносова,–любо на молодых-то посмотреть–парочка! Хороша твоя дочка, друг сердечный, да и Дмитрий Афанасьевич–экий писаный красавец!.. Эх, жаль! Не служи только этакий молодец в стрелецком войске...

–Да он уж в нем не служит,–прервал Буйносов.

–Как?

–Да он приписан к царской охоте. Государь Иван Алексеич изволил мне обещать пожаловать его в свои начальные сокольники.

Прямо в начальные сокольники?.. Ну, это полегче... А все, любезный, хоть дойди он до чина старшего подсокольничьего, так и тут станут говорить: "Что, дескать, он ходит таким козырем–оглянулся бы назад... Теперь, дескать, он шапку-то заломил, а напреж сего не велик был человек. Служил-де в стрельцах, и батюшка его был стрелецким головою".

Да полно об этом толковать,–сказал Буйносов.–брат Юрий Максимович, зажился ты в своих

Брынских лесах... Пора тебе приехать в Москву проветриться. Там уж не об этом речь идет. У государя Петра Алексеича пображивают в

198

головушке свои замыслы. У него только тот и боярин, кто по-боярски служит, сиречь не жалея живота своего. А лежебок-то он не очень жалует—не прогневайся.

—Послужили и мы!—сказал Куродавлев.—И если б меня не обидели...

—Обидели?.. Вот то-то и есть!.. Да погоди, любезный, дай только подрасти государю Петру Алексеичу: у него бояре местами считаться не станут.

—Право?.. Да ведь батюшка-то его, царь Алексей Михайлович, не глупей его был, а в наши боярские дела не вступался.

—А этот вступился!.. Вот попомни мое слово, повернет он все по-своему.

—Что ты говоришь?.. Да не дай Господи дожить до этого!

—А вряд ли не доживем,—прошептал боярин Буйносов, принимаясь за новый кубок угорского вина.